供给侧结构性改革下我国乡村特色产业创新发展研究

俞 燕 著

中国纺织出版社有限公司

图书在版编目（CIP）数据

供给侧结构性改革下我国乡村特色产业创新发展研究/俞燕著. -- 北京：中国纺织出版社有限公司，2022.10
ISBN 978-7-5180-9781-4

Ⅰ.①供… Ⅱ.①俞… Ⅲ.①乡村－农业产业－特色产业－产业发展－研究－中国 Ⅳ.①F323

中国版本图书馆CIP数据核字（2022）第150015号

责任编辑：闫　星　　责任校对：高　涵　　责任印制：储志伟

中国纺织出版社有限公司出版发行
地址：北京市朝阳区百子湾东里A407号楼　邮政编码：100124
销售电话：010—67004422　传真：010—87155801
http://www.c-textilep.com
中国纺织出版社天猫旗舰店
官方微博 http://weibo.com/2119887771
北京虎彩文化传播有限公司印刷　各地新华书店经销
2022年10月第1版第1次印刷
开本：710×1000　1/16　印张：14
字数：246千字　定价：99.00元

凡购本书，如有缺页、倒页、脱页，由本社图书营销中心调换

前　言

"十三五"期间，我国经济发展进入提质增效、转型升级的关键时期。党的十九大提出实施乡村振兴战略，我国"十四五"规划中关于乡村振兴的发展指出乡村振兴应聚焦农业高质量发展和产业融合发展特色优势产业。加强特色农产品优势区建设，努力打造一批特色农产品优势区，推动第一、第二、第三产业深度融合，加快推动乡村传统产业提质增效，突出特色和全产业链开发。在当前经济供给侧结构改革大背景下，传统特色产业面临生产要素重新配置带动的供给结构变化和消费升级带动的需求变化，市场需求呈现特色、绿色、高端化趋势。因此，我国迫切需要创新宏观调控思路和方式，培育经济发展的持久动力。我国农业的确已经进入一个关键性的转折发展时期，保证农业供给侧结构性改革的成功，主攻方向是提高农业供给质量。

特色产业是具有区域内比较优势与资源禀赋优势产业的结合，代表的是一个区域所具有的核心竞争力的产业带及产业集群。特色产业供给侧结构性改革，应以市场为导向，优化供给结构，跟上消费需求升级的节奏。要坚持质量兴农，加快农业科技进步，提高产业综合效益和竞争力。笔者主要从特色产业三产融合、精准扶贫、区域品牌发展及龙头企业核心竞争力四个方面论述供给侧结构性下改革推动我国乡村特色产业的创新发展问题，并以重庆、新疆两地为例，对我国乡村优势特色产业的地方发展情况及典型案例展开分析研究。由于笔者水平有限，书中难免有疏漏之处，望广大读者不吝赐教，积极提出宝贵意见，以期对后来的修改、完善提供有益借鉴。

俞燕

2022 年 5 月

目 录

引言 001

上篇　重庆乡村特色产业创新发展

第1章 重庆特色农业三产融合创新发展研究 005

1.1 研究背景 005

1.2 重庆特色农业三产融合发展状况 008

1.3 区域品牌建设推动特色农业三产融合发展的典型经验 010

1.4 区域品牌视角下重庆特色农业三产融合发展调查分析 012

1.5 重庆特色农业产业融合中区域品牌创新发展对策 016

第2章 重庆特色产业精准扶贫研究 019

2.1 研究背景 019

2.2 重庆农业优势特色产业产区贫困现状 023

2.3 重庆农业优势特色产业扶贫机制、模式及成效调查 026

2.4 重庆农业优势特色产业的精准扶贫机制设计 034

2.5 重庆农业优势特色产业精准扶贫模式优化 037

2.6 重庆农业优势特色产业精准扶贫的"五位一体"贫困治理对策 041

第3章	重庆乡村旅游和电商联动发展研究	**047**
3.1	研究背景	047
3.2	重庆旅游产业扶贫和电商扶贫融合发展的理论分析框架	051
3.3	重庆旅游产业扶贫与电商扶贫融合发展调查分析	057
3.4	重庆乡村旅游扶贫与电商扶贫联动融合发展模式	063
3.5	重庆旅游产业扶贫与电商扶贫融合发展的经济成效评价	071
3.6	推动旅游产业扶贫和电商扶贫融合发展的对策研究	076

下篇 新疆优势特色产业创新发展研究

第4章	新疆特色农产品区域品牌研究——以"吐鲁番葡萄"品牌为例	**087**
4.1	研究背景	087
4.2	农产品区域品牌研究的基本概念及理论基础	101
4.3	新疆特色农产品区域品牌形成机理与效应的理论模型构建	114
4.4	基于扎根理论的新疆特色农产品区域品牌效应及作用机理模型构建	123
4.5	新疆特色农产品区域品牌形成机理实证分析	129
4.6	区域品牌影响下的吐鲁番葡萄集群核心企业品牌发展分析	141
4.7	新疆特色农产品区域品牌提升路径及对策	147

第5章	新疆乳业核心竞争力研究	**165**
5.1	研究背景	165
5.2	乳品企业核心竞争力评价体系的构建	175
5.3	新疆乳品企业核心竞争力评价——实证分析	190
5.4	新疆乳品企业核心竞争力提升策略研究	211

参考文献   **215**

引言

（一）"十三五"期间我国优势特色产业的发展

"十三五"期间是我国全面建成小康社会的决胜关键时期，我国优势特色产业的发展特点表现为：一是产业结构性有所调整。随着农业产业链和价值链建设的推进，以及新技术、新模式的广泛应用，农林牧渔结合程度将不断加强，种养加一体化水平将不断提升。二是农村第一、第二、第三产业融合加深。"十三五"期间，城乡统一市场体系的不断形成，使生产要素重新配置并带动供给结构变化以及消费升级带动需求变化，推动农村第一、第二、第三产业融合进入发展时期。新的商业模式和业态，带来了农业生产方式和组织方式变革，推动了农业产业链条延伸和农业功能不断拓展。三是农业绿色化程度有所提升。一方面，随着城乡居民消费需求不断升级，对农产品质量安全的关注度和要求不断提高，推动了农业向低碳循环方向发展；另一方面，随着农业投入品生产、经营、使用标准和技术规范体系的不断健全，农产品质量安全风险防控不断强化，推动了农业生产方式绿色化。

（二）供给侧改革性背景下我国优势特色产业的发展趋势

农业农村部市场预警专家委员会发布了《中国农业展望报告（2017—2026）》，对未来十年中国主要农产品市场形势进行了展望预测。《中国农业展望报告（2017—2026）》报告指出，2017年供需宽裕的口粮品种水稻、小麦产量微降，但优质谷物、专用小麦产量调增。供需矛盾突出的玉米种植面积调减1 000万亩以上，产量将调减成3.3%。产不足需的大豆、糖料、牛肉、羊肉产量调增明显，分别为12.9%、11.5%、2.5%和1.5%。2017年消费结构持续升级，农产品价格由市场决定的特征更加明显。随着农产品收储制度改革，谷物、棉花、大豆价格回归市场。谷物、小麦价格稳中偏弱；玉米价格将触底企稳；大豆价格有一定下行压力；棉花价格持续低迷。未来10年，多数产品消费量增长将快于产量增长，玉米、奶制品、羊肉、牛肉消费量年均增速在2.0%

以上，食糖、大豆、猪肉、水果、蔬菜消费量年均增速在1.0%以上。到2026年，水产品、蔬菜、猪肉、水果加工消费比重将分别达到37%、25%、24%和15%，与2016年相比猪肉和水果提升6个百分点和3个百分点。"十三五"期间，我国经济发展进入提质增效、转型升级的关键时期，市场需求呈现特色、绿色、高端化趋势。有效适应消费需求升级，是实施农业供给侧结构性改革的基本方向。

与此同时，"互联网+农业"正以一种新的业态表现出前所未有的勃勃生机。如何充分利用农业3.0模式提升我国农业的保障力与竞争力，更关系着我国未来的整体发展大局。农业3.0模式必将推动我国农业的战略性重构，推动农业产业全面升级，实现农业经济要素重构，以结构升级带动消费升级，实现农业经济动力重构，进而改变国家传统的补贴方式，实现农业投资模式重构。具体而言，"按需订制模式"要求生产者响应个性化以及对食品安全的需求，在客观上推动农业产品升级；农业科技手段尤其互联网信息技术的介入，推动了农业经济活动实现在经济活动层次上的升级；由此，农业将实现从劳动密集型向资本和技术密集型转型升级。农业3.0模式的最大意义在于实行"按需订制模式"。该模式因打通消费者与生产者之间的关系而使生产者可以提前进入消费端，这为生产者给消费者直接提供个性化的生产与服务创造了机遇，从外部为助推消费提供强大的动能，这必将对重构我国农业经济动能产生积极作用。农业3.0模式下，农业产业通过市场配置资源和市场拉动消费需求而获得有力支撑，农产品将会因其具备高附加值、健康、安全的新属性而获得高溢价，农业投资将会因此获得社会资本的吸引力。未来，国家可能会因此改变对农业长期实行的"输血型"投入模式，农业投资将由此实现由"输血"向"造血"转变，就此构建起可持续发展的农业产业体系。就客观现实而言，我国的农业还基本上处在"改造1.0、普及2.0、示范3.0"的阶段，推动农业3.0模式需要加快深层次体制改革。

上篇　重庆乡村特色产业创新发展

第1章 重庆特色农业三产融合创新发展研究

1.1 研究背景

1.1.1 研究的理论及现实意义

1.1.1.1 研究背景

从国际形势看,产业融合已日益成为世界范围内产业经济发展不可阻挡的潮流。从国内形势看,在新常态新要求下,我国的产业结构正在进行深度优化调整,产业发展与国际接轨、跨行业跨领域融合发展的步伐空前加快。近年来,我国农业虽然在与第二、第三产业融合上步伐有所加快,但总体上仍处在起步阶段,由于产业融合度不够,所以不仅生产环节竞争力严重不足,加工环节也面临着巨大的挑战。迫切需要推进农业与其他产业融合,通过借势发展增强农业竞争力。

2015年中央"一号文件"首次提出,大力发展农业产业化,要把产业链、价值链等现代产业组织方式引入农业,促进第一、第二、第三产业融合互动。中共十八届五中全会在关于"十三五"规划纲要的建议中,强调要推动第一、第二、第三产业融合发展。2016—2020年中央一号文件再次明确指出,产业融合是解决"三农"的路径,要促进农业产业融合向纵深发展,提高农业质量效益和竞争力。在农业经济进入转型发展新常态下,依托区域品牌创新驱动促进农业与第二、第三产业的融合发展,培育农业转型升级发展的新动力,已经成为实施"推动中国产品向中国品牌转变"的发展战略,推动农业转方式、调结构，加快推进特色农业现代化的一项紧迫任务。

特色农业在重庆经济中地位特殊，是重庆经济发展的重要支撑。为了推动特色农业现代化，增强特色农业效益，重庆市国民经济和社会发展第十三个五年规划明确提出，打造农业公共品牌，实施精品农产品品牌提升计划，推动重庆农业转型升级。目前，重庆特色农业产业融合发展主要存在产业融合程度低、创新能力弱、公共服务体系建设滞后、集群内组织管理水平落后、区域品牌对地方经济的贡献度小以及国际市场环境适应性差等问题。抓住三产融合发展的契机，立足区域品牌视角对重庆特色农业转型发展问题展开研究，对于加快重庆特色农业产业化进程，促进重庆特色农业经济向内涵式发展方式转变，提高重庆特色农业产业竞争力，推动重庆农业经济增长由"资源消耗驱动"向"区域品牌创新驱动"转变均具有重要意义。

1.1.1.1.2 理论意义

运用扎根理论及案例研究，基于区域品牌建设视角对重庆特色农业产业融合发展存在的问题、模式、路径进行探讨，有一定的探索创新。其有利于特色农业的三产融合和转型发展研究以及特色农业区域品牌研究的进一步充实和深化。

1.1.1.1.3 现实意义

基于区域品牌视角，对新常态背景下重庆特色农业产业融合发展展开研究。其有以下几点意义：一是有利于加快重庆特色农业产业化进程，促进重庆特色农业经济发展方式转变；二是有利于推动重庆特色农业中小企业和产业同步转型升级，走内涵式发展道路；三是有利于推进重庆特色农业三产融合发展，提高重庆特色农业产业竞争力。

1.1.2 国内外、市内外同类课题的研究现状等

国内外关于产业融合的研究内容主要集中在融合概念、模式、原因、过程及影响效应等方面。主要包括技术融合论、边界模糊论、过程统一论、产业组织论、产品产业创新或产业发展论等五个研究角度。

第一，关于产业融合内涵。日本今村奈良臣于1994年提出了农业的"六次产业"概念，即"第一产业＋第二产业＋第三产业＝六次产业"。Greenstein和Khanna C（1997）提出产业融合指为了适应产业增长而出现的产业边界的收缩或消失。我国学者厉无畏（2002）等人认为，产业融合出现指不同产业或同一产业内部的不同产业，通过相互渗透、相互交叉，最终融为一体，

逐步形成新产业的动态发展过程。姜长云（2015）认为产业融合是新业态、新商业模式，能够带动资源、要素、技术、市场需求在农村的整合集成和优化重组，甚至农村产业空间布局的调整。

第二，产业融合的类型。厉无畏（2002）提出了产业融合的三种类型：高新技术的渗透融合、产业间的延伸融合和产业内部的重组融合。胡永佳（2007）从产业融合方向出发，将产业融合分为横向融合、纵向融合和混合融合。梁伟军（2011）认为农业与相关产业融合发展，可划分为高新技术对农业的渗透型融合、农业内部子产业之间的整合型融合、农业与服务业之间的交叉融合、综合型融合四大类型。王栓军（2015）认为包括企业融合、技术融合、业务融合及市场融合等。熊爱华、张涵（2019）立足农业经营主体微观视角认为农村第一、第二、第三产业融合存在沿产业链向前后延伸、拓展农业新功能和推广应用先进技术三种模式，不同经营主体会根据自身实力、所处地区资源环境等条件采取差异化融合模式。

第三，产业融合实践。国内外关于产业融合发展的成功案例已有很多，自20世纪末以来，日本政府致力于推进农业"六次产业化"，促进农产品在产地加工、利用和消费，通过农业产业链延伸、产业范围拓展和农业功能转型带来的增值收益，促进农民增收。韩国推行了以农民增收为主导的"亲环境农业"。国内一些发展程度较高的农产品加工业集聚区及休闲农业聚集区，倡导推行的农村多种经营及农业产业化等，均体现了产业融合的方向和趋势。

第四，产业融合的相关对策。姜长云（2015）提出，培育新型农业经营主体，坚持消费导向，发展农村第二、第三产业，要通过发展农村工业、农产品物流、农产品流通、乡村旅游等方式，让农业产业链延伸，促进农民增收就业的相关对策。席晓丽（2009）等认为提高农业增加值和产业竞争力，应沿着发展纵向产业融合、延长农业产业链条和实现横向产业融合、拓宽农业产业链两个方向进行。孔祥利、夏金梅（2019）认为乡村振兴战略与农村三产融合发展协同推进，应在协同动力、协同主体、协同引擎、协同保障、协同基础五个方面发力。

第五，其他相关重要研究。包括产业融合下多功能农业发展研究（李俊，2013）、农业产业化的路径转换（孙中叶，2005；李世新，2006）、现代农业产业融合问题（孟晓哲，2014）等。从农业实践来看，辽宁、安徽、福建等省份，已经开始重视强化区域品牌建设，促进融合发展，做深做精地方特色农业产业群。相关理论研究涉及农业的较少，仅个别学者对旅游品牌及旅游产业融合问题展开研究。

以上相关研究充实了本课题的研究基础，但区域品牌与农业产业融合发展的关联性问题研究尚未引起学者们的足够重视，借助区域品牌建设促进特色农业的产业融合发展的研究尚未启动。由此，笔者立足于重庆特色农业发展新常态背景，以茶叶、柑橘产业为例，从区域品牌视角对重庆特色产业融合发展的动力、模式、途径进行理论及实证系统研究。

1.2 重庆特色农业三产融合发展状况

1.2.1 重庆三产融合发展概况

重庆市农村第一、第二、第三产业融合发展坚持基在农业、利在农民、惠在农村，以构建农业和第二、第三产业交叉融合的现代产业体系为重点。根据《重庆市农业委员会重庆市财政局关于支持农村第一、第二、第三产业融合发展试点扩面申报有关工作的通知》（渝农发〔2017〕35号）以完善利益联结机制为核心，以制度、技术和商业模式创新为动力，以培育多元化产业融合主体为关键，延伸产业链条，拓展农业功能，培育新型业态，引导产业集聚，促进农业增效、农民增收。到2020年，基本形成产业链条完整、业态丰富、利益联结紧密的农村产业融合发展新格局。柑橘、草食牲畜、生态渔业、茶叶、榨菜、中药材、调味品七大特色产业链实现综合产值1 500亿元以上，农产品加工率提高到55%。创建10个全国休闲农业与乡村旅游示范县，建成特色旅游镇100个、特色旅游村1 000个，乡村旅游总收入超过800亿元，吸纳农民就业100万人。形成多种新业态融合发展模式，带动当地传统种养业转型升级，推动农业生产、农产品加工、农产品市场消费与服务等领域的深度融合。

2017年重庆农村第一、第二、第三产业融合发展试点扩面工作，以构建"371+X"现代农业产业体系为基础，以延伸产业链提升价值链为目标，落实试点扩面工作，由区县（自治县）农委牵头，确立专项工作责任部门和负责人。全程密切关注和跟踪试点工作开展情况，做好统筹规划、督查指导工作，并为试点镇乡（街道、新区）开展第一、第二、第三产业融合发展的项目争取匹配贴息等政策支持，确保试点工作真正起到带动产业融合发展的效果。积极探索财政政策、产业政策、金融政策的整合实施。2019年农业农村部组织开展农村第一、第二、第三产业融合发展先导区创建工作，重庆市南川区、合川区、万盛经济技术开发区、江津区被列入优先示范区。

1.2.2 重庆特色农业产业融合建设中存在的问题

从农村第一、第二、第三产业融合的实践来看，产业融合方式主要包括以下几种：一是延伸农业产业链或发展农业循环经济；二是第一、第二、第三产业由于空间集聚形成集群化发展；三是第一、第二、第三产业借助信息化等实现网络链接；四是从农业的科技、文化以及环境等价值方面拓展农业的多种功能。目前，我国特色农业产业融合还处于初级发展阶段，产业融合建设主要存在以下问题：

（1）生产经营中消费导向型不足，对传统农业缺乏特色化塑造。由于特色农业文化内涵建设薄弱，缺乏借鉴历史、文化、民族和现代元素，对传统农业进行品牌文化及特色化塑造，因而制约了创意农业、景观农业、休闲农业等的发展。生产经营远不能满足消费者高、精、新等多元化的需求。

（2）新型经营主体中龙头企业与农业合作社组织力量薄弱。其集中表现为大部分新型主体规模较小、创新能力较差。主体间利益联结机制松散，采取订单农业、流转承包、股份合作制等合作方式的比例不高，有带动能力的新型经营主体较少。迫切需借助"互联网+"等建立利益共同体，开发新业态及新商业模式，打造知名品牌。

（3）产融合程度低，农业的功能拓展性差。欧、美、日、韩等国农业占其国家 GDP 的比重为 1%～2%，但因其三产融合程度高，故占比不高的农业却能带动比重为 10% 左右的产业。而我国特色农业第一、第二、第三产业之间的联系不紧密，渗透力弱，阻碍了农业的多功能性发挥，农业效益偏低，农业影响力相对较小。急需开发农业的生态休闲、旅游观光、文化教育等功能，促进农业产业链延伸及农业附加值的提升。

（4）先进技术扩散与渗透能力不强。"大数据"和"互联网+"等新技术向农业生产、流通、服务业的渗透速度较慢，农民技能低下等原因，影响了农业科技水平的提高及农村电子商务的发展，造成智能化农业、精准农业发展迟缓。

由此，国家需要立足全产业链，按照"第一产是基点、第二产是重点、第三产是亮点"的产业融合发展思路，借力区域品牌建设，强化科技与文化内涵，助推"旅游+"、深化"互联网+"，延伸产业链，提升价值链，推动农村第一、第二、第三产业融合发展。以品牌效应拉动农民增收，实现农业提质增效。

1.3 区域品牌建设推动特色农业三产融合发展的典型经验

案例1 淮安大米区域品牌建设

淮安大米是淮安第一农产品。淮安地区组建淮安大米集团，明晰产业融合发展模式，以特取胜，深入挖掘大米品牌内涵，提出三链融合、六点统一的产业新模式，从消费倒引生产，将产业链、价值链、品牌链各个环节紧密链接，进行产业化经营。先后取得地理证明商标、江苏省著名商标、中国驰名商标等名誉和称号。其具体做法及推广经验包括以下几个方面：

（1）坚持开放包容，建设品牌建设队伍。立足淮安大米产业，经过在《淮安日报》等媒体发布共建企业申报、县市区粮食局初审、终审，目前淮安大米品牌建设企业已有9家，产业链上的合作企业有20家。

（2）建设产业融合发展平台。以龙头企业为核心，组建了淮安大米集团，壮大产业规模，构建起农工商相互衔接、有机融合的"第六产业"。引导产业延伸发展，加强品牌大米、米制品的精深加工及综合开发。在淮安市区大运河文化广场旁边建成展示展销中心，一楼展销大米品牌精品，面粉、油脂等，二楼成立淮安大米产业联盟，为各个企业提供舒适的办公区，为其与经销商等客户互动提供良好的场所。

（3）开创"六统一"工作。统一种子、种植模式、加工及质量标准、形象包装及宣传。邀请市农科院专家进行良种推荐和筛选，确定4～5个优良品种作为优选种植品种，全市以"六统一"方式建立核心示范基地11 104亩全部统一栽种。淮安大米统一包装稳，全部产品分为12系列46个产品包装，对示范基地、育秧企业、加工企业的宣传牌统一形象设计。

（4）强大政策扶持，全方位密集宣传。积极争取产业发展财政引导资金，扶持资金总计超过800万元，对品牌共建企业在优质稻米基地建设、耕地质量改善、精品开发、品牌建设等方面进行全力支持，对统一育秧进行补贴。注重品牌的大力宣传及推广，在宁淮、京沪等显著地段，清江商场及文化广场等电子大屏上，同步推出淮安大米形象广告。还将与《粮油市场报》举办淮安大米产业发展论坛。

案例2 "禹上田园"区域公共品牌

2018年4月，一个为广大市民朋友提供"亲近自然之美、享受田园农趣、品尝鲜美果蔬"的平台——"禹上田园"农业三产融合区域公共品牌正式发布，并向11个2017年度余杭区农业三产融合示范点授牌。本次发布活动是区农业局（余杭高新农业示范中心）实施现代农业园区提档升级，构建三产融合发展的"百园农业"发展新模式，努力打造新时代经济发达地区乡村振兴的"余杭样本"的具体举措。

近年来，余杭坚持"生态、高效、精致"农业发展方向，不断完善扶持政策、强化要素集聚、创新经营机制，大力推进农业集约化规模化经营，培育壮大了径山茶、塘栖枇杷、鸬鸟蜜梨、生态甲鱼、生态竹业等优势主导产业，倾力打造了500亩以上现代农业园区133个（其中千亩以上园区95个）。"农业＋智慧物联""农业＋电子商务""农业＋休闲体验"等新型业态蓬勃发展。

余杭高度重视农业三产融合发展与区域公共品牌建设，积极依托得天独厚的山水资源和区位优势，以现代农业园区为载体，推进田园综合体建设，构建农业农村生产、生活、生态融合，第一、第二、第三产业叠加的发展新模式。2018年，余杭整体设计推出"禹上田园"农业三产融合区域公共品牌。"禹上田园"品牌名称浓缩着余杭地域、文化、产业等特色内涵。

"禹上田园"品牌的推出，将在"兴园、富民、惠民"等方面起到积极的作用。对农业园区统一进行市场化运作、品牌化经营、标准化生产、电商化营销，有利于发挥农业园区的集聚效应，对提升园区整体竞争力和知名度，振兴"百园农业"经济具有重要的意义。"禹上田园"微网站将提供农产品集中销售的平台，凡是达到标准的余杭本地农产品，均能申请加入"禹上田园"微网站进行农产品销售。同时，"禹上田园"微网站也将推出园区周边的民宿、农家乐、美丽乡村等旅游路线，为农户带来更大的流量和效益。"禹上田园"微网站持续推出更多惠民活动，如粉丝可享受园区采摘、节庆、亲子等活动优惠，丰富市民游玩路线，进一步提升市民的幸福指数。同时，"禹上田园"微网站还具有园区搜索、活动搜索等功能，为市民提供便利。根据规划，到2019年年底，余杭已培育打造"禹上田园"农业三产融合示范点20家以上。

1.4　区域品牌视角下重庆特色农业三产融合发展调查分析

2019年课题组一行六人，赴重庆主要贫困地区进行了两次调研及研讨。于2019年5月在黔江、武隆、江津等地调研特色产业发展及区域品牌发展情况。2019年8月在彭水、武隆等地区调研特色产业三产融合发展情况，取得了丰富的一手调研资料。

区域品牌视角下重庆特色农业三产融合发展模式主要包括以下几点：

1.4.1　农＋"工"——"高端有机品牌模式"

黔江区深入实施乡村振兴战略行动计划，坚持质量兴农、绿色兴农、品牌兴农，以农业供给侧结构性改革为主线，以创新驱动为引领，是加快推进农村第一、第二、第三产业融合发展的一个缩影。

在实施乡村振兴战略行动计划中，全区将逐步探索牛肉脯、茶叶、羊肚菌、调味酱等生产企业的整合，壮大原材料生产基地；在正阳工业园区建设食品加工园，推动农产品精深加工，依托园区物流电商优势，加大农产品和加工品外销力度，推动农业由生产优势向商品优势、品牌优势转化和发展。到2020年，年销售收入2亿元以上的龙头企业有2个，农产品加工业产值达到10亿元以上。

黔江区加快发展农业企业，做大做强第一产业，为第二产业提供丰富原料。大力开展"亩产万元立体农业行动"，推动农业区域化、规模化、品牌化、市场化，加快形成"一村一品""一乡一业"的生产格局，充分满足市场需求和加工业原料供给；鼓励农产品加工企业在区内布局原料基地，围绕企业抓产业、围绕产业建基地、围绕基地促企业，走"基地＋企业＋农户"的产业模式，带动更多群众增收致富，推动农业产业大融合大发展。在正阳工业园区，如佰裕佳食品有限公司一样从事食品生产、发展稳定的企业还有很多，如乐滋滋、蓬江食品等企业，在市场营销、品牌创建、进出口等方面均取得重大突破。正阳工业园区相关负责人说，黔江最大的优势是绿色和生态，全区将深入践行"绿水青山就是金山银山"的理念，坚持保护和利用好绿水青山，就地取材、原地生财；充分利用好园区现有的仓储、物流、冷链、电商、管理等优势，以园区为依托，发展农产品精深加工，打造具有鲜明特色的农业加工园。重庆市佰裕佳食品有限公司生产的12斤顺香春小面样品送往日本。该公司相关负责人说，不出意外，日本将成为公司短短两年时间内打开的第6个海外市场。

在此之前，该公司生产的小面已出口至葡萄牙、西班牙、美国、英国、新加坡等国家，去年出口量达到200吨。蓬江食品有限公司负责人倪明山高兴地说，为了更好地服务电商消费者，要促进产品多元化，包装精细化，充分满足消费者需求。

1.4.2 农+"园"——"生态品牌模式"

江津农业园区各项工作稳步推进，努力在转变农业发展方式、三产业融合发展、农村商贸流通、农村金融改革、农村生态环境保护、农民合法权益保护等方面探索出更多可供复制和推广的经验，走出一条具有江津特色的现代农业发展之路。

（1）江津现代农业园区获评"全国农村创业创新园区"。重庆（江津）现代农业园区已累计引进农业企业71家（其中国家级1家、市级7家）。仅今年上半年，就有7家农业龙头企业新入驻。培育出富硒品牌20余个，其中一鸡蛋品牌获得全国首张富硒产品认证书。拥有20家科技型龙头企业，建成国家级农业气象试验站、市晚熟柑橘研究所、花椒研究所等科技研发服务平台7个，市级以上研发平台及农业科普示范基地17个。发展农民合作社、家庭农场、专业大户等200余家，农业总产值突破18亿元。这些经营主体每年吸纳农村创业创新人数达180人，带动就业人数5 000余人，年支付工资总额达到1.2亿元，成为江津现代农业发展和农村创业创新的重要平台和核心载体。

（2）第一、第二、第三产加快发展。园区成功举办"全区首届休闲农业与乡村旅游季活动""金色黄庄油菜花节""广萌樱桃采摘节""生态年猪节"等活动。鹤山坪景区、金色黄庄景区、农业气象科技博览园建设工作有序开展。年接待游客50余万人次，旅游带动收入1.5亿元；在农产品加工方面，花椒、酱菜、柑橘、食用菌等富硒农副产品加工达15 000吨。

（3）商贸流通不断增强。园区利用互联网平台，创造现代农业新的发展生态，发展"互联网+现代农业"，锦程、创丰、两江、艺农等企业已打造了重庆富硒网、江津硒货淘宝旗舰店、淘实惠等网络营销平台，各类富硒产品线上销售额突破7 000万元。

（4）农民权益保障有效。园区扶持企业做优做强，促进当地农民就近就业，通过企业带动、产业支撑、市场引领等途径，催生一批"五金"（租金、现金、薪金、股金、保障金）新型农民，促进农民增收致富。核心区农民人均可支配收入达18 840元。此外，还建立土地流转风险保障金制度，每年安排专项资金用于弥补农民土地流转中过渡期的土地租金损失，妥善处理退出企业遗留问题，保障农户合法权益。

1.4.3 农＋"游"——"文化旅游品牌模式"

农业是潼南的优势产业。这里是首批国家现代农业示范区、西部绿色菜都、全国产粮大区、全市产油大区，其蔬菜、油菜、柠檬面积和产量均居全市第一，潼南萝卜、柠檬、生姜都是全国原产地农产品。放大优势，提升农业的比较效益，是推动农业现代化的核心，而要实现农业增效，第一、第三产业的融合，势在必行。

良好的农业资源、优美的田园风光，再加上精心的策划包装，农业和旅游就能生发出意想不到的强大合力。依托资源禀赋，突出特色抓农业、围绕农业抓旅游，潼南以"产区变景区、产品变礼品、民房变客房"，探索出一条农旅融合的产业发展之路。以农促旅，以旅强农。以此路径，潼南将努力建设成立足重庆、服务周边、辐射全国的休闲农业示范区和乡村旅游目的地，实现农业增效、农民增收、旅游增色。良好的农业资源、优美的田园风光，再加上精心的策划包装，农业和旅游就能生发出意想不到的强大合力。

1.4.4 农＋"城"——"城市品牌模式"

近年来，七塘镇突出生态涵养、小城镇建设、6 666公顷蔬菜基地建设等重点，全方位打造集旅游观光、休闲娱乐、示范试点于一体的特色农业"大观园"，特色产业效果明显，生态文明实效凸显。该镇将纵深推进"三区一美"战略，加快特色产业融合发展，深入推进特色小镇建设，高标准建设璧北生态区。

围绕提质增效，加快特色产业融合发展。目前，七塘镇全镇土地流转面积达2.8万亩，用于种植蔬菜、特色水果、花卉苗木，年均实现农业产值2.4亿元。作为农业发展基地，该镇将围绕提质增效，加快特色产业融合发展。该镇将利用璧北十万亩蔬菜基地、璧山国家农业科技园区聚焦、辐射、示范功能，着力打造"全链条、全循环、高质量、高效益"农业产业集群，转变发展方式，推进农业现代化进程。同时，坚持"生态＋"理念，发展一批循环农业、生态农业和品牌农产品。积极推广"互联网＋现代农业"模式，提升农业信息化服务水平，促进农业生产向深加工、配送服务等产业延伸。开发农村旅游资源，以塔罗科血橙基地、云雾山樱桃谷、热带水果种植示范基地、蔬菜产业循环带等为核心，促进农业与旅游业融合发展。此外，该镇还推进重要交通道路、农村公路建设，畅通村与村之间的连接道，积极构建"两横四纵多循环"的交通网络格局，为七塘镇发展打通"经脉"。

近年来，七塘镇以"干净整洁常态化"为目标，整治环境、完善设施、规范秩序、美化绿化，城镇面貌焕然一新，城乡环境更加宜居。环境好了，百姓乐了。石德军表示，将以"碧水青山、绿色低碳、人文厚重、和谐宜居"为目标，深入实施"蓝天、碧水、宁静、绿地、田园"环保五大行动，围绕生态宜居，深入推进特色小镇建设。今后，七塘镇将着力实施农村人居环境市级示范片工程，在建设、喜观、将军三个村打造示范片的入口景观，重点整治烂田沟大院和向家大院环境，深入实施蔬菜基地主干道沿线的净化、绿化、美化。增设场镇停车位250个，整治车辆乱停乱放行为。大力整治违章建筑，规范建设秩序。推进老街环境整治、立体绿化试点和望云公园升级改造，展现小城镇风貌特色。同时，提高农村生活垃圾和场镇污水集中收集与处理率，保持村镇整洁，创建市级卫生镇。健全生态环保工作长效机制，巩固生态创建成果，加大环保督察监管力度，严控污染，深入推进道路、水系、场镇绿化，加强生态涵养，创建国家级生态文明示范镇。

1.4.5 农+"服务"——"电商品牌模式"

电子商务扶贫是精准扶贫的一大举措，近年来，武隆区围绕如何开展电商扶贫进行了很好的探索，取得了可喜成效。寻味武隆O2O体验馆是区委、区政府推进实施"三大富民工程"、农村电子商务发展的综合展示平台，位于仙女山游客接待中心1层，建筑面积约2 500m^2，由武隆区电商运营服务有限公司负责管理运营。其主要通过图文与实物展示相结合，线上销售、线下体验相融合，体现武隆电商发展的特色展示、购物体验、销售等功能，让游客实现二维码扫描与摇一摇的网上购物体验，让旅游购物者体验"解放双手，比您更快到家"。自2016年5月1日运营以来，其正成为武隆农特产品销售、农户增收的重要渠道。

"寻味武隆"O2O线下体验馆主要由八大功能区组成。一是特色体验区。其位于O2O体验馆游客回程入口，此通道打造地域特色产品展示长廊，以微景观或传统生产工艺的形式结合声光电技术，展现武隆地方特色产品，解说产品历史、品牌故事等。二是品尝试吃区。游客在此可以免费品尝到武隆的美食，同时配备平板电脑，游客可自助浏览相关产品的企业文化、产品故事、视频、扫码关注等信息，体验别样的武隆美食。三是味觉武隆。其主要售卖武隆休闲特产，通过现场体验和线上平台活动，让游客感受"解放双手，比您更快到家"的服务。四是游客互动区。其位于体验馆中庭变形金刚区域，此区展现了武隆影视文化。五是特色乡村。其把武隆26个乡镇的特色产品及乡镇文化融入其中，带您走过武隆的绿水青山，感受世界遗产的生态环境。六是文化武隆。其用于邮政和工艺品等相关文化类产品展示。七是风情武隆。其主要以声光电及沙盘的形式展现武隆旅游的全景，诠释世界遗产的5A级景区和乡村旅游。八是特色小吃区。其主要以武隆本地特色碗碗羊肉、豆花饭、小面等地方特色小吃为主题，体现武隆人的日常饮食，了解到来武隆必吃美食，真正走进武隆的生活，感受不一样的地心之旅的味道。该体验馆通过不断调整展示布局，线下的日交易金额达1.3万余元以上，为线上销售引流增加订单20%以上，实现电子商务与旅游扶贫产业深度的融合发展。

1.5 重庆特色农业产业融合中区域品牌创新发展对策

重庆特色农业产业融合中区域品牌创新发展，应该秉承"特色鲜明、规模为重、品牌为上，三产融合"的农业创新发展理念，大力推广"三品一标"，推行种植标准化及集聚化、营销品牌化、组织联盟化的产业链融合发展模式。重视促进农旅结合，发展农产品加工和农村电子商务平台，提升农业附加值，提高农产品的美誉度和市场竞争力。

1.5.1 培育特色主导产业聚集，推进农业品牌化与产业化融合发展

农业区域品牌建设和农业产业化相伴而生，只有加快品牌化与产业化相结合，发展适度规模经营，构建全产业链品牌，才能实现农业提质增效。为此，可采取以下措施：

第一，引导产业聚集，促进农村第二、第三产业向重点乡镇及产业园区集中，培育旅游、加工、商贸物流等专业特色小城镇品牌。

第二，以大型龙头企业为核心，突出园区特色，增强产业分工，进行产业

拓展，打造由农产品到加工到消费品的全产业链品牌，构建起贸工农一体化优势特色企业集群。

第三，加快园区科技化、智能化发展。尽快启动农产品质量安全追溯系、农业物联网工程等，为品牌农业建设奠定基础。

1.5.2 建设新型农业经营主体，打造农业区域品牌建设的生力军

我国传统农户经营规模普遍狭小，很难在推进融合发展上发挥较大作用。为此，可采取以下措施：

（1）成立产业联盟。产业联盟根据产业发展需要设立专业工作组，进行品牌管理及培育，延伸产业链条，提高特色农产品附加值，促进联盟内的企业良性合作发展。

（2）以品牌建设为纽带，引导和培育新型农业经营主体包括专业种养大户、农民专业合作社、龙头企业等建立利益链接机制。协调好新型农业经营主体与农户之间的关系，引导农民以资金、土地经营权等入股发展加工流通业，形成"企业＋基地＋联社＋农户"的运作模式，使各经营主体能够共享特色农业产业融合发展的成果。

（3）政府及职业教育管理部门要开展有针对性的技术及品牌培训。一是要引导新型职业农民及合作社社员掌握信息化技术，拥有互联网思维；二是要引导新型农业主体树立品牌意识，发掘自身资源优势及价值，打造一批具有国内外影响力的农业区域品牌。

1.5.3 以农产品加工业品牌为引领，延长产业链和价值链

农产品加工业在农村三产业融合中处在前延后展的便利位置，具有天然优势。

（1）以龙头企业为核心、园区建设为载体，促进农业产业链、价值链前后延伸。建立特色农产品加工生产基地，发展农产品精深加工，向食品领域纵深推进。同时有效对接市场，以销售促加工。实现向营销精深加工产品转变，增强品牌影响力。

（2）农业加工企业品牌发展创新。以"三品一标"认证为重点，引导龙头企业加快推进绿色、有机农产品及特色农产品地理标志的认证。加强品牌产品开发，打造"高端模式""绿色生态模式"等，满足消费群体的多元个性化需求。相关品牌企业以产业链为核心，形成相互融合发展的品牌农业发展格局。

1.5.4　创新农业产业模式，促进产业链、价值链、品牌链三链融合

（1）按照"企业商标+区域品牌"的组合模式，建设绿色生产基地，建立可追溯体系、种植体系，进行产业化经营。特色产业各个环节均应建立品牌意识，统一种植、加工、质量标准及形象包装，建立全产业链品牌。

（2）发展农村电商品牌引领的新业态新模式。要依托"大数据"和"互联网+"等先进技术，突出"品牌战略"，大力推动农村电商产业发展，塑造电商品牌。完善信息网络和物流系统，为品牌农产品搭建产销信息平台。开创电商、实体店、第三方销售及体验式营销的四维营销模式，进行品牌推广。不断创新营销方式，拓展销售渠道，大力发展"互联网+农业"，鼓励新型农业经营主体借助电商平台开设专区、专柜，建立农产品电子商务线下体验馆，实现线上与线下相结合，生产、经营、消费无缝对接，不断健全完善实体店与网店相结合的品牌农产品营销体系。由此，才能扩大品牌农产品销售半径和农业品牌的影响力。

1.5.5　优化农产品区域品牌培育环境

应由地方政府、企业、农业协会及相关中介组织等共同推进区域性公共品牌创建及培育活动。重点要建立区域品牌发展的整体工作机制，对品牌创建、认证、质量提升及宣传推广等活动进行激励，调动企业及合作社进行品牌建设的主动性。还要加大对品牌建设的资金扶持，加强农产品产地市场及流通体系建设，提高生鲜电商冷链物流配送能力。此外，要加强区域品牌保护，重视农产品品牌打假。

第 2 章　重庆特色产业精准扶贫研究

2.1　研究背景

2.1.1　研究目的及意义

精准扶贫并没有统一的定义，在原国务院扶贫办 2014 年 6 月发布的《建立精准扶贫工作机制实施方案》中，精准扶贫的主要内容包括"精准识别、精准帮扶、精准管理和精准考核"；而在《中共中央 国务院关于打赢脱贫攻坚战的决定》中，精准扶贫被进一步明确为"扶持对象精准、项目安排精准、资金使用精准、措施到户精准、因村派人精准、脱贫成效精准"。中国 2016 年公布《贫困地区发展特色产业促进精准脱贫指导意见》。其提出，到 2020 年，贫困县扶持建设一批贫困人口参与度高的特色产业基地，建成一批对贫困户脱贫带动能力强的特色产品加工、服务基地，初步形成特色产业体系。其指出，当前，贫困地区特色产业发展总体水平不高，资源优势尚未有效转化为产业优势、经济优势，成为农村贫困人口增收脱贫的"瓶颈"。发展特色产业涉及对象最广、涵盖面最大，是提高贫困地区自我发展能力的根本举措。要加快培育一批能带动贫困户长期稳定增收的特色优势产业，到 2020 年，贫困乡镇、贫困村特色产业突出，特色产业增加值显著提升；贫困户掌握 1～2 项实用技术，自我发展能力明显增强。我国在"十三五"规划纲要中提出精准扶贫、产业扶贫的扶贫思路，将产业扶贫列为脱贫攻坚八大重点工程之首，也是完成脱贫目标任务最重要的举措。官方计划未来五年通过产业扶持等措施实现 3 000 万以上农村贫困人口脱贫，实现长期稳定就业增收。

产业扶贫是在政府的组织和引导下，以产业项目为平台，以产销权责利连接机制为纽带，整合各类资金，借助农业龙头企业、专业合作社、家庭农场的力量，实行种养加、产供销、贸工农一体化经营，把分散的贫困农户小生产联结成为社会化、专业化大生产，形成内部风险共担、利益共享的经营机制，从根本上保障贫困农民脱贫致富的扶贫方式。产业扶贫不仅是拓宽贫困人口增收的主渠道，也是实现贫困农户自我发展的主动力，也是促进农村资源合理利用的主打戏。扶贫开发是实现共同富裕的首要民生工程，是经济发展新常态下扩大国内需求、促进经济增长的重要途径。产业化扶贫是国家"一体两翼"扶贫战略的重要组成部分。在我国7 000多万农村贫困人口中，有3 000万需要通过发展产业脱贫，产业化扶贫工作意义重大。习近平总书记在"十三五"时期经济社会发展十大目标任务中，对推进扶贫开发工作提出了"四个切实"的要求，尤其是明确了"六个精准"的方法，传递出"十三五"精准扶贫的坚定信心和明确信号。为帮助贫困户持续稳定增收，重庆市政府立足渝东南、渝东北地区资源优势，安排特色效益农业资金10亿元，支持柑橘、茶叶等重点产业链向贫困村、贫困户延伸。2015年9月，重庆市委、市政府通过《关于精准扶贫精准脱贫的实施意见》，把精准扶贫、精准脱贫作为基本方略，并提出大力支持贫困村和贫困户发展优势产业，到2018年建立和完善产业扶贫增收长效机制。

截至2015年年底，重庆全市共有"14+4"个扶贫开发工作重点区县，贫困村1 919个，贫困人口165.9万。自2016年以来，人民银行重庆营管部与市财政局合作，建立了财政金融联动扶贫机制，对金融机构向14个国家扶贫开发工作重点区县投放贷款、布设机具等行为实施财政奖补。截至2017年6月底，14个国家扶贫开发工作重点区县的3 844个行政村已覆盖基础金融服务，覆盖率达95.93%。

目前重庆农业优势特色产业扶贫开发还存在扶贫对象不准、产业化扶贫资金投入不足、扶贫产业对贫困群众带动力不强、扶贫低效粗放等问题。依托自身资源禀赋、产业基础、区位特点和市场前景，大力推进特色产业与精准扶贫融合发展，处理好贫困区农户的生计策略与区域优势资源的产业发展对接问题，实行产业精准扶贫。其既是重庆新一轮脱贫攻坚的关键，也是切断贫困源头的重要途径和实现共同富裕的必经之路，更是实现社会稳定发展和长治久安以及全面建成小康社会的内在逻辑要求。其不仅有利于提高重庆农村扶贫的精准性和有效性，促进区域性特色产业提质增效；而且有利于调动贫困人口参与脱贫致富的积极性和主动性，通过产业发展实现贫困户持续稳定增收，推动重庆扶贫工作由"输血式""粗放式"扶贫向"造血式""精准式"扶贫转变。本项目研究的意义有以下几点：

第一，农业特色产业精准扶贫是对特色农业扶贫研究的一种拓展，课题提出了重庆特色产业精准扶贫体系构成、扶贫机制、发展模式、运作方式等，丰富了特色农业扶贫研究内容，研究成果将为我国农业优势特色产业扶贫实践和深入推动提供新思路。

第二，特色产业精准扶贫是尽快消除重庆农村地区绝对贫困，促进区域产业转型发展的重要途径。其不仅有利于提高农村扶贫的精准性和有效性，促进区域性特色产业提质增效，而且有利于调动贫困人口参与脱贫致富的积极性和主动性，通过产业发展实现贫困户持续稳定增收。

第三，产业精准扶贫的研究有利于促进重庆农业优势特色产业扶贫实践由面转向点，典型个案研究可提供有价值的操作程式参考，具有建设性和可复制性的启示与建议，以期为我国其他地区扶贫工作提供借鉴。课题研究提出的具体对策建议，能够为重庆农业优势特色产业扶贫规划、开发、管理及贫困人口参与等方面的政策制订提供强有力的支持。

2.1.2 国内外研究现状

Brian Nolan（2003）对爱尔兰1997年所实施的反贫困战略进行研究，发现其最创新的两个部分在于对贫困对象的精确识别和相关机制构建，这成为发达国家解决贫困问题的重要手段。Ford Foundation探索通过以瞄准、消费支持、储蓄、技能培训、资产转化为五大基石的"脱贫模型"（graduation model）来帮助最贫困的群体脱离极端贫困的状态。国外对精准扶贫进行了一些个案研究。Weiss（2005）对亚洲开发银行在亚洲5国进行的精准扶贫的案例进行研究，针对其精准确认模型不完善，确认机制缺乏有效管控等问题，提出确认标准、范围和成本收益的建议。Ahmed（2014）对孟加拉国CFPR减贫项目进行了考察，发现在扶贫过程中深入当地社区，适应当地的知识和风俗是确定社区最贫穷的家庭最务实的方式。

起初学者们针对我国扶贫过程中存在的问题，提出要提高扶贫资金和扶贫政策的"精准度"。目前仅有少数学者给出了精准扶贫的定义。精准扶贫是粗放扶贫的对称，指针对不同地区、不同人口的贫困状况，运用科学有效程序对扶贫对象实施精确识别、精确帮扶、精确管理的治贫方式（王思铁，2014）。具体来看，精准扶贫内容主要包括精准的识别、帮扶、管理和考核四个环节。冯明义（2015）指出，当前我国扶贫已经由过去的粗放扶贫转为精准扶贫，从"大水漫灌"转为"精准滴灌"。张笑芸、唐燕（2014）认为，区域扶贫要瞄准产业，长效扶贫瞄准造血，家庭扶贫瞄准就业。实施精准扶贫，同时面临很多的现实困境及挑战。郑瑞强、曹国庆（2015）认为，在经历了救济式扶贫、改革经济体制方式减贫、开发式扶贫、攻坚式扶贫、基本贫困消除、同步小康发展扶贫等阶段后，扶贫工作面临以下问题扶贫治理机构尚待完善，如扶贫资源传递内耗过大；贫困主体对接能力不足，资源配置机制需调整；普惠式扶贫政策瞄准机制存在偏差，中坚力量的利益阻隔明显；扶贫政策异化现象突出，扶贫资源边际效益递减；扶持项目权属模糊，扶贫资源良性循环基础薄弱；特殊贫困群体边缘性特征明显。沈茂英（2015）认为实施精准扶贫的制约因素主要来自生态维度，自然维度，社会经济维度，人口维度、制度，政策维度以及扶贫成本维度的约束。汪三贵（2015）认为，要重点改革贫困标准的制定方法，进一步完善精准识别机制，完善精准扶贫考核机制，地方政府重点探索和建立贫困户的受益机制，改革扶贫资金管理体制和加强资金整合等。马楠（2016）对基于民族地区特色产业开发扶贫的价值分析，从创新产业精准扶贫机制、精准落实"因地制宜"、建立产业分类动态预警机制，给出了民族地区特色产业精准扶贫的路径选择。邓小海（2015）构建了旅游精准扶贫识别、旅游精准扶贫帮扶、旅游精准扶贫管理组成的旅游精准扶贫分析框架，提出了旅游精准扶贫的对策。刘解龙（2015）从宏观、中观和微观三个角度分析了经济新常态对于精准扶贫的影响。他认为需要推进经济新常态背景下的精准扶贫机制中的市场机制创新、主体之间协商机制创新、扶贫资源整合机制创新和可持续发展支撑机制创新。

文献述评：

国外学者对贫困与反贫困问题的研究已较为成熟，肯定了特色农业产业开发扶贫这一有效途径。在特色农业开发扶贫的内涵、效应、机制方面形成了一定的成果，尽管这些理论存在着各自的不足和缺陷，但仍对本课题具有重要的理论参考价值。已有的研究成果存在以下不足：一是研究成果多集中于特色农业开发扶贫方面，对于精准扶贫的研究，仍以宏观视角为主，中观和微观的研究不多，且对精准扶贫的效应和机制研究方面偏弱；二是研究方法以定性研究为主，定量实证研究缺乏；三是对国内特色产业扶贫的研究成果相对丰富，但缺乏特色农业产业精准扶贫的可操作程式指导，鲜有学者对重庆特色农业精准扶贫问题进行深度研究。这就为本项目的研究提供了空间。

2.2 重庆农业优势特色产业产区贫困现状

2.2.1 重庆特色农业产区贫困地区分布及脱贫目标

重庆共有重点贫困区县18个,贫困人口165.9万。1 919个贫困村,占当地行政村总数的22.6%。重庆集合有大城市、大农村、大山区、大库区、少数民族地区和集中连片贫困地区于一体的特殊性,在此背景下,该市五大功能区域内以"特色"引领的扶贫产业展现着不同风采。2015年重庆市委、市政府出台《关于精准扶贫精准脱贫的实施意见》(以下简称《意见》),为了坚决限时打赢脱贫攻坚战,重庆市将实施数十项精准扶贫措施,确保贫困地区与全市同步全面建成小康社会。《意见》为18个扶贫开发工作重点区县列出了"摘帽"时间表,到2017年年底,重庆市将实现18个扶贫开发工作重点区县全部"摘帽"、1 919个贫困村整村脱贫、165.9万农村贫困人口绝大部分越过扶贫标准线,基本完成脱贫攻坚任务。2018年"打扫战场",确保在既定时间节点实现贫困群众全部越过扶贫标准线。拓展五大功能区发展战略,发展农业特色产业。其中,2015年年底,涪陵区、潼南区整体脱贫;2016年年底,万州区、黔江区、南川区、丰都县、武隆县、忠县、秀山县整体脱贫;2017年年底,城口县、开县、云阳县、奉节县、巫山县、巫溪县、石柱县、酉阳县、彭水县整体脱贫。15个扶贫开发工作非重点区县2015年年底全面完成贫困村、贫困人口脱贫任务。2018年,解决好局部、个别特殊困难贫困户的脱贫问题,打扫扶贫攻坚战场,巩固扶贫脱贫成果。

2.2.2 重庆特色农业产业精准扶贫状况

在2016年,《中共中央 国务院关于打赢脱贫攻坚战的决定》指出,制定贫困地区特色产业发展规划,大力发展特色产业脱贫。根据我国多年的扶贫工作实践,学者总结了四种不同的扶贫模式,分成四个不同的级次:第一级次为救济式扶贫和教育扶贫模式,主要解决贫困户的素质起点与温饱问题;第二级次为基础设施扶贫与迁徙式扶贫模式，主要针对贫困村组改善生产与生活条件，或易地搬迁等；第三级次为产业扶贫模式，主要为经济发展和可持续脱贫提供产业支撑；第四级次为体制机制扶贫，如建立生态补偿机制，发展碳汇产业，增加转移性支付政策等。

重庆市政府在《关于精准扶贫精准脱贫的实施意见》（渝委发〔2015〕19号）中提出，紧盯贫困村和贫困农户实施产业扶贫，让有开发能力的建卡贫困人口全部脱贫，并建立和完善产业扶贫增收长效机制，大力支持贫困村和贫困户发展优势产业。立足稳定脱贫，着眼长效发展，做强一个好产业、打造一个好龙头、培育一个好市场、创新一个好机制、形成一个好链条，用"绣花"的功夫全力抓好产业扶贫，加快培育一批能带动贫困户长期稳定增收的特色产业。到2020年，建成贫困人口参与度高的扶贫特色产业基地300万亩以上，实现83万左右产业扶贫对象稳定高质量脱贫，覆盖带动农村建卡贫困人口136万人；贫困地区特色产业突出，形成"一村一品、一镇一业、一县一特"格局，做到县县有主导产业、村村有特色项目、户户有增收门路；贫困群众自我发展意识和能力明显增强，与全市同步进入全面小康社会。

2016年，重庆共安排现代特色效益农业资金4.4亿元，推动七大特色产业链向贫困地区延伸，增量部分用于贫困区县比重达77%。在产业扶贫方面，重庆2016年已累计实施项目5 432个，实现特色产业覆盖带动贫困群众34万人。重庆产业扶贫坚持市场导向，遵循市场和产业发展规律，根据贫困县资源禀赋等确定特色产业，积极发展产品加工，拓展产业多种功能，大力发展休闲农业、乡村旅游和森林旅游休闲康养，促进第一、第二、第三产业融合发展，拓宽贫困户就业增收渠道。为了支持特色产业扶贫发展，还要鼓励开展股份合作，发挥新型经营主体带动作用，发展电子商务，培育特色产品品牌，鼓励财政资金和金融向贫困地区特色产业倾斜。

产业扶贫重点包括以下几方面：

（1）生态农业扶贫。大力发展生态果业、生态茶业、生态渔业、生态牧业、生态药业、生态蔬菜等，推广绿色生产方式。充分利用贫困村污染少的优势，大力发展高品质的高山蔬菜、草食牲畜、特色林果等特色优势产业，对接城市中高端市场。突出贫困村立体气候明显、四季有花有果的特色，大力发展观光、体验、休闲农业，开发农业的多种功能。到2018年，每一个贫困村有一个特色优势主导产业，每一个贫困户有一个产业增收项目。

（2）乡村休闲旅游扶贫。充分利用贫困乡村优美的自然风光、森林草场、江河湖库、高山峡谷、古朴村落、乡土民俗等旅游资源和果蔬园、茶药园、桑林园等特色作物基地,开发一批观光度假、农趣体验、民俗文化、森林康养、避暑纳凉等乡村休闲旅游产品。

(3)农产品电商扶贫。倾斜支持贫困地区信息进村入户示范工程建设,积极探索"专业电商+贫困农户""网络销售+定制生产""线下体验+网上预订""网上村庄+邮政网点"等模式,实现1 919个贫困村电子商务服务全覆盖。

(4)农产品加工扶贫。继续实施农产品初加工补助政策,推进龙头企业精深加工与初加工分工合作,围绕扶贫主导产业,引导龙头企业建设加工基地、仓储保鲜、冷链物流、集配中心等。力争每个扶贫主导产业都有1～2个加工骨干龙头企业。

(5)易地扶贫搬迁后续扶持。配合发展改革等部门,深入实施易地扶贫搬迁,高质量完成25万贫困人口搬迁任务。强化后续产业扶持,因地制宜组织搬迁贫困户发展种植、养殖、加工、乡村休闲旅游等特色优势产业。

2.2.3 扶贫障碍

(1)资本约束。农业资源短缺,生态环境脆弱,传统产业发展的潜力有限。产业开发发挥了贫困地区的资源环境优势,遏制了传统林牧业对资源环境的掠夺式开发,提供了可持续发展的机会,但贫困人口土地面积较少,土地生产力低下,受益的主要是村干部或能人,而大量贫困的村民从产业发展中受益有限。

(2)能力约束。贫困人口的人力资本水平较低,以社区为基础的政治、经济组织缺乏,自我发展能力不足。思想观念落后,人口素质不高,对产业发展不了解,从业知识和技能等系统的培训和指导较少,缺乏参与产业生产能力和组织能力,自我发展能力有待提升。农产品宣传主要是通过游客口碑、淘宝等各大网站等攻略,尚未普遍建立基于社区的营销平台,电商扶贫还未全面开展。旅游扶贫项目的市场竞争力和旅游经济效益还需进一步提升。

(3)政策权力约束。调研发现,"对需要从税收上加以照顾和鼓励的,可以实行减税或者免税"等条文明确、可操作性强的条款落实较好,鼓励金融机构积极支持贫困地区精准扶贫。由于非强制性,相关政策落实并不理想。

(4)社会力量参与程度低。社会力量和国际组织(国际援助与发展机构等)是政府进行产业扶贫工作的重要力量。动员和组织他们参与产业扶贫,能变产业扶贫政府主导的单一主体为社会全员参与的多元主体。目前重庆产业扶贫的主要参与者积极与国际组织开展合作与交流,弥补政府主导的不足,吸取国际有益经验,提高产业扶贫效率。

2.3　重庆农业优势特色产业扶贫机制、模式及成效调查

2017年，课题组一行六人，赴重庆主要贫困地区进行了两次调研及研讨。于2017年5月，在城口、江津等地调研特色产业发展及精准扶贫发展情况。2017年8月，在彭水、武隆等地区调研特色产业精准扶贫发展情况。主要对其特色产业精准扶贫的典型扶贫模式及机制展开调研，获得了丰富的一手调研资料。从"贫困地区产业发展任重道远"的现状出发，各区县把产业发展作为精准脱贫的核心支撑，立足长短结合，坚持市场导向，激活要素资源，探索贫困户持续稳定增收致富的路子。

从调研资料来看，目前重庆特色产业带动贫困户发展产业的扶贫带动机制主要包括以下几点：

（1）土地流转带动。农业经营主体优先流转重点贫困户土地，并签订流转协议5年以上，土地租金不低于当地市场价格，每年转账支付流转费用。

（2）土地入股带动。对发展水产养殖2公顷、蔬菜种植3.33公顷、其他产业6.67公顷以上的经营主体，支持其积极吸纳重点贫困户的承包地折资入股，股权量化可按照不高于当地年租额除以国家同期政策性银行贷款利率的标准由双方协商确定，就地组建农民股份合作社或农业股份公司。按照"保底分红"模式，分红比例不低于土地租金的10%。

（3）订单收购带动。农业经营主体优先选择在贫困地区发展产业，对重点贫困户采取订单种植的方式，保价全额收购，转账支付货款。

（4）代种代养带动。农业经营主体通过代种代养模式带动重点贫困户发展种养殖业，向重点贫困户提供种源、技术培训指导，保价统一回收。

（5）股金分红带动。农业经营主体围绕"4+X"产业，根据产业发展现状、带动贫困户情况，申请使用扶贫产业发展股本金，并每年向产业发展区域的重点贫困户进行分红；县财政补助资金股权化农业项目向重点贫困户分红的，每年按5%～8%的标准分红。

（6）社会化服务带动。经营主体在实施农业产业全程社会化服务时，优先将贫困村、贫困户的产业纳入服务范围，降低向重点贫困户收取自筹资金，财政对其少收部分再给予50%的补助。

（7）临时用工带动。农业经营主体在农业产业发展及乡村旅游发展中有雇请务工需求的，优先雇请重点贫困户劳动力。双方签订用工协议，工资不低于同类工人工资，实行转账支付。

（8）股转红带动。将安排的涉农财政扶贫资金、社会扶贫资金作为股金，每年兑现重点贫困户股金分红比例不低于10%的企业试行"股转红"。即企业每年按照支付股金分红金额40%的财政股本金转为企业股权。

（9）资产收益扶贫带动。财政扶贫资金按照每户不超过3万元的标准量化到重点贫困户，作为按程序选定、符合试点要求的项目入股资金并作为优先股。贫困户不参与企业决策经营，但是享受不低于6%的比例保底分红和清算权利。

（10）乡村旅游带动。对利用当地资源发展旅游食品、旅游手工艺品制作的贫困户，由县旅游局给予设备采购金额15%的补助，最高不超过5万元。重点贫困户从事乡村旅游接待的，经验收合格，由县扶贫办给予每户3万元以内的补助。

（11）企业就业带动。对解决重点贫困户就业、签订1年以上劳动合同且按县人力社保局要求购买保险的工业企业、商贸企业、旅游企业，分别由县经信委、县商务局、县旅游局按每人每年1 000元的标准给予企业补助，不重复享受。

（12）农产品营销带动。重点贫困户通过农村电子商务服务站点或平台销售本地农特产品，对上行物流费用由县商务局按每件3元给予补助。对通过网上交易、农超对接、基地直采等方式采购重点贫困户农产品的超市、餐饮等商贸流通企业，由县商务局根据交易额的5%给予补助，最高不超过5万元。

（13）培训带动。贫困户参加"雨露计划"和"创业致富带头人"培训，往返车船、住宿和生活、培训等费用由县扶贫办全额承担。重点贫困户参加餐饮住宿、物流、电子商务、市场推广等商贸服务业为内容的培训，凭结业证、发票等相关依据，由县商务局按每人每次500～2 000元给予补助。重点贫困户获得由县人力社保局颁发的商贸服务行业服务技能资格证书的，由县商务局按初级500元／人、中级1 000元／人、高级1 500元／人给予补助。县旅游局组织全县旅游公路沿线经营农家乐的重点贫困户参加县内烹饪技术、酒店服务等免费培训，每年安排一定数量的重点贫困户参加县外乡村旅游接待培训，并据实补助食宿交通费用。

（14）金融扶贫带动。重点贫困户发展脱贫产业，可以申请5万元以内的扶贫小额信用贷款，使用期限三年，县扶贫办对贷款利息给予全额补贴。对于重点贫困户建立紧密利益联结机制、吸纳重点贫困户就业的工业企业申请抵押担保贷款，由县经信委按不超过银行基准利率50%的标准补助贴息、担保费率补贴1个百分点。对吸纳贫困人口就业达到20%以上的乡村旅游龙头企业及自主创业从事乡村旅游接待的重点贫困户申请抵押担保贷款，由县旅游局按不超过银行基准利率50%的标准补助贴息、担保费率补贴1个百分点。帮扶重点贫困户的农业经营主体，优先享受贷款担保贴费、贴息政策，并可在规定基础上根据得分情况，超过政策限额的每得1分帮扶得分提高政策限额金额的1%，最高不超过20%。农业经营主体通过扶贫合作贷、扶贫欣农贷等方式带动贫困户脱贫的，由相关主管部门按规定给予贴息。

下面主要以2个典型案例为例具体分析。

案例1 集中连片贫困区典型特色产业精准扶贫运行机制及模式

地处重庆武陵山、秦巴山国家连片特困地区，是重庆的"贫中之贫"。2017年1月，重庆市人民政府发出关于万州区等5个区县（自治县）退出国家扶贫开发工作重点县的通知，根据《中共中央办公厅 国务院办公厅印发〈关于建立贫困退出机制的意见〉的通知》（厅字〔2016〕16号）规定，经市级核查、社会公示和国家专项评估等程序，万州区、黔江区、武隆区、丰都县、秀山县达到贫困县退出相关指标，符合贫困县退出标准。在脱贫攻坚的关键时期，对以重庆武隆区为代表的深度贫困脱贫地区特色产业精准扶贫模式进行实证分析，对于促进深度贫困地区尽快脱贫，因地制宜做大做强特色产业，增加农业产业附加值，提升贫困户自我发展能力，推动区域精准扶贫由"输血"式扶贫向"造血"式扶贫转变，均具有重要现实及参考意义。

重庆武隆区扶贫概况

武隆地处重庆市东南部乌江下游，武陵山与大娄山接合部，东邻彭水，南接贵州省道真县，西靠南川、涪陵，北与丰都相连。多深丘、河谷，以山地为主。自然概貌为七山一水二分田。乌江北面的桐梓山、仙女山属武陵山系，乌江南面的白马山、弹子山属大娄山系。生态优良，资源丰富风景绝佳，全国少有，被誉为"世界喀斯特自然博物馆"。生态优良，资源丰富，生态资源全市前茅，生态产品市场紧俏。武隆的生态农产品深受国内外的欢迎，高山蔬菜直供香港特别行政区，出口俄罗斯、韩国等。精心培育打造了羊角豆干、土坎苕粉、江口野生鱼、仙女脆桃、羊角猪腰枣、仙女红茶等一批品牌，市场知名度高。此外，劳动力资源富集。常年保持10万人在外就业，有10万的劳动力资源储备。

武隆是国家扶贫开发工作重点县，全区共有75个市级贫困村，1.6万户5.544 9万建卡贫困人口，人均可支配收入仅为2 215元，贫困发生率18.6%。武隆区政府制定出台了"1+11"攻坚方案，以"三大富民工程"为抓手，强力实施"十大脱贫攻坚行动"。整合各类扶贫项目资金17.34亿元，建成重点扶贫项目1 762个。2016年，武隆区顺利通过了市级脱贫"摘帽"验收和第三方评估，75个市级贫困村实现了"建八有、解八难"脱贫销号，14 266户50 338个贫困人口实现了"两不愁三保障"脱贫目标，脱贫人口人均可支配收入增长到6 842元，贫困发生率下降到1.7%。

重庆武隆区扶贫特色产业精准扶贫模式及实践

（1）旅游＋精准扶贫模式。武隆区自1994年发展旅游以来，在短短的23年时间内，分别荣获了"世界自然遗产""国家5A级旅游景区"和"国家级旅游度假区"三大品牌，武隆的旅游业一举成为重庆市的标杆。武隆区按照"农旅融合、文旅互促、商旅联动、全域发展"的思路，强势推进"仙女山提档升级、白马山新兴开发、乡村旅游全域覆盖"旅游扶贫"三大战场"，整合涉农和吸引社会资本50余亿元，区财政设立2 000万元乡村旅游发展基金，对示范村、点、户实施补贴补助，让每一个村、每一个家庭围绕乡村旅游发展配套产业项目。武隆区重点围绕旅游景区周边、旅游环道沿线、乡村旅游示范村（点）等区域，融合打造以"观光体验、休闲度假、科普教育、避暑养生"等为主要功能的旅游扶贫示范线路和乡村旅游扶贫示范村（点），确立了仙女山、白马山、石桥湖、桐梓山等4个旅游扶贫带，建成集交通组织、空间整合、产业集聚、形象展示为一体的扶贫开发示范区。

目前，全区涉旅农户达到3.1万余户，7万余人通过参与旅游相关服务解决就业问题，旅游经济给劳动者报酬年均达3.06万元，全区通过旅游拉动扶贫，消除了贫困村48个、贫困人口9.2万余人。

案例A　双河镇木根村地处涪陵区武陵山森林公园、丰都县澜天湖景区和武隆仙女山景区核心区域，平均海拔1 350米，是全市首批乡村旅游扶贫示范村。近年来，该村依托良好的生态资源和全市高山蔬菜示范基地的带动，大力发展休闲农业和乡村旅游扶贫，成为全区首批脱贫和首个基本小康的行政村。截至目前，该村95%以上的农户均直接或间接参与了乡村旅游发展，其中365

户农户开办了农家乐或乡村旅馆，床位数达到 8 500 余张，年游客接待近 21.6 万人次，旅游收入达到 1.2 亿元。该村王小明、贾万春等 3 户建卡贫困户通过每户 2 万元乡村旅游扶贫到户资金的带动开办了农家乐，每年仅夏季 3 个月时间就增收达到 10 万元以上而实现脱贫致富。

在景区进出通道等区域建设专门的创业区和农特产品销售一条街，引导景区周边农民发展特色小吃、特色农家、农产品销售、旅游商品销售等商业，景区及周边 2 万农民通过旅游实现了直接或间接就业。例如，仙女山镇石梁子社区 401 户中有 391 户从事旅游相关产业，资产 500 万元以上的有 17 户，100～500 万元的有 285 户。土坎镇关滩村发展农家乐 21 户，全村年收入达 4 000 万元以上，90% 的农户年均收入 5 万元以上。

（2）"特色农业+精准扶贫"模式。充分发挥地域特色，积极探索"特色农业+精准扶贫"模式，实现农业差异发展、示范带动、全域覆盖。

推进农业与扶贫产业示范带建设。武隆区规划建设了农业与扶贫产业示范带 7 条串连 26 个乡镇、囊括农林牧渔等农业产业的精品线路，集中连片打造农业产业和扶贫示范基地。目前，已启动重点项目建设 146 个，培育打造产业示范基地 68 个。今年将建成仙女山片区、白马山片区、火炉片区、芙蓉湖片区四条示范线路，明年将建成鸭平片区和桐梓片区等三条示范线路。

创新合作模式培育主导产业促增收。探索出"协会+龙头企业+专业合作社+农户""龙头企业+基地+农户""党支部+专业合作社+农户""专业合作社+基地+农户"等发展模式，成功构建了高山蔬菜、草食牲畜、特色林果、乡村旅游、有机茶叶、电子商务六大"十亿级"产业链条体系，加速培育以示范带为支撑骨架的优势产业集群。

案例 B 白马镇豹岩村通过整合高山生态扶贫搬迁、有机茶叶种植加工、特色效益农业、乡村旅游等各类扶贫项目资金近亿元，融合打造了全市知名红茶品牌"仙女红"，全村 85% 的农户实现了产业带动稳定脱贫，其中张国生、程阳联等建卡贫困户年均收入均达到 7 万元以上而一举实现脱贫致富。同时，豹岩村以天尺茶村为核心，以休闲观光、采摘体验、避暑养生等功能为一体的扶贫示范新村，被中央电视台评选为 2015 年度"中国十大最美乡村"。

（3）针对扶贫产业融资短板，探索构建"协会+专业合作社+农户"金融互助新模式，有效破解脱贫融资发展难题。武隆区按照"区级总会+乡镇分会+村级中心+社级小组"的组织架构，建成 1 个区级互助扶贫总会、6 个乡镇分会、90 个村级互助中心和 236 个互助小组的金融互助扶贫服务网络体系。通过金融互助模式，累计发放扶贫小额农贷资金 1.876 5 亿元，扶持 4 307 户贫困农户发展特色产业,有效破解了贫困人口借款难、脱贫难、发展难的问题。

案例C　火炉镇万峰村村民朱胜贵准备开办一家林家乐,但由于缺乏资金,新建的楼房共计60个接待房间一直无钱装修。他多次奔走于各个商业银行,但均因无产权抵押而无法获得批准。随后,他以三权作抵押向区互助扶贫总会申请了30万元的循环借款,仅仅2个月的时间就完成了房屋装修。正式营业后,他年接待收入均达到10余万元。2015年,他组织该村151户贫困农户通过林地资源量化股权到户方式组建了万峰乡村旅游协会,引领带动全村建卡贫困户共同发展乡村旅游,并以贫困农户的林权证集中向互助总会申请抵押贷款建设"林海公园""林海度假区"综合体项目。在他的带动下,全村现已发展林家乐达20余家。

(4)借助互联网营销张力,成功开启"电商+精准脱贫"模式,全面推动品牌打造和拓宽产品销售渠道。武隆是全国电子商务进农村综合示范县,武隆区按照"工业品下乡、农产品进城"的路径,建成了区、乡、村三级电商服务体系,围绕"一馆、一园、两中心、186个网点"的发展布局,建成"寻味武隆"仙女山O2O体验馆的"一馆"、武隆区电商产业孵化园的"一园"、区级电商运营中心和过渡性物流分拨中心的"两中心"项目及186个村级电商服务网点。成功打造出"凤来谷""寻味武隆""五农人""比丰优选"4个电商品牌;包装推出羊角豆腐干、羊角老醋、仙女红茶叶、芙蓉江野鱼、土坎苕粉、野生蜂蜜、汉平蜜柚、猪腰枣等36个品牌商品和1 561个单品产品;培育较大型的电商企业13家,市场主体达551家,网店1 300多家,增加就业4 000人,实现电商交易额10.5亿元。

案例D　巷口镇堰塘村第一书记张莉联合蒲板村、万银村三个贫困村,成立武隆区大巷口农产品专业合作社,上线农副产品95余种,代销农产品1 250多单,线上交易额70.3万元,线下交易额80多万元,帮助210户贫困户和450户一般农户解决了农产品销路难的问题。

(5)充分整合资源要素,积极探索"股权+精准扶贫"模式,创新工作获国务院领导肯定。武隆区按照"资金变股金、资源变股权、农民变股民"的"三变"原则,加快资产收益扶贫试点,引导贫困农户将土地、林地、闲置房产、劳动力等要素资源,通过股权量化方式与市场主体进行捆绑发展,同时建立完善利益联结分配机制。有效整合农村闲置、分散、低效的要素资源,激活农业要素与贫困人口的内动力,加速推动精准扶贫、精准脱贫与可持续发展。

案例E　石桥乡2015年引进重庆市厚德畜禽养殖专业合作社,在该乡八角村投资1 500万元建成一个12万只禽蛋养殖场。该专业合作社先后在香龙、贾角、大坪 3 个村扶持带动建卡贫困户 243 户，户均发放 30 只产蛋鸡苗，并通过统一技术指导、统一回购产品、统一市场销售的方式，带动当地农户实现产值 2 000 余万元，贫困农户户均增收 4 500 元。此外，养殖场还提供了 19 个就业岗位，带动 8 户建卡贫困农户年均增加工资收入 2.16 万元。目前，该专业合作社还与香龙村通过村级集体经济改革试点方式，投资 100 万元新建一座有机肥生产厂房，带动了香龙村集体经济的壮大和发展。

案例 2　推行"新型经营主体 + 产业基地 + 贫困户"模式，夯实延伸脱贫产业发展链——江津区积极探索创新脱贫长效新机制新模式

江津区位于重庆西南部，面积 3 219 平方千米，总人口 150 万人，其中农业人口 93 万人。近年来，江津积极发挥社会力量助推脱贫，挖掘扶贫对象自身内动力，实现自力脱贫，特别是在构建长效脱贫机制方面开展了一系列探索实践，创新推行"新型经营主体 + 产业基地 + 贫困户"模式，延伸脱贫产业发展链条，使全区 40 个贫困村实现整村脱贫，动态减少贫困人口 52 501 人，扶贫开发工作连续四年荣获全市扶贫工作绩效考核一等奖。

基本内容

此脱贫模式作为典型，荣获原国务院扶贫办社会扶贫优秀创新案例。一是培育发展新型经营主体，引导更多贫困农民参股企业、农民合作社，建立新型经营主体与贫困农户"双对接、双选择"利益联结机制，实现新型经营主体带动更多贫困农户脱贫致富；二是依托新型经营主体带动做大做强农业产业基地，扶持新型经营主体发展农副产品精深加工和销售，通过延伸产业链提升附加值；三是支持新型经营主体开展扶贫实用技术、创业培训和全程社会化服务，对广大农户特别是贫困户进行长期技术、产品营销跟踪服务。

主要做法

（1）发展富硒扶贫产业。为了解决贫困地区扶贫产业规模不大、品质不优等问题，江津把"富硒富民"作为农业和扶贫重点发展战略，扶贫部门从探索引入市场和社会化扶贫的体制机制创新入手，支持新型经营主体牵头在贫困村发展富硒花椒、富硒茶叶、富硒优质粮油等产业基地，做大做强扶贫产业。

（2）培育富硒特色品牌。大力培育富硒特色农业品牌，发展特色、优质富硒特色农产品，提升农产品附加值。

（3）树立扶贫创业典型。对于在贫困村发展的龙头企业等新型经营主体，

全区在富硒产业、特色效益农业项目上给予倾斜,贫困村涌现了一批种植花椒、金银花、猕猴桃、蔬菜和林下养殖等扶贫创业致富典型。

(4)开展扶贫培训服务。大力开展农村创业致富带头人培训和新型职业农民培育,全区把"新型职业农民培训""扶贫培训"等项目优先安排到扶贫产业基地,在培训中紧密结合产业发展实际进行教学,增强培训学习针对性、实效性。

取得成效

(1)培育了大批脱贫致富带头人。目前,全区已培育发展5个扶贫龙头企业参与牵头,带动15个贫困村发展农民合作社20个,培育新型农民创新性人才500余人,带动发展创业致富带头人2 000余人,带动5 000余户(其中贫困户1 000余户)参与农民合作社。

(2)助推脱贫攻坚取得明显实效。新型经营主体带动脱贫模式,推动了贫困村、贫困镇形成了"一村一品""一镇一业"的产业发展新格局,发展富硒茶叶、花椒、优质稻、小水果、畜禽产业基地18个,基地面积达到4 200公顷,有力助推了"十二五"期间区29个市级贫困村整村脱贫和5.9万农村贫困人口脱贫越线任务全面完成。

(3)实现政府扶贫与市场机制的有机结合。"新型经营主体带动脱贫模式"将政府的公益性扶贫行为与市场化运作的社会扶贫有机融合,找准了扶贫开发和市场机制的契合点。

经过四年探索创新,可以得到的启示有以下几点:选好创业骨干带头人是基础,培育有市场竞争力的产品是核心,有效带动广大贫困农户脱贫是根本,机制创新是社会扶贫开发工作可持续发展的动力源泉。"新型经营主体带动脱贫模式"机制创新核心体现在三个方面:一是集合农村各种优质的人力、信息、资金、市场资源优势形成强大的农业产业、行业竞争优势;二是发展优质、生态、高效农业产业,培育特色优质农产品品牌;三是延伸农业产业链,建立优质育雏、育苗基地,建立规范试验示范种养殖基地,带动广大分散农户按照品牌产品要求进行标准化种植和养殖,由协会、龙头企业统一组织收购进行加工、销售。三个方面有效整合、齐头并进,才能形成强大合力,推动产业扶贫、社会扶贫开发工作可持续发展。

2.4 重庆农业优势特色产业的精准扶贫机制设计

2.4.1 精准扶贫对象的识别机制

构建精准识别机制，制定标准是前提，规范操作是基础，透明运行是关键。第一，在识别程序上，应建立"贫困户申请、村委会或村民小组评议"，按时将贫困对象识别信息进行公开公示，上级机构对识别结果进行抽检核查以及最后将贫困人口信息录入统一的扶贫信息系统等"四步工作法"。

第二，考虑到部分特殊群体因各种原因存在难以被识别的情况，应与特殊群体非常规识别程序衔接使用的原则和情况，将贫困户和贫困村充分有效识别出来，确保识别结果真实、准确。精准扶贫识别信息应做到户建卡、村造册、乡归簿、县归档。还应构建贫困人口和贫困村空间地理信息系统，利用 GIS 等技术工具，结合人口普查和建档立卡数据资料，完善贫困村资源享赋信息，提高贫困地理识别、资源利用和政策干预的精准度。

2.4.2 精准扶贫产业项目的甄选与孵化机制

就贫困人口而言，产业扶贫对象要精准定位那些既具备劳动能力和沟通能力，又有土地、房屋、社会资本等的贫困人口。为便于扶贫瞄准实践操作，依据贫困户参与能力和资源T赋状况，分为优和差两个指标，将社区贫困人口划分为四种类型，以精准识别扶贫目标人口及其产业扶贫参与存在的优势与障碍。

"资源优—能力优型"。这类贫困人口产业参与资源丰富，参与能力强，是产业扶贫重点培育对象。在扶贫实践中，通过重点帮扶，引导他们直接参与产业经营项目，发挥其引领示范带动作用。

"资源优—能力差型"。这类贫困人口较为普遍，其自身产业资源丰富，但产业参与能力弱。要认真分析制约贫困人口参与产业的障碍因素，针对贫困人口的需要采取相应的帮扶措施。

"资源差—能力优型"。这类贫困人口自身缺乏旅游参与资源，但有产业参与能力。要赋予他们一定权利和机会，发挥其自身能力优势，间接参与产业并就业。

"资源差—能力差型"。这类贫困人口产业参与资源缺乏，参与能力不足，参与难度较大，可通过二次分配分享产业发展收益，并考虑其他替代扶贫形式。

2.4.3 精准扶贫对象的帮扶机制

精准扶贫是实现各种帮扶工作最终到村到户、做实落地的"总漏斗"。在精准扶贫过程中，应做到驻村工作组、帮扶单位对所有贫困村、帮扶责任人对所有贫困户的全覆盖，不遗漏任何一个贫困村和贫困户。精准扶贫应首先找准扶贫对象致贫类别和致贫原因，在扶持过程中突出分类指导，因村因户施策，制定发展规划和扶贫规划。要因地制宜，依托区域资源禀赋和产业基础，帮助贫困村调整产业结构和发展特色优势产业。要重点关注民生问题，通过兴修道路、水利、电力、通信等基础设施，切实解决好贫困群众衣食住行现实困难。以综合治理为手段，社会建设、经济建设、生态文明建设全面推进，帮助提升贫困区域文明和谐程度。同时，积极探索直接扶持、委托扶持、股份合作扶持等有效方法和模式，真正实现精准帮扶到户、扶持到人。

自2017年以来，渝北茨竹镇进一步用好脱贫攻坚之力，在产业扶持、医疗救助、危房改造、教育资助、社会保障、结对帮扶六大领域为贫困群众办实事解难题，深入扶贫领域巩固脱贫促长效。该镇对2015年脱贫户、2016年新增建卡贫困户、2016年及2017年低收入农户进行逐村逐户核实，深入、深度、精准了解农户生产生活、种养殖发展、家庭成员状况，也对全镇档内的贫困户及低收入农户中的在校学生进行了全面清理，按学校分类抽查了学生享受教育资助情况。在深入农户调查的基础上，该镇按"一户一策"原则制作扶持方案，将扶持资金按标准直补到户。并制定区、镇、村三级帮扶方案，积极协调区农委等帮扶单位开展"三送一帮"活动，切实保证农户基本生活，进一步提高农户的生活水平。通过社保系统比对，全面清理贫困人员和低收入农户购买合作医疗情况，所有人员（"四类人员"除外）已购买合作医疗，737份精准脱贫保单已发放到位。

2.4.4 以扶贫监督问责为保障，构建精准考核机制

首先，建立并完善扶贫工作和减贫任务县级人民政府负主责的机制，加强扶贫工作考核与县域经济考核、党政领导班子考核之间的有效衔接。贫困县应由主要考核GDP转换为考核以贫困发生率、贫困人口生产、生活、就业等为

主要内容的扶贫成效,把扶贫成效作为贫困县领导班子考核的主要指标之一。其次,建立资金分配的正向激励机制,构建分工明确、权责匹配、运行规范、管理到位的项目资金监管机制,提高资金使用绩效,杜绝挪用资金行为。再次,对贫困户和贫困村识别、扶持、管理成效及贫困县农村扶贫开发工作进行量化考核,奖优罚劣,保证各项扶贫政策落到实处。最后,建立扶贫部门、社会、第三方等组成的"三位一体"监督体系。省级扶贫部门应加强贫困村、贫困户识别及动态管理的抽检核查力度,建立制度化、常态化的长效工作机制;引入"西部志愿者""三支一扶"等力量,充分发挥媒体及社会的监督作用。

2.4.5 以扶贫信息网络为载体,构建精准管理机制

在宏观政策方面,构建全国联网的扶贫信息网络,借助网络平台及时更新扶贫信息,实行动态化管理,为扶贫开发工作提供决策支持,为帮扶绩效考核提供最重要的依据。同时,建立一支强有力的扶贫核查队伍,对扶贫对象进行全方位、全过程的监测和管理,实时反映帮扶绩效。建立精准扶贫申诉机制,为贫困对象提供维权渠道,防止扶贫对象无故"被脱贫"现象的出现。在微观举措方面,注重建立农村扶贫对象退出机制,及时清退那些已经摆脱贫困的人群,防止他们挤占扶贫资源。开展脱贫对象跟踪调查,及时了解和反馈脱贫对象脱贫后的生产、生活情况,防止返贫。对再次返贫的人群,及时给予贫困再识别和帮扶。

2.4.6 以市场为导向、贫困户为着力点,探索构建利益联结机制

坚持市场导向,在贫困地区创新推广"龙头企业+贫困户""公司+基地+贫困户""合作经济组织+公司+贫困户""专业大户+贫困户""家庭农场+贫困户""经营性社会化服务组织+贫困户"等产业化扶贫组织经营模式,通过产业化扶贫组织,有效解决农民小生产与大市场的矛盾。为有效解决贫困农民的融资难问题,应探索建立产业发展基金、天使投资基金、众筹资金等融资模式和渠道,完善并拓展贫困村村级发展互助资金、小额信贷等农村微型金融外延,适当降低资金借贷标准,切实解决贫困户脱贫融资抵押难问题。同时,延伸农村政策性保险覆盖范围,建立适合区域发展的商业性保险体系,适当提高保额赔付标准。依据地区实际情况,大力发展地区特色优势产业,提高贫困农户参与市场竞争、产业经营的能力,通过集约式扶贫实现增收致富。因地制宜探索建立契约型、担保型、利益返还型、参股合作型、资产份额型等多种形式的产业化扶贫利益联结机制,明确各方的权责利,使龙头企业、专合组织、

专业大户、家庭农场、经营性社会化服务组织等市场主体和贫困户结成紧密的利益共同体，实现龙头企业、专合组织、贫困户、扶贫资金等的有机结合，有效解决扶贫开发"扶强难扶弱"的问题，确保扶贫资金和项目落到贫困户头上，按期实现脱贫目标。

2.4.7 以多元保障为支撑，构建社会动员参与激励机制

在保障方面，完善扶贫法律和法规，特别应加强扶贫资金监管、扶贫工作考核方面的立法，为扶贫工作的开展提供完备的法律法规支持。建立一支严格按照扶贫法律法规办事的扶贫执行和监督考核队伍，规范扶贫行为。统一各项扶贫资金，实行扶贫资金下放到县，做到扶贫资金按照县级规划和需求合理分配。

在社会动员方面，有效动员中央和国家机关各部门各单位、武警及军队、参公事业单位、人民团体、公益性组织、社区、社会公众等社会力量参与扶贫。逐步形成定点帮扶、对口帮扶、结对帮扶、社会帮扶、志愿服务等多种形式的社会扶贫新格局。搭建合作扶贫网络平台和高端载体，积极调整社会扶贫内部结构，优化外部扶贫合作，衔接政府合作。凝聚资源和力量，有效整合扶贫资金和项目；创造社会扶贫合作共赢舆论环境，培养扶贫主体参与扶贫的意识和责任。落实如利益优先考虑、利润分配、物质奖励、职位晋升、投融资、税费减免等各项扶贫开发优惠政策，完善扶贫荣誉表彰体系，给予扶贫参与者较高的社会地位，激励社会主体广泛参与贫困治理。

2.5 重庆农业优势特色产业精准扶贫模式优化

2.5.1 提出优化模式1 农民创业园带动的重庆农业优势特色产业精准扶贫模式

农民创业园带动的产业化扶贫是以园区为发展单位，以返乡农民工、农户、政府为组织结构，从农业设施建设、农业技术支持、政策扶持等多个方面为农业产业化和组织化发展构建新的制度环境。在以农民创业产业园为平台的产业化扶贫中，订立《扶贫责任书》成为整个扶贫机制的关键。《扶贫责任书》将

政府、业主和贫困农户三者紧密联系在一起，形成了以贫困农户"干中学"为核心内容的产业化扶贫模式。

政府专门成立园区管理委员会来管理、协调创业园区建设相关事宜。成立园区管理办公室，统一土地流转、引进业主。园区管理委员会根据园区规划，与被纳入园区规划的农户协商将土地流转出来。土地流转地价以每亩产量稻谷乘以当年粮食市场价来定价，并由园区管理委员会在每年一次性付给农户。园区管理委员会将土地流转给进入园区的返乡农民工等创业业主。业主提供全部生产资料和签订收购订单，将土地"返租"给当地贫困户种植蔬菜。

政府是推动者和服务政策提供者。园区管理委员会在土地流转、组织管理园区设施、政策支持、技术服务等方面为业主和贫困农户提供服务。一是组织实施项目规划、项目管理、项目建设、招商引资、市场开拓等。二是在建园过程中整合行业部门资金和技术，修建园区沟渠、便民路，安装供电供水设备等。三是提供实用技术、创业知识、就业技能等扶贫培训；成立园区创业资金互助会，帮助业主解决融资难题。四是对业主建设园区道路、饮水灌溉设施等给予资金补助。

农户是参与主体。根据土地流转、园区农业生产等可将产业农户分成三类：第一类是参与农业园区土地流转但不在园区从事劳动的农户，第二类是参与园区土地流转并在园区务工的建档立卡贫困户，第三类是不参与土地流转但"返租"业主土地的建档立卡贫困户。第一类农户主要为常年在外地务工的农户，其主要受益于土地流转收益；第二类农户收入形式为"土地流转收益＋务工收益"；第三类农户的主要收入来源是园区务工和自家承包地农业收益。业主是生产组织者和农产品市场开拓者。业主不仅决定农业种植种类，而且提供全部农业生产资金、种子、化肥、农药等。业主依靠自身能力开拓市场，并在政府协助下创立产业品牌。

农民创业园产业化扶贫在收入贫困、脆弱性、能力贫困等多个维度缓解了农民贫困。

第一，贫困农户收入多元化。在园区，贫困农户至少有三项收入来源：一是到创业园区打工的基本工资收益，二是业绩提成，三是贫困户流转土地的地租收益。

第二，极大降低了贫困农户农业发展中的各类风险，降低了农户的脆弱性。由于通过政府流转土地，贫困农户的"言传身教"（亲自指导和管理贫困户生产），贫困户通过"干中学"不断积累现代农业生产技术、管理方法、市场销售等经验。更重要的是，贫困农户自我发展能力提高后可以优先流转园区土地成为新业主，享受政府对园区农业发展的优惠政策和服务。

2.5.2 提出优化模式2 品牌建设带动的立足"五个依托"的重庆农业优势特色产业精准扶贫模式——以茶产业为例

拓宽农民增收渠道，加快贫困地区茶产业的资源优势潜力有效转化为产业优势和经济优势，促进农村贫困人口早日脱贫，关键在于推行基于"五个依托"的茶产业精准扶贫模式。即以品牌建设为纽带，在我国茶叶优势产区打造特色扶贫"产业链"，推行以"茶+园、茶+工、茶+游、茶+电商、茶+城"为核心的"五个依托"模式。其中"茶+园"模式主要利用产业优势区建立示范茶园，创建贫困户增收脱贫的产业融合发展先导区；"茶+工"模式倡导"公司+基地+食品研发+深加工+品牌运营"模式，有利于形成茶叶种植户、加工企业、茶产业的多元利益共同体；"茶+游"模式有利于促进旅游业与茶产业的深度融合，培育旅游品牌，推动旅游扶贫；"茶+电商"模式借助"互联网+"与茶产业融合发展，培育电商品牌，推动电商扶贫。"茶+城"模式以茶兴城，培育特色小城镇品牌，推动片区扶贫。由此，才能够有效推进茶产业"产业化""组织化""科技化"，积极发展产品加工，拓展产业多种功能，大力发展休闲农业、乡村旅游等，有助于在茶叶产业链的上、中、下游各环节提高茶产业自我发展能力，从而带动农村贫困人口增收脱贫，推动茶产业精准扶贫使扶贫从输血向造血发展转变。

依据贫困地区茶叶资源禀赋，大力推广"名牌化"，构建和延伸特色产业链，在茶产业链的上、中、下游，推广基于"五个依托"的茶产业精准扶贫发展模式，应着重从以下几方面开展产业建设：

2.5.2.1 *主动与贫困户对接，以园区为依托，探索推进"茶+园"模式*

基于建档建卡贫困户增收脱贫目标，在产业优势区建立示范茶园，构建"龙头企业+合作社（种植大户）"的原料供应合作机制，创建产业集群融合发展先导区。通过推行标准化生产，严格质量监管；重视申报茶叶地理标志，打造区域品牌，特色产业各个环节均应建立品牌意识，统一种植、质量标准及形象包装，提升茶叶质量安全，促进农民增收脱贫。同时，引导外出务工创业人员回乡在茶产业领域创业，带动返乡农民脱贫致富。

2.5.2.2 倡导基于"公司+基地+食品研发+深加工+品牌运营"的"茶+工"模式

（1）依托当地龙头企业，支持企业通过并购、重组、联合等方式，利用资源集中、生产集群、营销集约等优势，打造一批在国内外享有一定声誉的茶业产销集团。引导其打造"高端模式""绿色生态模式"等，增强品牌影响力。同时，积极引导贫困户与茶业集团组建茶产业联盟，完善利益联结机制，促进贫困户借助产业联盟抱团，形成利益共同体。

（2）建立"公司+加工厂+基地"的市场与基地融合发展模式。以"龙头企业+贫困户"等合作模式，以发展精深加工为重点，建立高标准茶叶加工基地。通过发展订单农业、品牌农业等，推动企业产品品牌和区域公用品牌融合发展，提高农产品附加值及质量品牌价值。让贫困人口分享产业发展红利，促进其持续增收。由此才能促进产业核心竞争力提升，实现茶叶种植户、加工企业、茶产业的多元"共赢"，提高贫困户的自我发展能力。

（3）大力推动"茶+游"模式。应注重借助龙头企业推动、乡村产业协会品牌引领、地方能人带动、"旅行社+景区景点+农户"合作等乡村旅游发展模式，推出各种以养生、休闲、体验为主题的特色旅游，以茶文化为主题的博物馆、主题文化公园等，以茶促旅、以旅兴茶。由此促进旅游业与茶产业的深度融合，让贫困村与市场有效对接，推动旅游扶贫。

（4）打造"茶+电商"模式，注重依托"大数据"和"互联网+"等先进技术，培育电商品牌。一方面，以"电商平台+市场营销+线下体验店"模式整合地区茶产业线上资源，并对线下实体茶叶店进行O2O打造，发展农商直供、加工体验等新业态。在此基础上，构建电商、实体店、第三方销售及体验式营销四维营销优势，进行品牌推广。另一方面，不断完善信息网络和物流系统，以茶品、茶器、茶文化、茶生活等主题发展电子商务，建设电商品牌，塑造以茶这种"慢生活"为特色的电商发展平台。以"互联网+"与茶产业融合发展，推动电商扶贫。

（5）以"茶+城"模式培育旅游、加工、商贸物流等专业特色小城镇品牌。应深度挖掘茶文化，丰富城市文化内涵，建造有特色的茶城标志性建筑，开发观光茶园。还要繁荣以"茶"为核心的第三产业，打造地域特色鲜明、产品特性凸显的茶叶市场区域公用品牌。此外，要通过各种推荐形式，组织茶品牌"走出去"，打造城市"茶"名片。以茶兴城，促进产城融合，推动片区扶贫。

2.6 重庆农业优势特色产业精准扶贫的"五位一体"贫困治理对策

2.6.1 "五位一体"贫困治理模式

重庆产业扶贫开发机制的总体特征是外源巨力推动下内源发展,外源推动占据重要地位,内源发展相对较弱但逐步显现,未来将必然呈现"内外融合"创新趋势。多元协同扶贫是治理理论在社会扶贫领域的创新运用。

重庆产业扶贫应打破传统政府强势包揽的扶贫模式,构建"政府—市场—社会—社区—农户""五位一体"的贫困治理模式,通过多元主体参与,畅通各个主体的利益表达渠道,关注区域之间贫困表现与程度的差异,实施差异化和针对性的扶贫政策和措施有利于推进精准扶贫。"五位一体"的贫困治理模式不仅强调政府主导作用,克服"市场失灵",提高贫困人口参与水平,保障公平发展;而且注重挖掘市场潜力,通过市场调节,实现资源合理配置,以此培育贫困群体自身能力,保持持续发展,实现内源扶贫。同时"五位一体"的贫困治理模式还强调利用多方力量,激励社会广泛参与,将参与式治理理念引入产业扶贫开发中,弥补政府和市场二元共治的不足。通过不断提升社区治理能力,促进扶贫资源传递提效,并且尊重农户发展意愿,保护扶贫对象的主体激励性。

政府应对扶贫开发做好顶层设计。制订扶贫开发规划,完善各项规章制度和法律法规,对市场、社会、社区、农户参与扶贫提供准入条件,建立激励机制,并对扶贫行为予以规范。政府要发挥好调控、监督作用。为规避政府扶贫失灵,政府可通过购买服务等方式把具体扶贫项目交予市场、社会、社区和贫困农户实施完成,自身专职做好扶贫的宏观调控,协调并引导好各扶贫主体在政策规范的轨道运行;政府要抓好扶贫政策执行,监督和考核各扶贫主体的扶贫行为,及时反馈扶贫成效,调整、完善各项扶贫政策。在贫困治理过程中,市场应在政府监管、调控条件下,发挥对贫困资源的基础性配置作用,集聚力量,调动诸如企业、合作社等市场主体广泛参与扶贫。社区是贫困人群日常生活的区域，与贫困对象距离最近，在贫困了解程度、贫困帮扶距离等方面较其他扶贫主体更具优势。赋予社区及其成员扶贫权限，给予项目和资金支持，实现社区与政府扶贫、市场扶贫、社会扶贫、个人脱贫有效衔接，调动力量和资源参与社区贫困治理，能够较好地解决贫困群众在基本生产、生活、发展方面的诸多问题。此外，还应积极动员贫困农户参与扶贫。贫困农户既是扶贫主体又是受益对象，在扶贫工作中要使贫困农户变被动扶贫为主动参与脱贫，提高贫困主体的自我发展能力。贫困农户要充分利用政府、市场、社会、社区提供的扶贫渠道和途径，表达自身脱贫意愿和实际需求；参与扶贫规划制订，主动进入扶贫项目的具体施行中，提高脱贫致富能力，增强自身综合素质。同时，贫困农户应积极监督、反馈扶贫情况，帮助、动员他人帮扶仍未脱贫的群众主动脱贫，与政府、市场、社会、社区等扶贫主体共同营造持续良好的贫困治理氛围。

2.6.2 贫困治理对策

2.6.2.1 结合重庆特色产业实际，科学制订全市特色农业产业扶贫规划

充分考虑贫困山区的实际，制订特色农业产业发展规划，并将其纳入市"十三五"规划，把发展特色农业产业作为加快实现全面小康、增加农民收入、推进精准扶贫、推动精准脱贫的重要举措。重点扶持油料、旱杂粮、茶叶、中药材、高山蔬菜等特色经济作物发展，在中高海拔山区合理布点，探索发展南方草食畜牧业，宜种则种，宜养则养，宜游则游，因地制宜，扎实推进。

2.6.2.2 强化市场导向，发展灵活多样的特色农业产业生产方式

第一，大力发展庭院经济。市贫困乡村主要集中在山区，农户居住分散，最适宜发展以种养为主的庭院经济。

第二，培育发展家庭农场。积极有序推动农村土地流转，提高规模化种植及产出效益。

第三，大力发展专业合作社。进一步鼓励专业大户、集体经济组织、涉农企业领办创办各类专业合作社，全面提升农业生产的组织化程度和抗市场风险能力。加快出台培育发展庭院经济、家庭农场、专业合作社的具体政策措施，改变目前农业生产形式散、弱、小和竞争力不强的问题。

2.6.2.3 建立大扶贫格局+优质产业+短板发力的帮扶机制

为纵深推进脱贫攻坚工作，建立健全帮扶机制，五股力量共同发力，合力推进了基础设施改善、产业发展增收、民生实事办理、量身扶贫工作，构建起市、镇、村三级齐抓共管的工作格局。全面借力，汇聚N方资源，助力脱贫攻坚。积极开展"农民夜校""送教下乡"等活动，培训农村剩余劳动力，积极鼓励、引导和支持贫困户产生"造血"机能；大力实施重庆健康扶贫"五大行动"，夯实脱贫攻坚基本医疗保障；充分发挥金融行业助力扶贫工作作用，加大扶贫小额贷款、扶贫保等金融产品支持贫困户力度；优选家非公企业与有贫困户的村结对共建，实现捐基金、购项目、买订单、帮就业；发挥部队的优势，打造出涵盖合作养殖、蔬菜种植等项目的现代化农业产业园，走出军地合作扶贫的路子。还可以采取办"扶贫超市"、制"扶贫订单"、配"扶贫股权"、设"扶贫基金"、建"扶贫园区"等措施，走出一条独具特色的精准脱贫之路。

按照"户调查、村统计、镇汇总、市分析"的原则，深入调研分析摸底，制规划谋布局、发展规划，形成了第一、第二、第三产业融合发展的新模式。按照"渠道不乱、用途不变、各尽其力、各记其功"的原则，整合政府、社会资金资源，实施农业产业化项目，通过项目带动，促进优势产业的发展。创新扶贫新模式，不仅对已有的特色产业基地、专合社、地标产品、旅游等资源进行充分整合，还借力保险、金融机构、科研院所等外部资源，形成脱贫攻坚新合力。

2.6.2.4 推行五大带动方式

（1）资产收益带动。开展集体土地所有权、集体建设用地使用权、农村房屋所有权等"七权"确权登记工作，推进农村资源变资产、资金变股金、农民变股东改革。深化农村集体经营性资产量化确权改革，探索制订农村集体经济组织成员资格确认的指导意见和集体经济组织法人登记办法。深入推进农业项目财政补助资金股权化改革，每个区县每年用于股权化改革资金不低于3 000万元，资产收益扶贫对丧失劳动能力的贫困户实现全覆盖。推广土地入股发展农业产业化经营，推行以地入股、以房联营、"保底+分红"。探索金融扶贫信贷资金入股、合作经营模式。做大做强农村集体经济，支持贫困村集体经济组织领办土地股份合作社，将集体资源入股参与企业经营，盘活闲置办公用房、学校等不动产开展设施租赁等经营业务，发展养老、物业管理等社会化服务项目。扶持经济薄弱的贫困村实施村级集体经济发展试点项目。

（2）新型主体带动。支持贫困农户依托主导产业兴办家庭农场，加盟或兴办农民合作社。引导贫困农户自愿以农村土地经营权等多种要素入股，组建农村新型股份合作社。支持和引导贫困地区做大做强一批农民合作社联合社。支持农民工、大中专毕业生等返乡下乡创业，带领贫困户发展生产。继续组织龙头企业精准扶贫活动，开展结对帮扶、村企共建。推行"合作社+家庭农场（农户）+贫困农户""龙头企业+基地+合作社+贫困户"等带动模式。要以产业扶贫为重点，整合各方力量，依托优势特色农业产业基地，扶持一批影响大、辐射带动能力强的农业产业化龙头企业，作为扶贫开发的载体。建议出台具体的支持政策，鼓励引导各类企业特别是农业产业化龙头企业参与产业扶贫，利用当地的特色资源和土地、劳动力，培育发展特色产业。对参与产业扶贫的龙头企业，要在引导资金、项目规划、费税返还、贷款融资、土地流转、基地建设等方面给予实质性鼓励和支持。还可以采取以奖代投或"政府采购企业、经济合作组织扶贫成果"的形式，有意识地引导社会力量投身扶贫开发、参与产业扶贫，积极鼓励各种所有制企业到扶贫联系点发展产业，形成政府（部门）—企业（市场）—农户（家庭）"三位一体"的精准扶贫脱贫新格局。

（3）品牌引领带动。围绕扶贫特色产业，推进区域公用品牌、企业品牌、产品品牌"三位一体"统一培育打造。对农业企业开拓境内外市场、开展线上线下品牌营销，按规定给予一定展位费和参展人员补助；对在一、二线及其他城市开设按统一门头等标准建设的农产品体验店（专营店）的经营主体和新获得重庆名牌农产品认证、有机食品认证、地理标志农产品、绿色食品认证以及国家级品牌认证的，按规定给予适当补助。推动品牌扶持政策向贫困乡镇、贫困村、贫困户倾斜，指导贫困农户按技术规范要求生产，提高经济效益。

（4）园区发展带动。将产业扶贫与现代农业发展结合起来，支持贫困地区创建现代农业产业园、示范园、科技园、创业园和田园综合体。发挥园区的聚集效应，通过政策引导，吸引龙头企业等新型经营主体及贫困户入园创业。创新园区建设管理机制，通过组织贫困户到园区务工、以订单农业方式反租业主流转土地发展生产等方式，增加务工收入和经营收入。落实进园业主的带动责任，建立有效的帮扶机制，对带动贫困户效果好的给予必要的政策支持。

（5）一村一品带动。组织开展一次贫困村产业发展"回头看"，围绕贫困户参与度高的林果药桑菜鸡牛羊兔蜂、电商、乡村休闲旅游等，精选主导产业，创建一村一品。加强"五个一"建设，做强一个主导产业，培育一个知名品牌，建成一个运行规范的农民合作社，培养一批农民致富带头人，构建一套良好的带动机制。强化主导产业到户到人，制订"菜单式"项目清单，设计多种增收模式和政策支持方式，引导贫困户自主选择，力争主导产业覆盖绝大多数有劳动能力的贫困户。

2.6.2.5 建立产业到村到户的精准扶贫支持平台

建立到村到户的融资平台。实施"精准扶贫小额贷款工程"，支持区县设立精准扶贫贷款风险补偿基金，专门为贫困户提供5万元以内、3年以下、基准利率、免抵押、免担保的小额信贷支持。加大对开县民丰互助会的扶持和推广力度，鼓励民丰互助合作会为贫困户贷款，对小额贷款给予贴息，并适当给予风险补偿。对现有村级互助资金组织进行评估，对管理规范、运转良好的，通过扶贫资金补助、社会帮扶等形式，做大互助资金规模。对贫困户在各类金融机构的小额贷款给予贴息。支持贫困户购买产业保险，防范农业生产风险，对贫困户参加农业保险的保费给予补贴。

建立到村到户的服务平台。建立完善扶贫专家团制度和对口帮扶机制，区县组建扶贫技术服务团，每个贫困户至少有一名专家、一名驻村干部、一个帮扶单位提供技术支撑、指导产业发展等。为每个贫困村至少开展一次技术培训，每个发展产业的贫困户家庭每年至少接受一次技术培训。

建立到村到户的营销平台。充分发挥帮扶集团成员单位和各类社会扶贫力量的渠道资源优势、社会资源优势和信息资源优势。采用集团购买、会员预定、农超对接，策划和组织市民到村内开展乡村观光、农事体验、现场消费和"后备箱"购买农产品等多种形式，将贫困村和贫困户的优质农产品与城市优质客户对接起来。

建立到村到户的项目平台。编制产业精准扶贫规划。围绕规划，市、（区）县分级建立贫困村和贫困户产业精准扶贫项目库。产业项目，按照项目库计划分期分批启动。

2.6.2.6 强化产业精准扶贫的保障措施

（1）强化组织保障。产业精准扶贫，既是新一轮扶贫攻坚的关键，也是重点和难点。要强化组织领导，落实一把手负责制，将产业精准扶贫作为一把手的重要工作职责，亲自研究、部署和督促落实。充实区县扶贫办产业精准扶贫的力量，乡镇必须有分管领导和工作人员来抓产业精准扶贫工作。

（2）强化项目管理。各区县要充分利用贫困户动态监测系统的信息，根据贫困原因和产业需求，与贫困户一道逐户制订产业帮扶方案，建立产业精准扶贫工作台账，落实帮扶责任人、扶持资金、扶持项目和工作进度。

（3）强化考核评价。提高产业精准扶贫在扶贫开发中分值权重。制订产业精准扶贫的考核标准和办法，对工作完成情况定期进行考评。考评结果定期通报，并作为产业扶贫资金分配的主要依据。对违规使用扶贫资金的将严肃追究其责任。

2.6.2.7 提高三维资本的参与能力

扶贫公共产品供给的不足是影响绝大部分贫困地区返贫的重要因素。参与式扶贫的核心是提高参与主体的参与能力，包括物质资本、人力资本和社会资本三个方面。在主要的扶贫主体中，如何提高贫困农户的参与能力、整合社会机构（包括企业）的资源优势以及政府部门的职能转变等问题，关系着扶贫行动绩效的优劣。

（1）金融扶贫方面。设立帮扶基金，组织成立扶贫互助协会，投放小额扶贫贴息贷款和发放小额创业贷款，成立担保基金，由担保公司支持村办企业发展。重点解决贫困村公用基础设施改造、实用技术培训和生产基地贴息建设问题。除了专项扶贫资金外，扶贫办和农业局还可以辅助贫困村申请科技局农业科技项目、国家对合作社和病虫害防治专业队的扶持资金，客观上提高了农户（合作社）项目资金筹措和管理能力。

（2）扶贫市场支持方面。引导农户有序进入市场提高收入。通过产业协会及合作社的形式，探索推行"股份扶贫"新模式将对贫困户的帮扶资金入股到龙头企业（包括村办企业），由其统一经营管理，贫困户届时按股分红，还可在企业务工获取劳务收入，从而拓宽了收入渠道。

（3）在扶贫技术支持方面。通过整合涉农部门技术骨干和农业科研院所技术专家的人力资源优势，每个贫困村都组建了扶贫技术工作队，并实施"科技引领"工程，积极培育乡村技术"领头雁"，为每个村培养了2名以上的"土专家"和"致富带头人"，确保产业扶贫的经济、社会和生态效益。通过制定《扶贫开发考核办法》，创新性地将"民意指标"纳入扶贫绩效评估模式之中。此外，通过制度建设引领扶贫开发示范园走向现代农业园区，从产业集聚化、融合化和生态化发展态势角度，逐步建立起贫困村的现代农业产业体系。通过科技培训和专业合作社发展路径，农业科技成果在扶贫实践中得到进一步引进、推广和应用。

第 3 章 重庆乡村旅游和电商联动发展研究

3.1 研究背景

3.1.1 现实背景

随着"互联网+"上升为国家战略，2015年8月，原国务院扶贫办提出将电子商务工程纳入扶贫开发体系，着力推进电商扶贫工程。国务院在国发第31号文件《关于促进旅游业改革发展的若干意见》中也明确指出，要加快旅游业的发展坚持融合发展的理念。"互联网+"时代的来临，为旅游扶贫与电商扶贫的融合发展提供了良好的机遇。旅游业运用电子商务时间虽短，但其发展势头非常强劲。据艾瑞咨询数据显示，2016年中国在线旅游市场交易规模达六千多亿元，同比增长34%，预计2019年市场规模将超过万亿元，未来还将保持高速增长，逐渐成为电子商务市场重要的组成部分。以互联网为代表的信息技术为旅游产业创新提供了强大推动力。随着乡村旅游业的迅猛发展，旅游电子商务与乡村旅游的结合，已成为乡村旅游业可持续发展的关键方式。

目前，重庆乡村旅游扶贫开发还存在扶贫对象不准、扶贫资金投入不够、旅游扶贫对贫困群众带动力不强、扶贫低效粗放等问题。依托自身资源禀赋、产业基础、区位特点和市场前景，大力推进乡村旅游业与电商扶贫融合发展，处理好贫困区农户的生计策略与区域旅游产业发展对接问题，既是重庆新一轮脱贫攻坚的关键，也是切断贫困源头的重要途径和实现共同富裕的必由之路，更是实现社会稳定发展和长治久安以及全面建成小康社会的内在逻辑要求。

在"互联网+"时代，大力推进旅游扶贫与电商扶贫的融合，从供给层面来看，能够有利于推动旅游产业的创新、旅游产业结构的优化、旅游产业竞争力的提升和旅游资源的优化配置，进而改进旅游扶贫绩效；从需求层面来看，有利于满足旅游消费者日益多样化、差异化和个性化的旅游需求。此外，还有利于促进重庆周边农民增收致富，加快休闲旅游业的创新与发展，提高重庆农村扶贫的精准性和有效性，促进区域性乡村旅游产业提质增效，调动贫困人口参与脱贫致富的积极性和主动性，通过旅游产业发展实现贫困户持续稳定增收，推动重庆扶贫工作由"输血式""粗放式"扶贫向"造血式""精准式"扶贫转变。研究"互联网+"时代下的旅游扶贫与电商扶贫问题具有重要的理论意义和现实意义。

3.1.2 理论背景

3.1.2.1 关于乡村旅游的研究

国外乡村旅游研究主要观点如下：学者 Fleischer A. 等（1997）提出以色列乡村旅游虽然兴起相对较晚，但是迅速形成 B&B（bed & breakfast）的乡村旅游模式即为游客提供物美价廉的住宿和早餐。Paniagua（2002）通过案例研究认为，在逆城市化潮流移居到乡村的西班牙居民，从事乡村旅游主要目的是实现自主就业。Isabelle Frochot（2005）认为乡村度假者与一般度假者相比较对度假旅游的舒适性要求更高一些。Heather（2006）认为发展乡村旅游是地方或政府在新的政治形势下做出的一种政策选择。随着旅游电子商务相关产业迅速发展，国内研究旅游电子商务的课题不断涌现。我国学者对旅游电子商务的研究重点表现在理论研究、信息技术、与旅游产业相关系统和旅游电子商务网站等方面。

3.1.2.2 旅游扶贫的相关研究

Brian Nolan（2003）对爱尔兰 1997 年所实施的反贫困战略进行研究，发现其最创新的 2 个部分在于对贫困对象的精确识别和相关机制构建，成为发达国家解决贫困问题的重要手段。Ford Foundation 探索通过以瞄准、消费支持、储蓄、技能培训、资产转化为五大基石的"脱贫模型"（graduation model）来帮助最贫困的群体脱离极端贫困的状态。国外对精准扶贫进行了一些个案研究。Weiss（2005）对亚洲开发银行在亚洲 5 国进行的精准扶贫的案例进行研究，针对其精准确认模型不完善，确认机制缺乏有效管控等问题，提出确认标准、范围和成本收益的建议。Ahmed（2014）对孟加拉国 CFPR 减贫项目进行了考察，发现在扶贫过程中深入当地社区，适应当地的知识和风俗是确定社区最贫穷的家庭最务实的方式。

旅游扶贫是在具备丰富的旅游资源和发展潜力的贫困地区，以政府主导、社会投资、居民参与、社会扶持等方式和途径发展旅游业，并以促进区域经济发展为目标，使贫困人口在旅游开发中获益，同时帮助其实现自身价值，提升其自我发展能力。近几年来，旅游业作为反贫困的一种方式日益受到国内外旅游学界的密切关注。国外研究的起始阶段重点集中于旅游的宏观经济方面。从20世纪80年代开始，旅游地区呈现出的负面影响日益突出，由此学者们开始更多关注起旅游伦理和可持续发展问题，研究主流侧重于生态旅游、可持续旅游、社区旅游等方面，这些研究课题对于旅游发展中贫困人口的获利问题、如何消除贫困问题进行了重点关注。

起初学者们针对我国扶贫过程中存在的问题，提出要提高扶贫资金和扶贫政策的"精准度"。目前仅有少数学者给出了精准扶贫的定义。精准扶贫是粗放扶贫的对称，指针对不同地区、不同人口的贫困状况，运用科学有效程序对扶贫对象实施精确识别、精确帮扶、精确管理的治贫方式（王思铁，2014）。具体来看，精准扶贫内容主要包括精准的识别、帮扶、管理和考核四个环节。冯明义（2015）指出，当前我国扶贫已经由过去的粗放扶贫转为精准扶贫，从"大水漫灌"转为"精准滴灌"。张笑芸、唐燕（2014）认为，区域扶贫要瞄准产业，长效扶贫要瞄准造血，家庭扶贫要瞄准就业。实施精准扶贫，同时面临很多的现实困境及挑战。郑瑞强、曹国庆（2015）认为，在经历了救济式扶贫、改革经济体制方式减贫、开发式扶贫、攻坚式扶贫、基本贫困消除、同步小康发展扶贫等阶段后，扶贫工作面临扶贫治理机构尚待完善，扶贫资源传递内耗过大；贫困主体对接能力不足，资源配置机制亟需调整；普惠式扶贫政策瞄准机制存在偏差，中坚力量的利益阻隔明显；扶贫政策异化现象突出，扶贫资源边际效益递减；扶持项目权属模糊，扶贫资源良性循环基础薄弱；特殊贫困群体边缘性特征明显。沈茂英（2015）认为实施精准扶贫的制约因素主要来自生态维度，自然维度，社会经济维度，人口维度，制度、政策维度以及扶贫成本维度的约束。汪三贵（2015）认为，要重点改革贫困标准的制定方法，进一步完善精准识别机制，完善精准扶贫考核机制，地方政府重点探索和建立贫困户的受益机制，改革扶贫资金管理体制和加强资金整合等。马楠（2016）对基于民族地区特色产业开发扶贫的价值分析，从创新产业精准扶贫机制、精准落实"因地制宜"、建立产业分类动态预警机制，给出了民族地区特色产业精准扶贫的路径选择。邓小海（2015）构建了由旅游精准扶贫识别、旅游精准扶贫帮扶、旅游精准扶贫管理组成的旅游精准扶贫分析框架，提出了旅游精准扶贫的对策。刘解龙（2015）从宏观、中观和微观三个角度分析了经济新常态对于精准扶贫的影响。他认为需要推进经济新常态背景下的精准扶贫机制中的市场机制创新、主体之间协商机制创新、扶贫资源整合机制创新和可持续发展支撑机制创新。邓小海、肖洪磊、云建辉（2019）需要精准识别并从认知定位、政策机制、产业发展三个层面防范和应对脱贫地旅游发展"内卷化"风险及其危害的发生。

我国旅游扶贫研究开始于20世纪80年代中后期，经历了起步、一般发展、快速发展三个阶段，研究内容集中于政府、社区、贫困人口等在旅游扶贫中的作用，旅游扶贫的战略、模式与思路、旅游扶贫的效应，旅游扶贫中存在的问题与对策等方面；研究区域集中于云南、广西、贵州、甘肃等贫困人口较多、旅游资源较丰富的省份，且偏重于区域的宏观分析，对景区和村镇等微观研究并不充足。

3.1.2.3 旅游产业融合研究

旅游产业融合研究，是在产业融合的视域下展开的。关于产业融合的研究成果较多，对产业经济理论和产业实践的完善发展均产生了深远的影响，对旅游产业融合的研究相对较少，主要集中在对旅游产业融合的概念界定、障碍、模式、效应、路径和动力等的研究。国内学者主要注重应用型研究：杨娇（2008）、刘婕和杨永超（2013）对旅游业与文化创意产业的融合机制做了相关研究。刘雪婷（2011）对国内的影视旅游与地产旅游融合进行了研究。麻学锋等（2010）认为旅游产业融合的路径包括资源融合、技术融合、市场融合和功能融合，需要找准"融点"和善于创新来探寻旅游产业的融合路径。徐金海、王俊（2016）认为"互联网+"时代下的旅游产业融合的动力机制包括产业之间的关联性、消费者需求的因素、技术的进步和外部市场环境的变化等。刘孝利（2022）立足产业耦合理论研究，提出茶产业和旅游产业更好地协调发展，政府层面要加强引导，充分发挥出市场的宏观调控作用。

综上所述，目前对于旅游扶贫与相关产业的联动开发等要素研究缺乏整体、系统的分析。虽然部分学者认识到互联网技术是旅游产业融合发展的重要推动力，但并未对旅游产业与电子商务的融合问题进行深入研究，关于二者在扶贫方面的研究尚未启动。在研究方法上，大部分文献以定性研究为主，侧重于旅游扶贫理论、基本概念和特定区域旅游扶贫思路、模式和战略的探讨，有深度的定量研究相对较少。

3.2 重庆旅游产业扶贫和电商扶贫融合发展的理论分析框架

20世纪90年代以来,在全球化的影响下,旅游业与多个产业融合,形成了多业共生、混业发展的模式。互联网技术的飞速发展以及我国大众化旅游市场的日趋成熟是旅游产业新兴业态和商业模式兴起的主要驱动因素。新的产业组织借助新兴技术,依靠强大的预订网络渠道,动摇着传统旅游的商业模式。在美国等发达国家,在线旅游预订等旅游电子商务发展迅速,接近饱和状态。就整个中国旅游市场而言,线上旅游所占份额不超过15%。旅游业将运用信息技术与第一、第二、第三产业加快融合,改变了产业形态,推动旅游新业态的发展。其不仅为旅游者的择优消费提供了可能,而且有利于从供给层面迎合消费者的消费偏好和层次的提升,并将极大地提高旅游业经营效率和附加值,推动旅游业向现代服务业转变。

3.2.1 相关概念界定

3.2.1.1 旅游产业相关界定

1971年召开的联合国旅游发展会议对旅游产业做出的定义是为满足游客的消费需求所提供的产品与服务总和。《国际产业划分指南》界定其包括住宿业、餐饮业、行业组织、娱乐业、运输业、零售业、管理机构7个部门以及35个项目。旅游产业由三个基础层次构成,第一层次为核心部门,包括景区、酒店、航空、旅行社以及一些中介机构,这些部门能够给游客提供相应产品与服务;第二层次为产业支撑部门,在旅游时为游客的消费活动提供必要支持,起到辅助的作用;第三层次则为相关部门,为旅游产业发展提供一定动力支持的相关行业及部门,其发展规模以及水平直接影响了旅游产业的发展进程。

3.2.1.2 旅游产业和电商融合

欧洲委员会绿皮书对产业融合的界定描述主要从三个角度出发，一是产业与产业之间的联盟、合并；二是技术网络平台；三是有关市场融合。产业融合最早起源于信息技术产业，伴随着信息技术的快速发展，在整个经济社会广泛发生。产业融合带来了各个产业之间资源的充分共享，为产业结构调整提供了重要支持，由此促进了社会经济健康持续发展。不同产业要素互相渗透与影响，进行动态融合，进而出现了形形色色的新产业形态和经济增长点。

旅游产业融合通常指与其他产业之间或旅游产业内不同行业之间相互渗透、相互交叉，最终融合为一体，逐步形成新的产业或产业链的动态发展过程。旅游和电商融合就是将网络技术和旅游行业全面融合，将互联网的技术手段和思维方式以及服务理念全面运用到旅游产业中，将以旅游企业为中心的产销分离格局，转变成以旅游者为中心的产销一体化格局，更加注重旅游者的旅游体验和旅游感受。旅游产业融合与旅游新业态本质上是一种创新，不仅为中国旅游业转型发展提供了战略机遇，而且有利于培育旅游新业态，带动相融产业创新发展。

3.2.2 产业融合发展互动机制分析

3.2.2.1 产业之间高度的关联性：旅游产业融合发展的基本源动力

旅游产业具有综合性强、关联度高的基本特点，几乎囊括了所有产业部门，具有与其他产业融合的天然条件及属性。旅游除了包含食、住、行、游、购、娱等领域外，还涉及养生保健、运动探险、商务谈判、会议展览等领域。有研究表明，旅游产业大概与110个产业相互关联，在发展阶段会产生不同的融合现象。旅游产业在发展的过程中，为了提高游客的旅游体验，会在不同程度上发生旅游产业融合的现象。

互联网技术的广泛运用和推广，使得旅游产业融合形成一种普遍现象。对于电商与旅游产业融合来说，虽然二者在产业发展、资源配置、价值生成模式等诸多方面存在不同，但是二者却具有相似的产业属性——同属于情感产业、内容产业、创意产业，有着坚实的互动关联性基础，这是推动二者融合发展的源生动力。

3.2.2.2 多元化的旅游需求：旅游产业融合发展的内驱力

随着人们生活水平的提高，生活品质的改善，生活方式的转变，消费观念的更新，旅游已呈现大众化、散客化和多样化的发展趋势。除了传统的观光旅游外，休闲旅游和度假旅游更是日渐盛行，旅游者更加看重从中获得体验的快感，这就要求提供更加多样化的旅游产品，采用更加丰富多彩的旅游方式与旅游类型。旅游产业与电商的融合发展是以旅游者的需求变化为导向的，内在动力在于旅游消费需求的日益升级，旅游方式与旅游类型的多样化决定了旅游产业融合发展的进程。

3.2.2.3 激烈的市场竞争：旅游产业融合发展的外驱力

在激烈的市场竞争中，满足消费者多样化的旅游需求，是旅游产业及其相关产业赢得竞争优势的法宝。不断集成相关产业的要素和功能，通过相融产业价值链的解构、整合及优化，并对文化资源进行加工与再生产，在产业融合中对文化资产有效传承、开发、利用，才能使融合各方分享日益扩张的旅游客源市场，实现资源优化配置，并获得规模经济效应和协同经济效应。

3.2.2.4 日益发展的技术创新：旅游产业融合发展的核心驱动力

信息化是旅游业融合发展的重要特征，也是旅游业融合发展的引擎。在旅游资源整合、设施建设、项目开发、市场开拓、营销模式、服务等领域被广泛应用，引发了旅游经营理念发展战略、产业格局的巨大变革，改变了旅游产业融合发展方式，带来了产业体制、经营管理和产品市场的创新，加快了融合发展的深度、广度和速度。如果将网络信息技术、动漫技术等积极引进旅游业，可以创新旅游宣传、营销方式，催生了旅游动漫等新兴产业的发展，加快旅游电子商务的应用。

由于旅游市场需求和科技的共同推动，使得信息技术日益渗透到旅游产业，产生新业态；与此同时，旅游产业的发展也同时带动了信息产业的发展。信息产业影响、改变了旅游产业的发展方式，将模块化的信息要素嵌入旅游产业的价值链条，令两个产业的不同层面和行业之间发生交叉、渗透，模糊了产业边界，最终产生新型业态。一是旅游产业将无形要素应用到被融合的产业链，拓展了现有旅游产品类型，改变了被融合产业原有产品的功能，将知识、信息、技术等要素嵌入旅游产业链的系统内部，产生了一些新型旅游产品，提高了旅游产业的创新能力；二是对智慧旅游产业链内部的链接关系（企业与企业之间的合作方式）进行调整，以满足消费者的动态需求，最终实现旅游产业的可持续发展。

3.2.2.5 国家层面政策倾斜：旅游产业融合发展的助推器

《中国旅游业"十三五"发展规划纲要》指出要大力推动旅游信息化建设，

并且大力发展旅游电子商务,"推动资讯服务、网络营销、网络预订和网上支付等旅游业务的发展"。目前,重庆旅游产业和电子商务产业二者融合表现形式有以下几方面:一是政府主导并推动具有官方背景的旅游电子商务网站建立,并设置配套相应的运营模式;二是旅游和电子商务企业主动融合,建立旅游电子商务平台。按是否独立进行网站交易,分为两种类型:一是旅游企业自行独立建立网站,主要销售旅游产品和服务;二是旅游企业通过入住旅游电子商务平台,主要在平台上销售产品。旅游企业与电子商务企业的融合发展业务范围已扩展到宣传营销、在线交易、在线服务、私人定制等,与此同时主要还存在以下问题:本土具有较高影响力及知名度的旅游电子商务平台较缺乏、旅游企业与电子商务企业的融合发展尚不成熟、旅游者在线消费合法权益保障不足等。

3.2.3 旅游产业扶贫和电商扶贫融合发展的路径分析

电商信息产业与旅游产业通过二者价值链的纵向延伸来实现。从产业单个要素融合到模块单元融合,再到产业网格嵌入式的全面融合,从而实现各自产业价值的提升。信息产业与旅游产业的纵向融合一般发生在融合主体——企业之间,是上下游产业中供应企业或生产企业与销售企业之间的融合。

信息产业与旅游产业纵向融合,主要体现为两大产业的上下游企业之间的资源整合。刚开始是两大产业企业间技术要素的交流、互换,通过信息技术的发展以及旅游企业的传播与利用,为信息产业与旅游产业的融合发展奠定了一定技术基础;进而促进了两大产业间的技术融合,随着电子商务、在线OTA等出现,逐渐消除了两大产业间的技术边界及壁垒。

随着社会经济的发展,消费者需求的不断改变与多样化要求,生产技术的升级创新,信息产业与旅游产业融合中单一的技术元素融合已经无法促进两大产业的融合步伐,因此模块化的产品和服务融合开始出现。数字实景演出、会展旅游、创意主题园区、影视基地等都是信息产业与旅游产业的产品融合发展的具体表现,通过利用新的科技生产技术,将旅游资源进行整合创新,开发打造成可以满足当代人需要的特色旅游产品和服务,充分利用旅游资源来吸引更多的消费者,赋予信息产业以新的功能,促进两大产业的融合发展。

经历过单要素和模块化的融合后,信息产业与旅游产业二者融合已进入中高层次的阶段,开始出现两大产业间网格状的融合路径,这是一种更为有效的融合路径。由此,信息产业与旅游产业融合中出现的主体企业,开始进行组织结构、运行机制、业务经营、营销渠道等方面的融合。旅游企业开始促进企业组织结构和功能的创新,引进先进的管理方式,打造智慧化的旅游管理模式。

同时，利用信息产业如互联网、媒体、社交网站、旅游网站等渠道进行企业产品及服务的宣传营销，提高旅游企业的产品销售量和知名度，从而提高两大产业间企业的融合程度，促进二者的融合进程。

具体融合路径包括以下几个：

（1）资源融合路径。资源融合路径主要指其他产业模块化与单元化的信息单元以旅游资源的形式融入旅游产业中，通过丰富旅游产业的资源，形成新的旅游产品，如医疗养生旅游、乡村旅游、创意旅游等。这些产业元素的加入丰富了传统旅游资源类型，扩展了旅游业的内涵和发展空间。

（2）技术融合路径。这种方式主要通过技术及管理的创新来推动旅游产业的发展融合。旅游业的变化、发展过程，主要表现为它的产业不断积累、探索及创新的过程。只有不断创新、发展，旅游业才能在激烈的市场竞争中，不断地开发出新型的旅游产品和服务，从而满足市场新的需求。

信息产业与旅游产业融合互动主要表现为信息技术对旅游产业的渗透。信息技术在旅游行业中被广泛运用，为旅游产业的发展增添了新的生机，大大促进了旅游业的信息化水平提高，转变了其产业发展结构，推动了旅游行业的持续快速发展。

（3）业务融合路径。企业是产业融合的主要载体，业务融合就是企业层面的融合。旅游业是信息密集型、信息依托型产业，与信息技术有天然的联系。信息产业与旅游产业融合，导致企业层面不断融合，企业内部结构的变化与创新，其结果就是衍生出"旅游信息产业"，出现了信息会展业、旅游信息业等新型产业业态，这正是旅游业"新经济"的体现。

（4）空间融合路径。信息产业与旅游产业空间融合，表现为运用一系列的信息系统和空间技术，如 GDS、GPS 等空间系统对旅游空间进行矢量化、数据化，让旅游者可以清楚定位、参观旅游空间，同时也方便旅游空间自身的管理。二者的空间融合使得旅游产业的产业链条得以延展，扩大了旅游产业的空间范围。

（5）组织融合路径。在信息技术的推动下，产业的价值模块和价值链都存在着分解和整合的动态过程，通过产业链条的互补和延伸，实现其融合。组织融合路径一般存在于旅游产业的产业链末端，通过模块嵌入和横向延展两种方式进行，丰富原有产业的产品内容，提高其竞争力，构建新的产业融合体系。

3.2.4 旅游产业扶贫和电商扶贫融合发展的趋势分析

3.2.4.1 互联网技术影响下旅游营销发生巨大变革

随着市场环境的改变，传统的线下广告已经远远不能满足现阶段营销的需求。市场营销模式也在不断更新。在严峻的市场竞争环境下，合理地运用互联网营销，改造传统的旅游产品销售渠道，不断拓展新市场，是当下旅游产业获得更多市场份额、更高经济效益的主要方式之一。利用互联网营销的灵活信息，能更迅速广泛地传播，同时也有助于跳出线下周边市场来开发新市场，不断提升旅游品牌的形象与影响力。

可以通过大数据分析游客旅游行为与消费行为的变化，在营销层面结合市场热点，推出创新的旅游产品，以热点营销带动旅游产业与产品创新。还可以尝试运用新媒体进行旅游营销，挖掘利用新媒体传播的高效低成本特点，利用游客数据库并定期更新分析，及时了解游客的旅游消费行为变化，为旅游产业运营提供相关依据。此外可以结合互联网这一工具，打造"旅游+"平台的发展模式，为旅游产业和相关产业融合发展从营销渠道上、实现方式上、提升游客体验上，建立起联通游客、产业、管理部门的网络平台。

3.2.4.2 不同产业的融合与升级日益加深

特殊地形使得各地人文自然景观丰富多样，各具特色，各地均具有不同的优势农产品。各地立足于互联网，积极参与休闲农业与乡村旅游，创新产业融合形式，使乡村旅游具有科普、农耕文化体验、生态建设展示等多功能为一体的特色旅游产品，推出创新打造森林人家、民宿、客栈、生态庄园、采摘体验园等，多样化模式发展。在以旅游作为发展主体，结合政府政策引导，对游客进行深度调研的基础上，从不同季节、不同地形、不同资源的角度，对旅游发展做出合理规划，使不同年龄、不同层次的消费者都有可选择的休闲旅游项目。与此同时，农户与企业经营者拓宽发展思路，从参与者角度出发，共同推进第六次产业发展，最终实现产业的融合升级。

3.2.4.3 旅游产品多元化，旅客需求得到更大程度满足

在二者的相互融合过程中，能够创造出一些更为符合游客需求的高端旅游产品，与此同时这些旅游产品能够创造出更多的生态、文化与社会价值，继而产生更高的经济价值，并支持旅游目的地发展。通过准确的产品营销，实现产品价值的显性化，设法让游客更加准确快捷地获取旅游产品价值信息，能够帮

助游客安排好旅游计划并做出旅游决策。对企业而言，有利于提升企业管理水平，降低运营成本与游客经济成本、时间成本，为游客提供较好的旅游安全保障和品质保障，提升旅游舒适度及满意度，带来全新的服务体验，使游客需求得到极大满足。而企业则可以针对服务反馈做出科学分析并及时改进，从而创造出更加能够满足旅游需求的旅游产品。

3.2.4.4 "全域智慧旅游"发展模式悄然兴起

受市场需求、技术因素的推动，电商信息、旅游两个产业不断碰撞、交融、并且相互深度影响，最终形成了智慧旅游这一新的产业业态。信息与旅游产业融合后相互碰撞、彼此渗透、融合发展、相互促进。信息产业与旅游产业融合发展有利于实现企业利润最大化。因此，从企业的微观视角出发，企业在追求共生共赢的过程中，能够创建以利益为纽带的产业联盟，创新旅游产品品类，合理开发旅游信息资源，不断延伸智慧旅游产业边界，创新旅游产品品类，实现产业互补及共同进步。从宏观视角来看，信息与旅游产业双方都对对方产业起到了正向作用，就实际情况而言，前者对后者的影响更为深远，一方面，旅游产业促进了信息产业螺旋式稳步发展。旅游产业对电商信息产业的促进效用，主要体现为旅游需求的多样性和旅游资源的创新性，在一定程度上均要依赖于信息资源开发技术的创新升级，信息产品与服务的开发完善，以及信息市场的高速运转。另一方面，电商信息产业对旅游产业的带动作用体现为在旅游资源开发利用过程中，信息技术早已融入旅游产业的各个方面，两者主要在各个阶段融合，不断延伸出新型产业链即智慧旅游产业链，提高了相关企业的利润空间，实现旅游和信息产业结构的调整，最终实现智慧旅游产业优化升级，实现"产业本位"到"游客本位"的转变，提高游客满意度，拉动了旅游消费，进而全面促进旅游企业规模、旅游人群、旅游规模的拓展，做大做强旅游产业。

3.3 重庆旅游产业扶贫与电商扶贫融合发展调查分析

3.3.1 重庆市乡村旅游扶贫与电商扶贫概况

重庆的乡村旅游已发展到质量提升阶段。近几年来，重庆市以"两地""两点"

定位为基本指引，把建设"山清水秀美丽之地"作为重要任务，大力实施推行乡村旅游富民工程。先后推出接近200项避暑主题活动、285个休闲点、63条避暑纳凉线路，成功地推出南川生态大观园、奉节兴隆、城口亢谷、开州满月乡等一批特色鲜明、市场反应好、带动性强的乡村旅游示范点，有效带动了贫困群众脱贫增收。2017年，重庆市乡村旅游接待游客1.7亿人次，实现了旅游综合收入510亿元，开州区、铜梁区、奉节县进入全国乡村旅游热点目的地50强，休闲农业及乡村旅游带动农村劳动力转移就业接近42万人，带动贫困人口脱贫约30万人，重庆市41个村、30个模范户、300个致富带头人和300家农家乐分别荣获"中国乡村旅游模范村""中国乡村旅游模范户""中国乡村旅游致富带头人"和"中国乡村旅游金牌农家乐"称号，奉节县兴隆镇和江津区李家村被评为"中国乡村旅游创客示范基地"。与此同时，还推出了《重庆好礼旅游商品名录》、"重庆好礼"App，重庆旅游商品在2017中国民族特色旅游商品大赛上获得两项金奖、两项银奖、四项铜奖。目前，重庆市电商交易平台已超过2 966个，电子商务年交易额已超六千亿元，在"十三五"期间将达1.8万亿，业已成长为重庆市经济社会发展的核心产业力量之一。重庆市以及万州区、武隆区、丰都县、奉节县、巫山县等9个第三批电子商务进农村综合示范区县示范项目，在公共服务能力提升、电商扶贫推进、农产品网络营销等方面重点落实工作，示范引领着全市农村电子商务发展。

目前，已有3.3万贫困人口通过电子商务及相关产业实现了创业就业。通过"旅游+""生态+"等模式，建立融合机制，培育多业共生、多轮驱动的扶贫特色产业，进而推动乡村旅游与农业、文化、康养等产业深度融合，促进以乡村旅游为龙头的第一、第二、第三产业融合。

（1）推动乡村旅游与高山生态扶贫搬迁相融合。全市90个高山生态扶贫搬迁集中安置区，围绕"吃、住、行、游、购、娱"旅游六要素，对进行乡村旅游扶贫的区域进行特色化打造，完善基础设施，持续改善了旅游接待条件。还大力开展旅游扶贫培训，切实增强群众自我发展的能力，取得了"一迁活全局"的效果。其中奉节县出台优惠政策，鼓励全县28个高山生态扶贫搬迁安置点发展乡村旅游，依托景区发展农家乐、提供特色旅游产品和后勤服务，实现"开门是店、关门是家"，兴隆镇三桥村等安置点36户贫困户从事乡村旅游，户均收入3万元以上，实现安居乐业，并能增收致富。

（2）推动乡村旅游与特色效益农业发展融合。大力推动"林上挂果、林地种药、林下养鸡、林间养蜂"等具有观赏性的生态复合型产业发展，着重培育以畜牧、干果、中药材为主的"3+X"扶贫骨干产业，推动特色效益农业与乡村旅游开发融合发展，不断提高农副产品附加值，促进了农民增收致富。石柱县着力打造土蜂蜜、野生菌、大米、土鸡、腊肉等10～20个拥有自主品牌的乡村旅游农产品，农产品加工销售额达到5 000万元。城口县做精了山神漆器、城口老腊肉、山核桃等独具乡村特色的旅游商品，其中城口老腊肉、城口山地鸡获得了国家地理标志商标。奉节县主要发展以"三棵树"为主的特色效益农业，形成低山脐橙、中山油橄榄和高山中药材三个产业带，建成农业特色产业示范基地和产业扶贫示范园116个，促进农旅融合全域化。

（3）推动乡村旅游与新农村建设的融合。集中打造乡村旅游扶贫示范区、示范村、示范户，大力实施乡村旅游扶贫"六改三建一美化"，改善公共服务、基础设施和人居环境，建成一批环境优美、风格独特、特色鲜明的生态景观村落。开州区满月乡马营村结合自身资源禀赋做好特色、绿色，把发展避暑养生和休闲度假为主题的乡村旅游当作脱贫攻坚的重要抓手，投入资金近2 000万元，实施基础建设项目10余个，完善游客服务中心、停车场、旅游公厕、满马路硬油化人饮工程和石林景点夜景打造等旅游配套设施。马营村被评为2015年度"全国生态文化村"、2016年度中国美丽休闲乡村、全国乡村旅游扶贫重点村和重庆市农家乐集聚区。

（4）推动乡村旅游与电商扶贫融合。围绕乡村旅游扶贫等重点产业，构建县、乡、村三级电商服务网络系统，在县城设立电商进农村运营中心，在乡镇设立分中心，在行政村设置"网上村庄"服务站。城口县今年发展电商扶贫示范片6个、示范村50个，共建成北屏太平村、修齐东河村等15个网上村庄，巩固提升7个网上村庄建设，500余户旅游扶贫示范户实现网上预订，带动1 000户贫困户实现线上线下农副产品网络交易。东安镇黄金村、新建、兴田等电商扶贫村，发展社员365户957人，其中建卡贫困户184户493人，占51.5%，真正实现了贫困户受益。自2017年以来，重庆市依托"网上村庄"电商扶贫平台，在贫困区县开展"赶年节"等活动，组织了100万人次自驾游进贫困村的活动，实施"后备箱工程"，采购贫困农户农产品，促进农户增收。

3.3.2 重庆旅游电商扶贫的主要特点

（1）根据扶贫分散的创业特点，建立了带动千家万户模式。结合扶贫实际，重庆扶贫系统专门组建了重庆村游网。采用自建平台和线上线下相结合、平台建设和线下体系建设同时进行的商业模式，使其成为一个万众电商的商业模式。一是改造了网络构架。平台专门为从事乡村旅游的贫困村开设了端口。跟淘宝一样，让农户、合作社和企业等各类主体都可以根据要求开店；二是建立了电商合作社。合作社主要从事乡村游客接待等，农产品的收集、售卖，资源的包装上线和维护，村民网购代办，电商培训等方面的工作，采用合作社模式为贫困户搭建电商平台；三是对乡村游线路进行包装。村游网围绕农家乐资源特点及需求特点，将全市分散的乡村旅游村庄串联起来，设计出10多条特色乡村旅游线路。然后，随着季节的不同来相应推荐不同的旅游产品，如春天主推各种踏青、赏花节，夏天推避暑休闲点等；四是包装打造农家乐。按照线下农家乐和农户所提出的电商合作要求及农户对平台的需要，对农产品进行分类与整理，从而让线上和线下能够实现有效对接。

（2）开展股份制合作，始终瞄准扶贫开发。重庆乡村扶贫服务协会及武隆县扶贫开发协会，与村游网进行了股份制合作。其中村游网占近70%，重庆市乡村扶贫服务协会与武隆县扶贫基金会共占30%。股份实行"同股同权同收益"，扶贫协会获得收益重点用于购买扶贫服务。实行这种股权结构，不仅有利于发挥村游网的市场主体作用，保障了它在市场经营方面的主导权。而且能够从股权机制上保证平台主要围绕扶贫开展业务，防止扶贫目标出现异化。重点实行了三统一：①统一了目标和思路。提出"打造扶贫航母，成就行业龙头"的发展愿景以及"让城里人享受乡村生活，让农村人过上城市日子"的共同发展理念；②统一了市场定位。村游网重点在三个方面提供服务，将其业务重心调整到为贫困地区进行扶贫开发和提供增值服务上来。包括为扶贫乡村旅游农家乐订房订餐、销售贫困地区农产品等服务，为贫困村提供各种采购和公共服务，与银行进行合作，为贫困村提供金融服务；③统一了免费服务。对建卡贫困户免费产品包装，免费组织上线、开网店，免销售佣金、资源维护费等。还采用购买服务的方式对公司给予相应补贴，而体系建设和平台运行则完全交给公司负责。预计三年后，贫困区县的所有农户佣金将全部被取消，最终被打造成一个真正的公益性平台。

（3）建立了特殊服务体系，打通电商扶贫最后一公里。为将贫困村大量分散的、非标准化的资源卖出去，同时让村游网在电商扶贫中实现盈利，重庆扶贫办发挥部门优势，在其支持下村游网建立了特殊的商业服务运营体系，支持电商发展。

第一，开发专门系统，实施智慧化管理。此系统主要包括移动的农户手机端与客户手机端，两端信息全程时时对接。农户手机端能够将需要售卖的农副土特产信息、农家乐等按照格式全部输入系统，客户则在手机端上进行查询、下单、订货和购买，进而还能实现对农产品、农家乐客房的智慧管理。

第二，启动后备箱工程，实现面对面交易。农产品的交易客户主要是一些日益壮大的自驾游客户及旅游组团,他们一般先在网上订货、线下面对面交易,随后用自驾车或通过旅游大巴后备箱运回城里。让贫困农户在家门口就能将农产品销售给城里人,城里人则通过线下体系可以买到货真价实的土特产。

第三,实行都市休闲观光旅游计划,让贫困村与市场进行有效对接。借助国家实行的休假政策,锁定离退休的同志及城里的居民作为乡村休闲观光的主要消费群体。组织村游网与18个市级帮扶集团、498家机关及企事业单位的干部职工对接,在网络上联系乡村旅游产品,主要是订房订餐和土特产品。让以上消费人群在享受优质产品、服务、消费的同时,同时帮助了贫困地区群众脱贫致富,实现了扶贫和市场的双赢。

第四,建立完善的客户服务体系,让线上线下联动。主要广泛开展与旅行社合作,为客户及时提供活动菜单、特产采购菜单,为那些不能开车的游客提供线下出行服务;与物流公司合作,让物流系统延伸到贫困村。对线下每一项服务制订标准化服务流程,能够做到线上便捷下单,线下优质保障。

(4)构建融合机制,形成多业共生脱贫格局。重庆围绕乡村旅游扶贫等重点产业,构建了县、乡、村三级电商网络,在县城设立了电商进农村运营中心,在乡镇设立分中心,在行政村则设置"网上村庄"服务站。例如,在城口县编制的《城口县电子商务发展规划》,提出到2019年发展电商扶贫示范片6个,示范村50个,每个示范村开设1家以上的电商扶贫"网上村庄",支持各乡、镇、村开展电商扶贫,已建成北屏太平村等15个网上村庄,巩固提升了7个网上村庄建设,500余户旅游扶贫示范户已经实现网上预订,带动1 000余户贫困户实现了线上线下农副产品的网络交易。东安镇黄金村、新建、兴田等电商扶贫村,共发展社员365户957人,其中建卡贫困户184户493人,所占比例为51.5%,真正实现了贫困户受益。綦江区仅2017年9月24日至10月15日就组织了自驾游活动2次,自驾游车辆30台,游客约90名参与其中,实现乡村旅游收入3万余元,竹笋等农产品销售1.2万余元。龙泉村服务站浏览量4 236人次,已上架糍粑、土鸭蛋、水竹笋、高山咸菜、萝卜干、高山藤茄干6款商品。市扶贫办依托"网上村庄"电商扶贫平台,在贫困区县开展了"赶年节"活动,组织约100万人次自驾游进入贫困村,实施"后备箱工程",采购贫困农户农产品,促进农户增收。据统计,已为2 119个农户,其中包括贫困户820户,销售农副土特产品共计1 780余万元,户均收入达6 000余元。

3.3.3 旅游电商扶贫融合存在的问题分析

3.3.3.1 乡村旅游品牌意识不强

当前，大部分旅游企业对旅游电子商务认识还不够，多通过价格战追求市场占有率，制约了旅游电子商务的发展。大多数旅游企业仍然采用传统的营销手段及营销模式，主要依赖价格杠杆，从而导致价格战，由此使旅游电子商务仍然停留在低级阶段，旅游产品品质低下，导致消费者投诉升级，旅游电子商务整个行业处于无序竞争。差异化营销也缺乏创新，并没有根据市场和消费者需求突出旅游体验和旅游服务品质，消费者的购买欲望不强烈。全市开展乡村旅游的贫困村和贫困户，形成具有地域特色的乡村旅游扶贫品牌的还不多，只有城口县培育了"大巴山森林人家"及石柱县培育了"黄水人家"的品牌。其他区县如武陵山少数民族片区，旅游资源挖掘还远远不够。

3.3.3.2 乡村旅游从夏季避暑游到四季游转变不够

大部分乡村旅游扶贫项目示范片区，拓展旅游发展空间的能力不强，只能做夏天两三个月的生意，其余大多数时间里将接待资源闲置。旅游企业网站信息分散，无法提供全面的旅游产品。一部分企业认为建立了网站就是实施了旅游电子商务，其旅游网站信息更新速度慢，信息单一，仅仅向消费者提供一种或几种旅游信息，如旅游景点、线路的介绍，提供机票、酒店预订等，有设计旅游线路的产品很少，安排特色旅游项目欠缺等，所推出的旅游产品描述定位狭窄，没有创造与消费者的双向互动，不能直达目标消费者，不利于提高营销效率。

3.3.3.3 产业体系还不够成熟，个性化服务缺失

随着互联网的普及和人民生活水平的提升，消费者旅游需求逐渐向个性化、差异化、多元化的深度体验旅游转变。而目前的旅游电子商务的发展还无法满足消费者个性化的需求，缺乏一定的市场吸引力和竞争力。旅游产品单一，旅游品牌欠缺，乡村旅游产品并不丰富；"吃、住、行、游、购、娱"六要素配套还不够，乡村旅游带动力有限。大部分旅游企业并未真正提供旅游预订、旅游导航、旅游支付方面的便利服务及体验，也没有依靠互联网的技术，如利用 VR 虚拟技术提升消费者的旅游体验。另外，旅游企业的经营模式同质化还很严重。旅游企业网站内容建设缺乏特色，重复单调，主要依靠价格优惠政策吸引消费者，甚至降低服务品质以超低价格吸引消费者，导致消费者预期落差较大。

3.3.3.4 盈利模式单一

每个企业都有自己特有的盈利模式，旅游电商企业也不例外。在线旅游企业以携程为代表形成了"酒店+机票+旅游线路"的经营模式，以中青旅为代表则形成了"旅游线路+酒店+机票"的经营模式。重庆大多数旅游电子商务网站具有相同的客户，目前其提供同质化的旅游产品和信息，服务方式也大体相同，没有对旅游数据加以收集、分析、整理，精准地了解当地旅游市场供需情况，并且共享旅游信息。另外，大多数旅游企业主要通过产品差价、广告费、直销产品、产品佣金等方式获取利润。其产品简单化、层次低，同质化，盈利模式单一，抗风险能力差。这种单一的盈利模式使旅游电商企业较难获得持续性的融资，后续发展潜力并不大。

3.3.3.5 影响电商扶贫障碍较多

（1）制度障碍。旅游业和其关联产业由于各自目标不同而形成了各具产业特色的管理政策和制度，而各产业的市场发展程度不同，因而对产业融合的态度和需求就会不同。例如，网络业在融合旅行社业务中就遇到了行业进入的审批障碍。

（2）能力障碍。旅游企业面临着产业融合的市场机遇，但由于企业整合能力、核心能力、知识学习与创新能力的不足，导致了企业融合能力下降。

（3）需求障碍。需求障碍指消费者的消费能力、学习能力、消费行为习惯等的不足阻碍了旅游产业融合。融合型新旅游业态被推向市场时，都会面临市场是否会接受、是否有能力接受等问题，而这些都与市场消费观念和消费行为习惯密切有关。

3.4 重庆乡村旅游扶贫与电商扶贫联动融合发展模式

电子商务产业面临着技术革新和设施提升的改善，将深刻影响到旅游产业与电子商务产业的融合，二者的结合方式、创新方式和产业组织方式将发生新的变化，旅游产业的产业组织以及竞争力面临着新的挑战，也迎来了新的战略机遇。由于智慧旅游发展提速，更是加速推动了旅游产业与电子商务的深度发展融合，加快了食、住、行、游、购、娱等旅游分支行业与移动电子商务的融合创新，使得现有生产与产业组织方式不断革新。基于移动电子商务平台推动内部管理和市场运营管理的创新变革，加速了旅游产业的创新转型，实现了产业竞争力的快速提升。

推动旅游产业与电子商务产业的融合发展，不仅包括了推动旅游企业与电子商务产业之间的融合，而且包括了推动政府旅游主管部门与电子商务之间的融合。二者深度融合发展成为以旅游网络为主体，以电子化商务银行和旅游信息库为基础，借助一定的信息技术手段实现旅游商务各环节的电子化商务体系。旅游电子商务从根本上改变了旅游业的传统经营模式，具有用户范围广、营运成本低、能实现服务交互等特点，有效整合了旅游信息资源，提高了旅游服务效率，降低了运营及服务成本，有利于为旅游者提供更加个性化的服务，并逐渐成为旅游业发展的新方向。

3.4.1 乡村旅游扶贫与电商扶贫联动融合三种基本融合模式

3.4.1.1 B2C 直销模式

这种模式的旅游企业可以直接面对游客，来为游客提供旅游信息和旅游产品，即在线销售旅游产品。此模式能够提高服务效率，并且减少成本支出。由于旅游中间商垄断了客源，因而对旅游企业的经营管理造成了一定影响。实施 B2C 模式之后，在一定程度上可以改善这种现象。但并没有完全取代旅游中间商，旅游中间商因为掌握众多旅游产品，所以仍然能够保持对游客的吸引力。目前，乡村旅游企业和旅游中间商借助微信、网站等所进行的电子商务活动，实际上就是 B2C 模式。此种模式减少了大企业经营的地域限制，同时也为中小企业发展提供了契机。

3.4.1.2 B2B 销售模式和 B2B2C 模式

B2B 模式则是旅游企业对旅游中其他旅游企业及组织，如游旅行社、景区企业、旅游企业等的一种电子商务平台，实际上旅游企业是一种分销模式。而 B2B2C 模式则是 B2C 和 B2B 模式的整合。应用 B2B2C 模式能有效地解决产品配送等一些中间环节问题。例如，在乡村旅游中，一些非自驾游的游客们对于旅游地特产、纪念品等实物产品有着强烈的购买欲望，但是携带困难，所以此时物流配送就起到了关键作用，它可以帮助游客将购买的产品及时运送到家。此外，像一些团购网站兴起，如拉手、美团等，这些网站也开始将乡村旅游作为网站产品进行推荐，受到消费者们的喜欢，乡村旅游企业也可以借鉴这一模式加强相关合作。

3.4.1.3　O2O模式

由于旅游产品具有不能复制和移动的特点，B2B和B2C的商业模式远远不能满足物品的空间转移要求，由此O2O模式就成为旅游电子商务发展的最佳选择。O2O模式的旅游电子商务隶属于销售旅游产品的各个网站，其主要通过提供旅游相关的产品以及服务，和实物类网站相互区别。由于旅游产品具有不可运输、储存、不能复制等特点，不能够大批量生产，同时无法通过运输实现空间转移，这使得消费者往往无法直接获得旅游产品，必须亲身体验才能实现和完成消费。O2O电子商务模式的应用，采取了线上、线下结合的方式，由旅游电子商务网站来提供以旅游体验和旅游服务为主的旅游产品，游客在网上预订其所需的产品，在亲身体验后完成整个消费过程。因旅游产品本身的特点，采用O2O电子商务模式，使得旅游边际成本较小，有利于旅游电子商务发展。

3.4.2　重庆模式

近几年来，重庆市结合贫困地区产业特点和电商需求，瞄准了贫困村的产业和贫困户的产品，开展电商扶贫试点。重庆电商扶贫，采用"乡村旅游+农产品"和"线上预订+线下消费"销售农产品、"政府+市场""优质产品+优质市场公司制+合作制"组织分散的贫困户，较大幅度提高了效益。同时，探索自建平台和三方平台合作，建立了符合贫困农村和贫困户需要的电商模式。

3.4.2.1　采用"独立平台+三方平台"商业构架，建立精准扶贫的电商体系

2014年，重庆市扶贫办与"村游网"合作组建重庆村游网平台，帮助贫困地区乡村旅游接待户订房订餐获得成功。目前，重庆市乡村旅游扶贫村4 500户农家乐"贫困户500户"实现了网上销售，网上交易达到了3 000余万元。为了实现农产品的电商交易，2015年重庆市扶贫办支持开发"网上村庄"电商扶贫平台，在订房订餐基础上增加了农副土特产销售、农村资源销售、劳动力销售等。"网上村庄"微信公众号于2015年12月中旬投入使用，并组织开展"首届网上村庄赶年活动"，在社会上产生积极影响。活动在6个区县、13个贫困村开展，参与活动的贫困村客源不断。共组织了1.1万辆车，13万多城市居民到贫困村杀年猪、购年货,消费各类农产品2 000万元。网上点击达到60多万次。

3.4.2.2 采用"乡村旅游+农产品"的营销构架,破解了生鲜农产品电商销售的难题

贫困户经营的主要产品是小散乱、非标准化的生鲜农产品。这类农产品是目前电商面临的最大难题。重庆电商扶贫重点锁定农产品生鲜这一难题,在支持贫困农户利用村淘、苏宁易购、垂直电商等平台销售农产品的基础之上,大胆创新电商扶贫模式。采用"乡村旅游+农产品"销售相结合的模式,组织消费者到贫困地区消费,通过线上预订、线下消费、后备箱购买等方式,解决了如何把贫困地区的生鲜农产品卖出去的困难。2015 年,策划各种线下活动达 40 多次,组织游客 30 多万人到贫困村消费,销售农产品 6 000 多万元。2015 年 1 月,在武隆县岩峰村、宝峰村开展刨猪乐活动。700 名知青到村里游林海、赏雪景、过大年,就地就卖出年猪 700 多头,红苕粉则由 5 元/斤卖到了 12 元/斤。

3.4.2.3 采用"公司+合作社"的合作构架,带动贫困户接受电商服务

线上平台组建了公司,线下则在贫困村组建合作社。合作社以贫困户为主体,将有意愿的贫困户积极纳入社员,将分散、弱势的贫困户纳入了电商体系。单个电商扶贫合作社的贫困户社员数量不低于 20%。目前,重庆市的 87 个贫困村均已建成"网上村庄"电商扶贫合作社,社员农户共 5 918 户。其中,贫困户 2 500 户,占比 42%。合作社与线上公司紧密合作,主要负责游客接待、农产品的信息收集整理和售卖、乡村旅游活动策划和组织、电商培训、村民网购和纠纷处理。贫困户社员优先采集产品信息、售卖农产品和参与各类活动。城口县东安乡黄金村等三个"网上村庄"电商扶贫合作社于 2015 年 7 月投入营运,合作社社员已达 365 户 957 人,其中建卡贫困户社员 184 户 493 人,占比 50.4%。旅游接待收入 500 万元,销售生猪板栗等各类农产品 800 多万元,带动了贫困户户均增收 2 000 多元。

3.4.2.4 采用"优质农产品+优质市场"的市场构架,大幅提高了贫困地区效益

贫困农村农产品的生长环境好,产品品质优。为了实现优质优价,电商平台产品重点向城市中高端客户推广,与帮扶集团各成员单位以及大专院校校友会进行对接。将其发展为重点用户和产品消费者。利用去中间层的优势,"网

上村庄"扶贫电商打消了城市消费者的顾虑，帮其实现了"买得放心、买得便宜、买得方便"，让贫困农户在家门口就将农产品卖到大城市，做到"卖得远、卖得贵、卖得好"。据有关统计，"网上村庄"售卖的土猪肉价格要比原来高30%，比城市超市则便宜20%。高山露地蔬菜比原来高54%，而比商场便宜50%。蜂蜜也是如此。彭水县桐楼乡桐木村"网上村庄"，在体验消费的基础上，实行"会员制＋周供制"模式。城市会员可以提前预订，定期供货。目前，发展农产品消费会员800多户，2015年销售农产品400多万元。

3.4.2.5 采用"政府＋市场"的组织构架，确保始终坚持扶贫目标

此种模式由重庆市扶贫办先提出电商扶贫需求，通过招商组建公司然后进行市场化运营。为了确保公司经营始终围绕扶贫目标，一方面在制度建设方面，重点支持重庆市乡村扶贫服务协会、武隆县扶贫基金会与投资者进行股份合作。投资者控股，主要负责经营管理，确保市场化及灵活性。协会作为股东参股，要求公司规定业务始终围绕扶贫开发展开，主要确保公益性。与此同时，协会还要代表贫困农户利益，监督公司是否履行扶贫义务。另一方面在商业运营方面，主要围绕服务贫困地区来建立商业模式，业务重点是销售贫困地区的优质农土特产品和乡村酒店，将中高端农产品、资源、劳务卖到城市中高端市场。并利用基础数据，与商业银行开展农村金融业务合作和商品集团采购。公司的盈利多少与其扶贫贡献大小紧密挂钩。

当前，重庆电商扶贫模式已得到了社会各界的认可。黔江、酉阳、城口等区县要求全力推广这种模式，破解农产品生鲜销售的困难问题。去年，重庆还成功引进了战略投资者，组建了扶贫电商公司进行市场化运作。市外的青海、湖南等省有10多个县先后来重庆考察，提出深度合作要求，网上村庄百度信息多达100万条。

案例1 重庆网上村庄电商平台开创"乡村旅游＋农产品"新模式

2016年8月重庆网上村庄电商扶贫平台开始正式上线。在重庆，通过"乡村旅游＋扶贫＋电商"联动融合发展，一种符合贫困农村和贫困户需求的电商模式正在建立，成为增加重庆农村贫困群众的经济收入、带动农村地区经济增长的新亮点。

开州长沙镇展开市"乡村旅游＋电商扶贫"发展的试点。在开州"环汉丰湖生态休闲旅游区和南山、雪宝山、铁峰山避暑养生旅游区'一环三山'"乡村旅游格局下，长沙镇推出了夏日南山庄园清凉旅游、狮子坪薰衣草观赏、齐

圣山顶露营以及葡萄蓝莓生态果园等。长沙镇齐圣村还在乡村旅游的基础上，建起了网上村庄，由此扩大农产品销路。2015年人均收入达1.3万元，业已成为名副其实的富裕村。

为了让贫困户享受乡村旅游发展带来的"红利"，开州探索了"资金变股金、资源变股权、农民变股民"的资产收益扶持制度，让贫困户能够利用资源、资产，通过入股或委托方式参与产业发展，获取分红或租金，从而实现增收脱贫。2015年，开州地区休闲农业与乡村旅游接待400万人次，已实现总收入16亿元，带动了10万农民就业创业和3万贫困人口增收脱贫。

"网上村庄"是重庆市扶贫办依据精准扶贫、精准脱贫要求，创新电商扶贫的一种扶贫模式。目前"网上村庄"已在重庆建立了120多家电商扶贫服务站，完成3 000多人次的电商培训，实现了4 000多家农家乐上线，已经策划组织了百余场乡村旅游活动。平台参与农户达6 004户，其中建卡贫困户为2 548户，贫困户共计销售农副产品约660万元，平台交易额已超过1.5亿元。

目前，市民们可在各大应用工具中搜索下载"网上村庄"扶贫电商平台，获取重庆30多个区县的乡村旅游和正宗土货信息。目前，网上村庄县域级运营中心全国加盟已正式启动，将覆盖重庆38个区县，西南13个省市，还将全国布局超过1 000个县域运营中心。"网上村庄"主要由重庆新农电文化传播有限公司负责运营，是将线上和线下进行有机结合的"乡村旅游+农产品"模式。"网上村庄"主要通过策划特色民俗和农事体验等乡村旅游活动，引导城市居民到贫困地区消费。其主要措施包括以下几点：①通过"后备箱工程"面对面交易和二次购买的会员制、周供制等，将生鲜农产品网上交易简单化；②实行网上订单，线下消费，仓储在农家，物流则靠轿车，降低流通成本。除此之外，还破解了生鲜农产品的储运难问题；③组织市民进农村，市民们除了消费农产品，还要住、游、娱乐等，乡村的山歌、民俗文化等都变成了消费品。④服务站设立在农村。村内一个村民学会了电商知识，全村都可以实行电商化，还能辐射带动周边的村庄。

在产业扶贫当中，通过"网上村庄"这种电商模式，解决了贫困地区贫困农户的农产品的售卖难问题，有利于贫困地区贫困户把撂荒的土地利用起来，针对市场需求生产出精品农产品，在乡场上低价卖掉出售的产品，用优质价格变现，获取较高的回报。

案例2 彭水县合作社带动模式

农村电子商务快速发展，彭水县依托区域优势，打破生鲜产品上行难的问题，让农村的"土货"变成城里人的"抢手货"。

（1）注重开发高品质有机绿色食品，并通过"互联网+农户"或者农产品的社区电商模式，引导村民走出"电商脱贫"的新路子，让电商扶贫成为助农致富的"新引擎"。

（2）坚持深度融合，推动"商旅联动、农商结合"。加快发展"旅游兴县"战略，积极实施"商旅联动"，围绕"吃、住、行、游、购、娱"旅游六要素，进一步完善服务设施，发展相关配套产业。其做了大量工作，建成1个电商产业园，207个电商站点，开通物流线路7条，快递进村720余万件，电商培训约2万人次，已有38家农产品企业的130多种农特产品在线上营销。通过沐晖农园、寻农记等品牌电商企业，以"电商+基地+农户"等方式，带动贫困群众进行生态种植和养殖、电商销售等，开辟了电商脱贫新途径，带动贫困群众致富增收。彭水县还启动了九黎商街、下塘农家乐示范村的打造。加强了"农商结合"，推动农产品上行，推动农超对接，促进了农业产业化进程。

彭水县桐楼乡的沐晖种养殖专业合作社，在摩围山和润溪乡建立了2个沐晖农园基地，在双龙、石盘等地建起了农产品购销网点，带动了当地的农产品销售。沐晖种养殖专业合作社是农业与电商一体化融合发展的种养殖专业合作社。其不仅通过发展社区电商，改变了传统销售方式，而且通过微信、淘宝等电商平台，把"山货"变成"网货"，让农村"土货"变成城里人的"抢手货"，依照会员制方式为远在大城市的人们提供原生态、纯天然的蔬菜、蛋类和肉类优质产品。在2016年，合作社与桐楼乡的150多户农户合作，其中包括贫困户50户，让合作社人员平均增收在2 000～3 500元。合作社通过发展农村电子商务，已经吸纳就业人数21人，其中建卡贫困户6人，已与农户签订长期供应合同28家，临时供货农户131家，涉及贫困人口约107人。其中83岁的贫困户谢立昌一家，在合作社的帮扶下，去年一户增收了25 000元。

案例3　寻味武隆O2O体验馆

电子商务扶贫是武隆区精准扶贫的一大举措，近年来，武隆区围绕电商扶贫进行了有益的探索，并取得了可喜成效。寻味武隆O2O体验馆是在区委、区政府的推进下建立实施的"三大富民工程"、农村电子商务综合展示平台，其位于仙女山游客接待中心1层，建筑面积约占2 500m^2，由武隆区电商运营公司负责管理运营。通过图文与实物展示相互结合，通过线上销售、线下体验相互融合，体现武隆电商发展的特色展示、购物体验和销售等功能，让游客实现了二维码扫描及摇一摇的网上购物体验，让旅游购物者体验到"解放双手，比您更快到家的服务"。其从 2016 年 5 月以来开始运营，已经成为武隆农特产品销售、农户增收的主渠道。

"寻味武隆" O2O 线下体验馆由八大功能区组成。

第一，特色体验区。它位于 O2O 体验馆游客回程的入口，此通道打造了一条地域特色产品展示长廊，以微景观或传统生产工艺形式并结合声光电技术来展现武隆地方特色产品、解说特色产品的历史、品牌故事等。

第二，品尝试吃区。游客可以免费品尝到武隆的特色美食，同时借助平板电脑等上网，游客可自助浏览产品的企业文化、视频、扫码等信息，体验别具一格的武隆美食。

第三，味觉武隆，主要售卖武隆休闲土特产，通过现场体验和线上活动，让游客感受解放双手，比您更快到家的服务。

第四，游客互动区。其位于体验馆中庭的变形金刚区域，展现了武隆的影视文化。

第五，特色乡村。此区域将武隆地区 26 个乡镇特色产品及风土文化融入其中，带游客走过武隆的青山绿水，感受壮观的世界遗产生态环境。

第六，文化武隆。其主要展出邮政和工艺品等文化类产品。

第七，风情武隆。以声光电及沙盘的形式来展现武隆旅游全景，着重推出了世界遗产的 5A 级景区及乡村旅游。

第八，特色小吃区。其主要以武隆本地特色碗碗羊肉、豆花饭等地方特色小吃为主题，体现武隆人民的日常饮食，通过了解武隆必吃美食，融入走进武隆的生活，体会不一样的地心之旅。该体验馆目前不断调整展示及布局，线下的日交易金额已达 1.3 万余元，为线上销售引流增加订单 20% 以上，实现了电子商务与旅游扶贫产业的深度融合发展。

案例 4　城口县网络旅游扶贫模式

1. "互联网+大巴山森林人家+贫困户"发展模式

东安镇大巴山森林人家与周边贫困户直接建立"1+X"帮扶机制，即由一户已开办或准备开办大巴山森林人家来实施定点帮扶多户贫困户，签订用工或者用料（农产品）协议，帮助销售土特农特产品，带动贫困户从事乡村旅游。同时通过发展"互联网+智慧旅游"，建立完善旅游信息平台，吸引更多的游客到城口避暑、休闲度假，从而推动大巴山森林人家向集群化发展，带动更多贫困户实现脱贫。

2. "互联网+餐饮企业+贫困户"发展模式

庙坝"柴火鸡"经营主体们与贫困户签订协议,约定每个经营户应该定点销售20户建卡贫困户养殖的山地鸡。镇政府要为每户经营者注入资金5万元,其中10%直接用于补贴"森林人家"建设,其余90%的资金则作为结对建卡贫困户的股权分红,但要求每户建卡贫困户全年养殖且至少销售定点对接经营户50只山地鸡,才能够按销售数量参与分红。通过互联网营销抱团上网,有力促进该地特色餐饮业的发展,推动需求猛增,带动结对贫困户实现脱贫。

案例5 旅游收益扶贫模式

石柱县立足良好的生态资源,打造了"黄水人家"品牌,发展乡村旅游扶贫,带动以贫困户为重点的多种方式乡村旅游经营主体脱贫致富。县财政从2017年起,每年均预算安排1 000万元乡村旅游资金对其进行补助。①对加入了"黄水人家"的会员,带动贫困户达10户以上,由县商务局评定为星级农家乐,按照2万元、5万元、10万元的标准给予此方面的专项补贴;②对直接经营乡村旅游并且加入"黄水人家"的贫困户,给予每户补助3万元;③对利用当地特色资源发展旅游食品、手工艺品制作等的贫困户,设备采购金额给予15%的补助,但最高不超过5万元;④对愿意并接受旅游服务技能培训的贫困户,给予食宿交通费用补助;⑤当经营农家乐的贫困户开展宣传活动时,由县旅游局给予20%宣传补贴,最高不得超过1万元;⑥如果非贫困户发展乡村旅游并能够带动贫困户的,带动一个贫困户就补助2万元专项资金,每年会按补助资金的6%向贫困户实行固定分红,同时应按补助资金收益的40%向贫困户兑现效益分红,如果年终效益不能确切核实,经营主体应按不低于补助资金的4%享受年度效益分红。

3.5 重庆旅游产业扶贫与电商扶贫融合发展的经济成效评价

在2017年,课题组一行六人,赴重庆主要贫困地区进行了两次调研及研讨。于2017年5月在黔江、武隆、江津等地调研旅游产业及电商扶贫融合发展情况。

2017年8月在彭水、武隆等地区调研旅游产业及电商扶贫融合发展情况，获得了丰富的一手调研资料。

3.5.1 旅游产业扶贫融合度的度量——AHP模糊综合评价法

层次分析法（AHP）和模糊综合评价法均是管理科学领域比较成熟的方法，计算思路与步骤清晰。AHP—模糊综合评价法综合以上两种方法进行产业融合度的测评，主要分为两步：①运用AHP建立产业融合度的评价指标体系，采用9标度判断两指标相对重要程度构造判断矩阵，再明确各指标的权重、组合权向量与一致性检验；②结合评价指标体系与指标权重，综合运用模糊综合评价法对产业融合度进行评价。此方法是一种定性与定量相结合的方法，计算过程比较复杂，可运用相关计算软件进行简化。

3.5.2 旅游产业扶贫融合度的指标体系

产业扶贫融合度的指标体系包括因素众多，评价要求较全面。指标体系的确定是重庆旅游产业融合度测评十分重要的步骤，主要通过借鉴文献资料与征询专家意见进行，有一定的主观性，还必须从不同方位考虑，遵循一定的原则，保持指标计算的客观性。笔者在本研究的评价指标选取过程中主要参考以下原则。

3.5.2.1 系统独立性

重庆旅游产业扶贫与电商扶贫融合度指标体系是一个完整且相互协调的系统，能客观全面反映总目标及分目标。总目标根据相关性原则来确定分目标与准则，分目标层和准则层的指标应相互独立，一般情况下不存在交叉、包含、因果等关系，且指标与总目标一致。此外，各层指标必须包含充分的信息量，才能准确测评二者融合度的基本情况。

3.5.2.2 可操作性

可操作性主要从指标及数据获取的难易程度方面进行考虑。指标应来源于实践，其相关数据要能够获得可量化处理，且尽量花较少的成本获取更多的信息。本课题研究中的指标主要来源于旅游调研实践活动，简单明了并且易于理解。评价数据应获取便利，便于专家对指标进行有效的评价。

3.5.2.3 可比性

在指标选取中，应明确重庆旅游产业扶贫与电商扶贫融合度评价指标体系中每一个指标的内涵，评价结果能够进行纵向及横向的比较，以便更好地把握二者融合的程度。可将此指标体系推广至重庆不同区县地区，也能与其他地区的旅游产业融合程度进行对比，并可向旅游产业融合度较高地区有针对性地借鉴经验。

3.5.2.4 客观性

定性评估具有较强的主观性，会随着评价时间、地点、主体的变化而变化，而客观性原则能尽量避免或者缩小这种主观性影响。二者融合的覆盖面广泛，融合度测评复杂，在评价指标体系构建中保持客观性原则，能有效减少专家的主观影响，保证测评指标的客观性，提高测评的效度，保障测评数据的有效性与测评结果的真实可靠。

笔者在本书中采用了德尔菲法，设计了重庆旅游产业融合度评价指标体系，通过邮件、面谈等方式咨询重庆旅游领域的高校专家、旅行社的旅游专家，征询他们的意见，对初选后的评价指标体系进行检验与完善。修改后的评价指标体系如表3-1所示。

表3-1 重庆旅游产业融合度评价指标体系

总目标层	分目标层	准则层
电商和旅游产业扶贫融合度（A）	资源条件（A1）	自然风光（B1）、生态环境（B2）、乡村特色产品（B3）、区域文化（B4）、旅游知名度（B5）、基础设施建设（B6）
	产业经济发展（A2）	特色产业发展（B7）、电商与旅游产业价值链整合程度（B8）、物流配送体系（B9）、农村的乡村旅游收入增长率（B10）、旅游业每年吸纳的消费者数量（B11）、电商对旅游产业的贡献度（B12）、电商扶贫服务体系（B13）
	政府支持（A3）	管理与规划、配套政策的完善程度（B14）、融投资力度（B15）
	企业组织带动（A4）	电商及旅游从业人员受教育程度（B16）、旅游、电商企业数量（B17）、旅游、电商企业效益（B18）、旅游企业电商平台构建（B19）、旅游产品在线宣传营销（B20）
	扶贫融合创新（A5）	电商及旅游产品创新（B21）、电商人才培养（B22）、经济与服务功能融合程度（B23）、扶贫工作机制完善（B24）、贫困农户的参与积极性（B25）、融合发展对贫困户创业就业的贡献度（B26）

3.5.3 旅游产业融合度的AHP评价

利用AHP法对旅游产业融合度进行评价，主要解决评价指标体系、具体指标的权重及其一致性检验，为模糊综合评价准备了基础条件。

3.5.3.1 旅游产业融合度的评价指标体系

笔者建立了如表 3-1 所示评价指标体系。

3.5.3.2 旅游产业融合度指标权重的计算

权重的计算主要通过邀请专家对各级评价中各个因素的重要程度进行成对比较，比较的结果用于建立 AHP 的分布权重判断矩阵。笔者通过专家咨询，得出了相应的重庆旅游产业融合度的 A-An 判断矩阵以及 An-B 的判断矩阵，在表 3-2 中，笔者仅给出了 A-An 的判断矩阵。

表 3-2 A-An 的判断矩阵

矩阵	λ	CR	是否通过
A-An	5.28	0.06<0.1	是
A1-B6	5.14	0.03<0.1	是
A2-B13	4.15	0.06<0.1	是
A3-B15	5.14	0.03<0.1	是
A4-B20	6.48	0.08<0.1	是
A5-B26	7.43	0.05<0.1	是

3.5.3.3 计算各判断矩阵的特征向量，作为各准则层对于目标层的权重，并进行一致性检验

其结果如表 3-3 所示。

表 3-3 各级指标间的一致性检验结果

A	A_1	A_2	A_3	A_4	A_5
A_1	1.00	0.20	0.20	0.14	0.33
A_2	5.00	1.00	3.00	1.00	1.00
A_3	5.00	0.33	1.00	1.00	1.00
A_4	7.00	1.00	1.00	1.00	3.00
A_5	3.00	1.00	1.00	0.33	1.00

计算最下层对于目标的组合权向量，并根据公式做组合一致性检验。如果检验通过，便可以按照组合权向量表示的结果进行决策，否则就需要重新建立模型或者重新构建一致性比率较大的成对比较矩阵。笔者利用方根法求判断矩

阵的最大特征根和特征向量均通过了一致性检验。

3.5.4 旅游产业融合度的模糊综合评判

通过层次分析法明确了准则层及子准则层的权重之后,结合模糊综合评价法来进行重庆及部分区县旅游产业扶贫与电商扶贫融合度评价的研究,可以相互对比和映衬社会经济发达地区与本地区发展水平的关系,对重庆旅游产业融合度的基本状况进行直观的了解。

在本研究中,笔者将评价分为5个等级,即U1=非常好,U2=比较好,U3=一般,U4=不太好,U5=差。在评价旅游电商产业扶贫融合度等级时,由于经过模糊矩阵运算得到的是一个模糊向量,不能够直接用于结果的排序评价,因而本研究对各评语等级进行赋值,用向量U来表示评语等级集,笔者取"非常好"为100分、"比较好"为80分、"一般"为60分、"不太好"为40分以及"差"为20分。根据上文所述的层次分析法,得到了各因素的权重值,邀请15位有关专家进行评判,可以得到重庆旅游产业融合度的单因素模糊关系矩阵 R,具体见表3-4。

表3-4 重庆旅游产业融合度的单因素模糊关系矩阵

准则层\子准则层	A_1 0.05	A_2 0.29	A_3 0.19	A_4 0.31	A_5 0.17	子准则层B相对于目标层A的权重
B_1	0.36					0.02
B_2	0.36					0.02
B_3	0.16					0.01
B_4	0.08					0.00
B_5	0.04					0.00
B_6		0.09				0.03
B_7		0.09				0.03
B_8		0.21				0.06
B_9		0.61				0.18
B_{10}			0.09			0.02
B_{11}			0.05			0.01
B_{12}			0.37			0.07
B_{13}			0.07			0.01
B_{14}			0.12			0.08
B_{15}				0.21		0.07
B_{16}				0.04		0.01

续表

准则层\子准则层	A_1	A_2	A_3	A_4	A_5	子准则层 B 相对于目标层 A 的权重
	0.05	0.29	0.19	0.31	0.17	
B_{17}				0.44		0.13
B_{18}				0.21		0.07
B_{19}				0.04		0.01
B_{20}				0.06		0.02
B_{21}					0.03	0.01
B_{22}					0.03	0.00
B_{23}					0.31	0.05
B_{24}					0.07	0.01
B_{25}					0.07	0.01
B_{26}					0.22	0.04

由此计算出重庆旅游产业融合度模糊综合评价结果为63.02分，整体融合水平一般。同理计算出武隆得分73.2分，城口得分55.27分，江津得分71分，彭水得分60.34分。从重庆旅游产业与电商融合扶贫融合程度来看，武隆、江津处于中等水平，彭水融合水平一般，城口融合水平相对较差。

3.6 推动旅游产业扶贫和电商扶贫融合发展的对策研究

从重庆旅游产业与电商扶贫融合程度来看，整体融合水平一般，武隆、江津地区处于中等水平，彭水融合水平一般，城口地区融合水平相对较差。构建具有重庆特色的贫困治理模式，加快利用信息技术改造传统旅游业，打造特色乡村旅游品牌提高产业素质，是重庆旅游业转型发展、融合发展的重要途径。推动重庆旅游产业扶贫和电商扶贫融合发展，具体对策包括以下几点：

3.6.1 构建"政府—市场—社会—社区—农户""五位一体"的贫困治理模式

"政府—市场—社会—社区—农户""五位一体"的贫困治理模式，强调利用多方力量，激励社会广泛参与，将参与式治理理念引入产业扶贫开发中，以此弥补政府和市场二元共治的不足。通过多元主体参与，关注区域之间贫困的差异，畅通各层主体的利益表达渠道，实施差异化和针对性的扶贫政策和措施，有利于推进精准扶贫。"五位一体"的贫困治理模式强调政府的主导作用，有利于克服"市场失灵"，提高贫困人口参与水平，保障公平发展；与此同时，注重通过挖掘市场潜力进行市场调节，实现资源合理配置，培养贫困群体自身发展能力，实现内源扶贫。此外，还通过不断提升社区治理能力，促进扶贫资源传递提效，并且注重尊重农户发展意愿，保护扶贫对象的主体激励性。

政府应对扶贫开发做好顶层设计，发挥好调控、监督作用。制订扶贫开发规划，完善各项规章制度和法律法规，对市场、社会、社区、农户参与扶贫提供准入条件，建立激励机制，并对扶贫行为进行规范。为了规避政府扶贫失灵，政府可以通过购买服务等方式把具体扶贫项目交予市场、社会、社区和贫困农户实施完成，自身主要做好扶贫的宏观调控，协调并引导好各扶贫主体在政策规范轨道运行，同时要抓好扶贫政策执行，监督和考核各扶贫主体的扶贫行为，调整、完善各项扶贫政策。在贫困治理过程中，市场应在政府监管、调控条件下，发挥对贫困资源的基础性配置作用，集聚力量，调动诸如企业、合作社等市场主体广泛参与扶贫。社区与贫困对象距离最近，是贫困人群日常生活的区域，在贫困帮扶距离方面更具优势。政府可以赋予社区及其成员一定的扶贫权限，给予项目和资金支持，有利于实现社区与政府扶贫、市场扶贫、社会扶贫、个人脱贫有效衔接，调动各方力量及资源参与社区贫困治理，解决贫困户在生产、生活、发展方面的诸多问题。此外，还应积极动员贫困农户参与扶贫。贫困农户既是扶贫主体又是受益对象，在扶贫工作中要推动贫困农户由被动扶贫为主动参与脱贫，提高其自我发展能力。贫困农户则应充分利用政府、市场、社会、社区提供的扶贫渠道和途径，表达自身脱贫意愿和实际需求；积极参与扶贫，进入扶贫项目的具体施行，不断增强自身综合素质，提高脱贫致富能力。同时，贫困农户应积极帮扶仍未脱贫的群众主动脱贫，与政府、市场、社会、社区等扶贫主体共同营造持续良好的贫困治理氛围。

3.6.2 注重区域资源共享与功能规划

在旅游产业与电商融合、发展中，应结合不同区域情况因地制宜，合理规划布局，促进重庆市旅游产业全面发展。

在旅游产业融合规划发展上，应从各个区域产业特色出发，针对各区域制订相关政策，促进旅游产业融合发展。对都市核心区发展创新导向型特色都市旅游，都市功能拓展区发展资源导向性环城休闲旅游，城市发展新区发展产业园导向型旅游，渝东南生态保护发展区则发展多渠道推动型生态旅游，渝东北生态涵养区发展六次产业整合山水旅游。从统筹发展视角看，都市核心功能区和都市功能拓展区，目前需要提升旅游品质和增强吸引力，可以以城市中心围绕商圈经济，外围发展休闲旅游，补充都市旅游产品的不足；在另外三个功能区域中，城市发展新区应在现阶段基础上，进一步提高旅游产品的层次和品质，注重与城区旅游业的差异化。渝东北生态涵养发展区和渝东南生态保护区旅游资源丰富，独有的三峡旅游资源以及渝东南的生态与人文环境使其具有极强的竞争力，应以优势旅游资源为基础，以品质树立形象、以旅游促进增收，逐步实现产业融合发展。

3.6.3 基于 O2O 模式构建乡村旅游电子商务平台

（1）建设旅游电子商务平台。全面整合综合性旅游电子商务网站、专业旅游电子商务网站、传统旅游网站、团购网站和综合性旅游电商板块等，同时引导旅游企业加强与电子商务平台服务商合作，为游客提供全面、准确、及时的信息及业务查询、门票预售、机票酒店预订、投诉和个性化服务等。建立在线旅游支付平台，促进旅游预约服务、预约消费和在线支付业务发展。

（2）推动旅游企业提高电子商务水平。鼓励企业利用互联网平台，整合各类资源、要素、技术和产品，创新在线旅游服务，推动在线旅游众筹、众包、个性化定制等多种服务发展模式。

（3）推进旅游信息化业态建设。鼓励企业积极培育在线车辆租赁、在线度假租赁、民宿预订等旅游新业态，重点推动景区提供电子门票、智能导游、在线预订及信息推送等服务；推动饭店实现智能客房控制、饭店客房全网销售共享等功能；推动旅行社推广使用 EPR 管理系统。

（4）开展电商扶贫行动。依托现有全国乡村旅游电商平台，发展"互联网＋旅游"扶贫，推进网上"乡村旅游后备箱工程""一村一品"产业建设专项行动。鼓励旅游电商企业面向贫困地区推动特色农产品网上定制销售，推荐贫困户农家乐住宿、旅游商品和特色工艺品等，实现对贫困人群的精准扶持。组织知名旅游电商平台为贫困地区开设扶贫频道，建立贫困地区名优产品网络博览会等。

3.6.4 提高三维资本的参与能力，推行五大带动方式

扶贫公共产品供给不足是影响绝大部分贫困地区反贫的重要因素。参与式

扶贫提倡提高参与主体的参与能力，包括物质资本、人力资本和社会资本三个方面。在主要的扶贫主体中，如何提高贫困农户的参与能力、整合社会机构及企业资源优势、政府部门职能转变，关系着扶贫行动绩效的优劣。

3.6.4.1 金融扶贫方面

设立帮扶基金，组织成立扶贫互助协会，投放小额扶贫贴息贷款和发放小额创业贷款，成立担保基金，由担保公司支持村办企业发展。重点解决贫困村公用基础设施改造、实用技术培训和生产基地建设问题。除了专项扶贫资金外，扶贫办和农业局还可以辅助贫困村申请科技局农业科技项目、国家对合作社的扶持资金，提高农户（合作社）项目资金筹措和管理能力。

3.6.4.2 扶贫市场支持方面

注重引导农户有序进入市场提高收入水平。通过产业协会及合作社的形式，探索推行"股份扶贫"新模式，将贫困户的帮扶资金入股到龙头企业，由其统一经营管理，贫困户届时按股分红，还可在企业务工获取劳务收入，从而拓宽收入渠道。

3.6.4.3 在扶贫技术支持方面

通过整合涉农部门技术骨干和农业科研院所技术专家的人力资源优势，在每个贫困村都组建扶贫技术工作队，同时实施"科技引领"工程，积极培育乡村技术"领头雁"，为每个村培养两名及以上"土专家"和"致富带头人"，确保产业扶贫发展。可以制定《扶贫开发考核办法》，创新性地将"民意指标"纳入扶贫绩效评估模式之中。此外，通过制度建设引领扶贫开发示范园走向现代农业园区，从产业集聚化、融合化和生态化发展态势角度，逐步建立起贫困村的现代农业产业体系。通过科技培训和专业合作社发展路径，将农业科技成果在扶贫发展中进一步推广和应用。

3.6.5 依托特色旅游品牌，推进农业与文化生态休闲旅游融合发展

应重视利用特色农业功能、文化和品牌融合价值，进行创新融合，创新农业产业模式，促进产业链、价值链、品牌链三链融合，引导乡村旅游特色化发展。大力支持有条件的贫困地区创建A级景区和旅游度假区、特色旅游名镇（村）、传统村落、美丽乡村、旅游创客示范基地、星级农家乐、精品民宿、森林体验和森林养生基地等品牌，创建一批乡村旅游示范区县、示范乡镇、示范村，不

断提升我市乡村旅游品牌影响力,促进贫困地区群众脱贫致富。充分挖掘生态优势,依托原生态、大山水、乡土美食、乡土文化,提升田园风光、乡村建筑、农家风俗、乡野生活等资源的游赏和利用价值;突出产业支撑,本着"一村一品""一家一艺"的原则,发掘民间土特产品、风味美食、手工艺品,提升传统农业、手工业和餐饮业附加值。通过品牌打造,培育"大巴山森林人家""黄水人家"、土家吊脚楼、苗家山寨等一批乡村旅游品牌。

第一,以利用独特的特色旅游资源,以特色旅游产品和服务为载体传递品牌文化,增进消费者的品牌价值认知,提升特色旅游品牌的美誉度及顾客忠诚度。

第二,依托旅游品牌连线打造旅游景区特色,推出农业精品旅游休闲线路,开展农旅结合、文旅结合、商旅结合的乡村旅游立体化建设。

第三,以创新创意为核心,大力培育观光、休闲及体验农业等新业态品牌。着重与种植业、加工业、餐饮业等互相渗透提升,将农业生产与旅游观光、餐饮、教育等有机结合。

以渝北区为例,突出乡村田园生活味。渝北区可以进一步挖掘茨竹青椒鱼、玉峰山花椒鸡、洛碛水上漂等地方特色的风味小吃和美食,培育一批"名店"和"老字号"餐饮品牌,着力打造渝北各村镇特色旅游美食产品。大力推广实施乡村旅游商品"后备箱"工程,将歪嘴李、葡萄、中药材等特色农产品和手工艺品转化为旅游商品。推动蔬菜水果、土鸡土蛋、野菜野菌、干果笋竹、高山药材等乡村土货的进一步深度加工和特色包装。同时,渝北区可根据不同镇域旅游资源特点和市场需求,建设特色民宿、休闲农庄,积极培育乡村酒店、乡村嘉年华、农耕文化创意园等特色休闲度假产品。提供溪畔垂钓、采摘篱园农事感知特色旅游产品,推动乡村度假向乡村生活转变。未来打造渝北旅游业发展升级版的路径:一是突出首站的地位,打造"临空旅游"升级版。通过丰富渝北区自身产品供给,进一步强化旅游信息服务能力,打造重庆特色展示窗口;二是突出精品精致,从而打造"都市旅游"升级版。要做优规划、做细管理、做美建设。让游客在渝北区的都市拥有宾至如归、流连忘返、陶醉其中的深切感受;三是推进农旅融合。提升改善旅游环境,尤其注重设施完善,要注重精品塑造,打造"乡村旅游"的升级版。重点打造"乡村"品牌,做靓做好"山水渝北"品牌。四是立足资源特色,打造"温泉旅游"升级版。要狠抓产品开发与辐射带动,使渝北温泉旅游更具人气、更富影响力和美誉度。五是突出内涵,挖掘打造"人文旅游"升级版。做好历史文化游、慈孝文化游、红色文化游等,让景区景点既有"高颜值",又有"好气质"。六是突出宣传推介,打造"会展旅游"升级版。在游览、消费、宣传上做文章，让会展人流带动并变成源源不断的旅客流，推动渝北旅游走出去。

3.6.6 通过技术融合、市场融合、功能融合和资源融合四条路径来实现

技术融合是实现产业扶贫发展的基础。技术是电子商务的基础，要实现旅游产业和电子商务产业的融合首先应从技术融合着手，使各大主要旅游景区、旅游企业等具备实行旅游电子商务的技术基础。相比较而言，政府机构拥有更大的引导力度和资金支持力度，所以在进行旅游产业和电子商务产业技术融合时，应以相关政府机构为主导、各相关企业为主力进行。一是完善重庆主要旅游区的基础网络建设。各级旅游局、主要旅游景区应通过招标等方式与相关行业、企业，如中国电信、联通等网络运营商开展合作，在一定期限内完成省内主要旅游城市和景区网络覆盖，为利用移动电子商务进行在线旅游交易、旅游导航、应急救援等提供网络基础。二是加强重庆各旅游景区、旅游企业电子商务平台构建。通过与电商企业合作或自行引入电商专业人才构建旅游电子商务平台，为整合相关旅游资源、进行旅游咨询、在线交易等提供平台，具体包括省市级、旅游景区和旅游企业不同等级旅游电子商务平台的构建。

通过市场融合拓宽产业消费群体。旅游产业和电子商务产业均有其庞大的消费群体，其中仅有一部分交叉，存在较大可开发的市场空间。在现有旅游消费群体的基础上，可以通过设计开发旅游产品、培育旅游电子商务观念等方法来促进产业的市场融合，增加旅游产业和电子商务产业的消费者数量。

第一，推动年轻群体形成旅游网络消费习惯。青年人以大学生居多，是我国使用网络的主要群体，应该加强该群体对旅游电子商务的使用。旅游企业应从设计适合的旅游产品着手，利用他们所熟悉的网络开展丰富的旅游产品营销，提升他们对在线旅游产品的关注及购买能力。

第二，引导老年群体形成旅游网络消费方式。为培育老年人的上网消费观念，各级旅游局、景区和旅游企业应采用老人易于接受的各种媒介来宣传旅游电子商务。在城市和农村社区设立老年人上网室，对老年人进行上网培训。倡导年轻群体对老年人上网消费进行引导，可采用一些优惠策略逐渐引导老年人上网旅游消费。

功能融合。旅游产业和电子商务产业均具有较为明显的经济功能和服务功能，可以成为二者相融合的路径，这使得旅游产业可以获得较好的经济效益，服务功能得以增多。

第一，经济功能融合。其主要表现为将电子商务引入旅游产业，通过整合各项相关资源、减少分销环节和促销费用，从而降低成本和获得效益。应由重庆市旅游局牵头设立不同等级的旅游电子商务平台，整合全省、主要旅游城市和各旅游区的相关资源，设计具有主题特色的旅游路线，涵盖食、住、行等多个要素，进行在线旅游产品宣传，实现在线旅游咨询、交易等"一站式"服务，以降低宣传费用、人工成本等，最终获得更为可观的经济效益。

第二，服务功能融合。其主要是设立相应模块使游客更为方便、畅通地投诉、建议和反馈。各相关部门和企业应做到以下几点：①旅游政府部门，即各级旅游局在其官方电子政务网上设立消费者投诉建议模块，方便消费者通过该方式对不合格旅游景区、旅游企业及工作人员进行投诉和提出建议；②旅游景区和旅游企业在其电子商务网上设立游客建议模块，实现消费者和工作人员及时沟通与交流，了解消费者对旅游产品的个性化需求，对旅游产品及时进行调整和改善，以迎合消费者的需要。

利用资源融合推动产业产品创新。其主要通过将电子商务产业特有的技术、平台与旅游产业各项资源相结合，通过创新性的开发形成新的旅游产品，同时可以利用电子商务平台已经拥有的顾客消费群进行营销。还可以以市旅游局为主导，将特色旅游资源与某些大型的旅游电子商务平台进行合作，形成一些新的、富有特色的旅游产品，提供新的消费和增值途径。目前，重庆已形成以武隆仙女山、万盛黑山谷、江津四面山为重点的多个避暑休闲度假区，但是"避暑+"产业链还未完全建立，在武陵山腹地和长江三峡地区发展旅游大有可为。首先，从战略层面上讲，应该统筹谋划避暑旅游经济发展以及旅游扶贫。其次，可以创办国际性避暑旅游产业大会，如打造"避暑+会展""避暑+康养"等，来推动避暑旅游向避暑经济转型发展。最后，以乡土文化为"卖点"，展开全方位立体式宣传，打造重庆山城避暑新品牌，推动重庆从避暑旅游客源地向避暑旅游目的地转型。以乡土文化引领旅游发展，让游客上门扶贫，让旅游资源带动更多普通农户，提高扶贫成效。为了让旅游资源带动更多普通农户早日脱贫，应该不断拉伸"旅游扶贫"的产业链条。不仅要把游客吸引进景区，而且要因地制宜创造条件让游客"停下脚步"，走进商旅店铺、走进农家小院，走入火炉镇等乡镇，适时开展的西瓜节、桃子节、菜花节等特色节日，同时开展打糍粑、摸活鱼等趣味活动，吸引广大游客慕名前往并依靠口碑相传。与此同时，把鸭江老咸菜、沧沟西瓜、双河蔬菜、羊角猪腰枣、山老腊肉、土鸡、洋芋疙瘩等"土货"变成游客眼中的宝贝，帮助旅游区的贫困农户快速鼓起腰包，尽快脱贫致富。

3.6.7 加强职业技能培训,培养复合型电商人才

乡村旅游与电商扶贫融合可以将那些具备劳动能力且愿意参与乡村旅游发展的、想通过旅游发展扶持的贫困人口作为目标人群,这部分人知识水平有限、参与能力弱,制约了其参与乡村旅游发展的深度,无法获得平等的利益分配。因此,要注重人力,构建长效培训机制。首先要对贫困村、贫困人口进行详情调查,建档立卡并详细登记信息,提高培训和扶贫工作的精准性和有效性,实现结对帮扶到村到户的同时,教育培训也到村到户。其次,鼓励各类旅游院校、宾馆饭店、景点景区、旅行社、行业协会等组织到开发乡村旅游的贫困村结对帮扶,帮扶对象明确到贫困户,帮扶措施到位,帮扶效果可持续。最后,针对贫困户的实际情况,按照"分类、分批、分级"的原则,邀请专家学者举办各类专题性的乡村旅游经营管理培训班,在经营管理、接待礼仪、导游解说、文艺表演、传统技艺、旅游商品设计、市场营销等方面对贫困农户进行精准培训,提升贫困户的整体素质、服务技能、创业就业能力,实现乡村旅游扶贫的精准化。例如,忠县组织人员前往西安、义乌、遂昌等地学习先进电子商务经验,开展阿里巴巴农村淘宝培训69人;秀山县采取"培训+孵化+培育"培训模式,培养"淘宝客"370人、电商精英500余人,分期特训400名电商"村长",带动农户"触电"交易;彭水县整合商务、扶贫、团委等部门,对全县干部进行电商培训3 000多人次。

3.6.8 强化乡村旅游扶贫的保障措施

(1)强化组织保障。乡村旅游精准扶贫,是新一轮脱贫攻坚的关键。为此,要强化组织领导,将旅游产业精准扶贫作为一把手的主要工作职责。充实区县扶贫办产业精准扶贫的力量,乡镇要有分管领导和工作人员来抓产业精准扶贫工作。

(2)强化项目管理。各区县应该充分利用贫困户动态监测系统的信息,根据贫困原因和产业需求,与贫困户一道逐户制订旅游产业帮扶方案,建立产业精准扶贫工作台账,落实帮扶责任人、扶持资金、扶持项目和工作进度。

(3)强化考核评价。提高旅游产业精准扶贫在扶贫开发中的分值权重。制订产业精准扶贫的考核标准和办法,对工作完成情况定期进行考评。考评结果定期通报,并作为产业扶贫资金分配的主要依据。对违规使用扶贫资金的严肃追究其责任。

下篇 新疆优势特色产业创新发展研究

第4章 新疆特色农产品区域品牌研究
——以"吐鲁番葡萄"品牌为例

4.1 研究背景

4.1.1 现实背景

品牌经济在21世纪已经成为衡量地区市场经济发达程度的重要标志。品牌建设也是我国农业转变经济增长方式、向价值经济转型的重要推动力。在数量增长的同时,我国农产品品牌整体建设基础薄弱,国际市场竞争力不强。农产品质量的隐蔽性、区域性和农业经营分散性等特点决定了特色农产品区域品牌建设对我国农业发展的重要意义(周发明,2006)。农产品区域公用品牌作为特定区域内生产主体共享的品牌,在产业增效、农民增收、转型升级、竞争力提升以及区域形象打造中发挥着越来越大的作用,已成为各地农业品牌化建设的有效抓手。

从区域品牌的形成及发展实践可以看出,农产品区域品牌与产业集群之间有着密切关联。一方面,农业产业集群具有专业化分工和地域根植性较强、产业集聚程度高且拥有一定的创新能力等典型特征,这为区域品牌的创建、传播及维护提供了良好的基础条件(姚春玲,2013);而农产品区域品牌形成后产生的增值效应、识别效应、协同效应、创新激励效应和产业化效应等(薛桂芝,2010),又可促进农业产业集群的进一步发展。目前,中国农产品区域公用品牌的力量和价值正逐步凸显,如东北大米系列品牌、浙江绿茶系列品牌、山东的瓜果蔬菜系列品牌、宁夏的枸杞品牌、陕西的苹果品牌等。但更多的传统特色农业集群却与吐鲁番葡萄集群相类似,还基本处于"名品多,名牌少"的发展阶段。这些集群虽然具备天然的资源禀赋和地理标志优势，但由于其经营主体在品牌建设中对区域品牌的生成机理与建设路径认识不足，使其大都沦为"形象工程"（马向阳、刘肖、焦杰，2014）。加之区域品牌建设中"政府热、企业冷"的现象以及区域品牌的"公地悲剧"等原因，使得农产品区域品牌对地方经济的贡献度与集群资源潜力极不相称，从而影响了区域品牌在我国传统农业经济发展中杠杆作用的发挥。2013年中央1号文件提倡深入实施商标富农工程，2013年中央农村工作会议再次提出"要大力培育食品品牌，用品牌保证人们对产品质量的信心"。对传统特色农业集群而言，在其发展中推动农产品区域品牌形成的主要因素是什么？这些因素是如何促进农产品区域品牌形成的？区域品牌发展对集群企业的影响程度如何？怎样才能有效整合集群资源提升农产品区域品牌的市场声誉及独特的市场竞争力？对以上问题进行深入探讨，对于提高我国特色农产品品牌竞争力，增加改善农民收入，推进传统特色农业集群转型升级，实现传统农区经济增长由"资源消耗驱动"向"区域品牌创新驱动"转变均具有重要的现实意义。

特色林果业是新疆农业农村经济发展的四大支柱产业之一，拥有发展特色农产品区域品牌的产业、资源、资金及政策等有利条件。目前围绕南疆环塔里木盆地形成了红枣、核桃、香梨等果品主要生产区，依托吐哈盆地、伊犁河谷以及天山北坡产业带形成了高效林果基地。截至2018年年底，新疆优质林果种植面积突破144.5万公顷，全新疆林果有效株数已达12亿多株。果品产量超过800万吨。农民人均纯收入7 400元左右，林果部分占农民年收入的20%以上。吐鲁番葡萄、库尔勒香梨等32个果品"地理标志"，红枣、核桃、巴旦木等产业品牌享誉全国及周边国家，市场知名度不断提升。新疆维吾尔自治区人民政府高度重视特色林果业的发展。在新疆林果产业"十三五"规划中提出要加快培育一批具有市场竞争力的特色名牌果品和中小型加工企业，增强特色林果业产业集群的竞争优势。新疆维吾尔自治区人民政府还提出了将新疆建成绿色、有机林果业强区，使新疆特色林果业的国内外市场竞争力显著增强的战略目标。新疆林果业正处在由追求生产扩张向质量效益转变的转折发展阶段，新疆特色林果业品牌建设迎来了重要战略机遇期。

当前新疆特色林果业区域品牌建设还远不能适应农业经济发展方式转变和区域优势产业转型升级的需要。由于技术研发、产品营销、品牌建设等主要增值环节处于弱势地位，形成了低层次产业、低端产品、低加工程度、低增值环节的产业结构特征，这使得新疆特色农产品区域品牌的贡献与其资源潜力极不相称，影响了资源禀赋的优势有效转化为市场优势。从产业发展角度看，新疆特色林果业转型就是要解决怎样从低成本的资源要素竞争向以质量、技术、品牌、服务为核心的创新驱动转变，从产业价值链低端延伸到价值链中高端（王一鸣，2012）。新疆林果业目前迫切需要有相应的理论体系指导农产品区域品牌建设，破解其区域品牌发展的困境，促进区域品牌建设水平的整体提升。因此，笔者运用多种交叉学科理论对以林果业为代表的新疆特色农产品区域品牌进行理论分析与实证研究，探究新疆特色农产品区域品牌形成机理、作用机制与提升路径，为新疆林果业制定品牌经济发展战略提供理论支持。

4.1.2 研究目的及意义

4.1.2.1 研究目的

针对农产品区域品牌形成机理与作用机制这两个关键问题，本文的研究目标有以下几点：

（1）揭示新疆特色农产品区域品牌形成机理。采用深度访谈识别和归纳新疆特色农产品区域品牌形成的关键影响因素，分析这些因素在农产品区域品牌形成中的作用，由此构建新疆特色农产品区域品牌形成机理的理论分析框架并进行实证检验，揭示新疆特色农产品区域品牌形成机理。

（2）探究农产品区域品牌对农业集群中小企业品牌成长的影响及作用机制。通过对新疆特色农产品区域品牌美誉度、区域品牌效应与中小企业品牌竞争力关系的理论与实证分析，探究新疆特色农产品区域品牌的效应及对集群中小企业品牌成长的作用机制。

（3）探讨新疆特色林果业集群农产品区域品牌提升的基本路径与策略。为新疆特色林果业农产品区域品牌的建立、培育和林果业中小企业集群及中小企业发展提供指导。

4.1.2.2 理论意义

（1）基于产业集群视角，运用多种交叉学科理论对农产品区域品牌进行理论与实证研究，对拓展农产品区域品牌及其他相关领域的研究视角具有探索性意义。

（2）较系统地建立农产品区域品牌形成机理、效应及品牌提升对策的理论分析框架。运用定性和定量相结合的方法较系统地建立新疆特色农产品区域品牌形成机理以及其对集群中小企业品牌成长的作用机制的研究模型及假设，并进行实证研究，揭示农产品区域品牌形成及其对集群中小企业品牌成长的作用机制，由此以新疆林果业为例提出新疆特色农产品区域品牌多元协同发展的路径与策略。在一定程度上填补了农产品区域品牌和农业集群理论研究的空白。

4.1.2.3 现实意义

（1）研究新疆特色农产品区域品牌形成及对集群中小企业品牌的作用机制，提出新疆林果业集群区域品牌提升的基本路径与策略建议。对新疆林果业品牌建设适应农业经济发展方式转变，提升特色农产品的市场竞争力和企业品牌竞争力，实现农民的增收、农业增效，缩小南北疆农民的收入差距，均有一定的指导、借鉴及参考价值。

（2）课题为我国欠发达地区各个层面的主体制定品牌经济发展战略提供了一定的理论支持和政策制订依据，为我国从区域品牌角度协调区域经济发展、缩小地区差距、促进中小企业发展提供新的视角。

4.1.3 国内外研究综述

Gardner B B and Levy S J（1955）较早关注了品牌研究。为适应新的经济秩序及谋求区域发展，20世纪90年代，较多国家和地区热衷于运用品牌方法来谋求竞争优势（Kavaratzis M，2005；Nobili V，2005）。目前地区品牌化的相关研究还处于初始期（Dooley G and Bowie D，2005），鉴于研究视角不同（Ranisto SK，2003），"地区品牌"术语表达尚未统一。比较常见的有Place Brand、City Brand、Regional Brand、Destination Brand。依据思想渊源与研究目的等方面的差别性，可以将国外区域品牌研究分为两个学派：一是以凯勒（Keller KL）和科特勒（Kotler P）为代表的市场营销学派，二是以迈克尔·波特（Porter ME）为代表的区域战略学派。国外区域品牌的研究对象以区域如国家、城市和旅游目的地为主，关于产业集群品牌及农业区域品牌的理论积累尚不充足（孙丽辉、毕楠、李阳，2009）。近年来，随着农产品买方市场的形成，国内外学者开始更多关注农产品区域品牌的研究，主要集中在概念辨析、构成要素、形成机理与成长路径、品牌效应、与产业集群的关系、品牌培育等方面。

4.1.3.1 区域品牌的概念内涵

Keller KL（1993）、Rainisto SK（2003）、Kavaratzis M（2005）、Allen G（2007）等国外学者以及郑秋锦等（2008）、吴传清（2010）、周发明（2007）、杨柳（2008）、梁文玲（2007）、吴菊安（2009）、黄蕾（2009）、郭克锋（2011）等国内学者从公共农产品品牌标志、特色资源、产业集群、区域形象、经济学等不同研究视角对农产品品牌的内涵和特点进行了界定和总结。

4.1.3.2 区域品牌构成要素

（1）外部品牌要素观。国外研究主要是以 Keller KL（1993）为代表从顾客角度出发的有形品牌要素理论。他认为品牌要素是立足顾客视角、加强品牌认识、促成品牌联想、提升品牌感受的品牌商标设计，主要体现为图文、音乐等形式。国内学者豆均林（2004）在此基础上把品牌要素分为基础要素、有形和无形要素，并根据其对品牌贡献构建了品牌梯形模型。王艳（2008）和马清学（2012）等学者继承了 Keller 的观点，认为农产品品牌是以农产品的产地、质量为根基，以商标、包装形象等为形式，有利于消费者识别并形成购买偏好的一种核心价值。许基南和李建军（2010）基于品牌形象角度提出品牌要素包括产品、产业、企业形象以及消费者形象和品牌个性等维度。

（2）内部品牌要素观。国外研究以 Chernatony D（1998）为代表，从品牌内部结构探讨品牌要素，认为品牌要素由特性、利益、感情回报、价值观、个性等组成。任荣（2012）认为农产品品牌核心要素主要包括特色、品质、创意等。

（3）全品牌要素观。此类观点同时考虑了品牌的内部要素结构以及外部消费者的反应。Morgan N et al（2002）认为区域品牌要素包括提供功能性利益的产品特性和非功能性利益的附加值。Kotler P（2002）等学者认为区域品牌要素由愉快、质量、安全、诚实、进步等组成。Morgan N et al（2002）还认为地区品牌结构包括地区品牌定位、地区品牌利益、地区品牌个性及联想，反映了地区品牌的组成要素。国内学者做了进一步探索，汪秀英（2006）将品牌要素分为基础要素、延伸要素、个性要素，认为其共同构成了品牌运行的价值链。陈柳钦（2008）认为区域品牌包括三个要素，区域特性（地理特征、资源或人文历史等）、品牌内涵（产品属性、个性、文化、顾客等）、产业实力（产业规模、市场占有率、技术及分工）。朱思文（2008）和马清学（2010）将农业区域品牌的组成要素概括为资源禀赋、区域文化、技术、质量标准以及人才、农业休闲娱乐和消费体验等。

4.1.3.3 区域品牌形成机理

（1）要素学派。国外学者认为区域品牌的生成因素主要包括以下几点：①品牌识别。Keller KL（1998）认为产品的同质化加大了消费者对农产品的选择识别难度。厂商要在市场竞争中依靠品牌才能获胜。Aaker DA（2000）提出品牌联想是强势品牌的必备元素。Rainisto SK（2003）认为品牌识别是构建区域品牌的核心；②产业集群的形成。Porter ME（1998）在钻石理论和集群战略中指出，"产业群"是区域经济的典型特征，区域品牌则是区域经济发展的产物及结果。Rosenfeld SA（2002）认为在市场竞争中，可以借助产业集群进行品牌识别，与竞争对手相区别。已有西班牙、加利福尼亚、新西兰等许多区域将其盛产的葡萄酒和产区联系在一起；③营销策略。Kotler P（1993）指出采用何种品牌策略是影响区域品牌创建的重要因素。Hosper GJ（2004）在分析欧洲 Oresund Region 地区时发现区域品牌资产的建立是通过区域的硬件投资以及增加软件竞争力和吸引力来实现的；④协同合作等因素。Lodge C（2002）研究了新西兰和 Ontario 两个区域品牌营销案例，发现区域政府主导下的区域组织的合作性是影响区域品牌建设成败的关键因素。以 Anholt S（2002）为代表，相关学者分析了影响地区品牌实施的其他因素，包括私人部门与政府的协同合作（Pant DR，2005）、资金扶持、区域领导规划、关键利益相关者对品牌的认可（Kerr G and Johnson S.A，2005）、地区品牌核心价值的识别（Morgan N et al. 2002）等。国内学者关于区域品牌形成的观点并不统一，夏曾玉和谢健（2003）认为打造区域品牌，合理分工、密切协作才是关键。杨建梅等（2005）认为，区域品牌形成建立在市场份额、区域文化以及区域营销三个因素基础上。顾强等（2005）认为产业集群的规模优势、专一化优势和差别优势等是区域品牌形成的主要因素。符正平（2004）认为区域品牌形成的关键因素主要包括构建动力的创建主体和企业行为。祝洎（2006）认为区域品牌的形成包括政府、市场、企业三个决定因素。何丽君（2007）指出政治、地理环境、人文等因素通过影响产业集群间接影响区域品牌的形成。郭克锋（2011）认为区域品牌是在比较优势、规模经济、外部经济和隐性契约的共同作用下形成的。

（2）模型学派。国外学者站在品牌演进和品牌关系等角度进行模型构建，对区域品牌的生成机理进行剖析。Bruso S（1990）根据集群演进过程中区域品牌呈现特点不同提出了集群两阶段模型，包括无政府干预的集群自发成长的第一阶段和政府或当地行业协会干预下的集群成长的第二阶段。他强调了集群成长到一定阶段对其进行干预的重要性。Kunde J（2000）基于品牌价值观、顾客对活动的参与程度，提出五阶段品牌信仰模型。Hankinson G（2004）提出了地区关联网络品牌模型。他认为地区品牌是由一个核心品牌和四类基于品牌体验延伸的品牌关系体现的。利益相关者群体构成者随着品牌发展和再定位而动态改变。此外 Anholt S（2002）提出国家品牌六边形模型，认为政府管理、出口、文化教育等是影响国家品牌形象的主要因素。Caldwell N and Freire JR（2004）以及 Parkerson B and Saunders J（2005）提出了城市品牌测量维度及模型。这些研究对地方层面区域品牌影响因素均具有一定借鉴意义。国内学者注重对区域品牌形成影响因素之间的逻辑关系做出分析,孙丽辉(2010)构建模型认为区域品牌形成是受产业优势、区域环境、龙头企业以及名牌产品和地方政府作用等综合因素影响。国内学者关于农产品区域品牌的影响因素模型研究主要有以下内容:杨雪莲和胡正明(2012)构建区域品牌形成概念模型,运用定量分析认为与区域品牌成长有着密切关系的因素是"区域相关产业发展"以及"区域品牌化管理",二者会影响区域品牌价值形成。刘元兵和刘春晖(2012)从共生的角度构建了内部共生单元之间的博弈各类共生模式,指出在农产品区域品牌共生态内部培育"合作共生"的共生文化、提高区域品牌价值等对策是有效形成对称互惠共生模式的必经途径。卢秀龙等(2012)则从品牌资产视角分析了我国茶叶区域品牌资产模型中品牌知名度、产地联想、品种联想、品质认知、品牌关系五个维度之间的关联关系。

4.1.3.4 区域品牌成长路径

农产品区域品牌具有主体分散、外部性影响大、产品质量不易辨别、建设时间长等特点,有关学者从区域品牌构建主体视角、区域品牌构建的过程对区域品牌成长路径做了相关研究。

(1)区域品牌构建主体视角。唐松和周建波(2012)将区域品牌分为政府主导型和市场主导型两种并分别分析了其形成机理,认为政府主导型主要通过国家政策支持,争取国家重大项目建设或招商引进而构建企业品牌群,打造特色产业区域品牌;市场主导型通过专业化产业发展形成比较优势,集群中的大企业组成寡头式产业联盟,建立专业市场、品牌获取市场优势。何吉多等(2009)认为政府、行业协会可从提升农业产业集群竞争力、环境竞争力、整合营销等方面为农产品区域品牌建设提供动力,推动其不断演化。沈鹏熠(2011)认为农产品区域品牌的建设主体集群企业、地方政府、中介机构和农户等,在品牌运行机制的支撑和建设主体共同作用下,形成了农产品区域品牌。

(2)区域品牌构建形成过程演进分析。马庆栋(2010)认为区域环境、产业优势、产品品牌在区域品牌的形成过程中发挥着主要作用。杨建梅等(2005)基于认知过程视角提出包括区域产品、区域文化、区域信仰在内的五阶段区域品牌生成路径。胡正明和蒋婷(2010)对农产品区域品牌的形成过程和发展路径做出具体分析:以自然资源为基础,在政策、劳动力、资本和技术进步等社会资源的共同推动下,形成了地方特色农产品和特色农产品区域品牌。林荣清(2008)则强调了市场需求在农产品区域品牌形成中的带动作用。此外,沈鹏熠(2011)强调了企业品牌的重要性,指出"产品品牌→企业品牌→区域品牌"

是区域品牌形成的基本路径。总之，农产品区域品牌的建立就是从企业扎堆到产业规模品牌到产业名誉品牌的实现过程（赵晶，2007）。由于经济发展和技术进步等会引起农业集群内的市场需求和供给、分工协作等发生相应变化，所以集群农产品区域品牌在不同时间呈现出不同形态（李瑞丽，2005）。

4.1.3.5 区域品牌效应

（1）国外研究。关于区域品牌的作用研究国外学者多集中于特定区域及人群。从微观视角来看，凯文·莱恩·凯勒（2003）认为随着企业间竞争加剧，品牌成为引导顾客识别不同生产厂商及销售商的产品与服务的重要工具。国外学者更多分析了区域品牌对地区乃至国家的作用。Porter ME（1998）认为区域声誉本质上是一种"准公共产品"，能够对该区域内或集群的企业竞争优势起共同促进作用。Lodge C（2002）强调了地区政府在区域品牌协同发展中的主导作用。Lundequist P and Power d（2002）通过实证研究指出，集群品牌在吸引投资、风险资本、技术工人等方面有着重要作用。可以帮助集群企业形成合力，通过协同营销建立集群品牌。英国学者 Hankinson G（2001）则认为影响区域品牌效用最大化的关键问题在于区域品牌各建设主体的营销目标不同。此外，Rosenfeld SA（2002）认为产业集群的区域品牌战略能够促进欠发达国家竞争力的有效提升。Anholt S（2006）也指出国家品牌策略是新兴经济体国家在全球化经济体系中开展竞争，摆脱发达国家原料供应地的有效策略。营销学者 Schooler RD（1965）对农产品产品原产地效应进行了研究，认为消费者的认知受产品原产地形象影响。

（2）国内研究。国内学者认为农产品区域品牌从以下几方面发挥作用及效应：对区域的整体影响。较多学者就农产品区域品牌对地区的正面效应进行了研究。陆国庆（2002）认为实施区域品牌战略，有利于促进产业集聚、生产经营者协同，能够获得持续品牌效应。张惠辛（2009）提出中国"三农"建设改变农产品在全球经济价值链地位的根本抓手是品牌建设。胡晓云和陆琪男（2010）认为农产品区域公用品牌在推进现代农业建设、农业增效，农民增收方面均具有重要作用。刘华军（2011）对我国省际截面数据进行实证分析，指出地理标志与区域农业经济的发展和农民收入之间具有较强正向关系。马超和倪自银（2011）认为区域品牌的作用表现为确定区域发展愿景、提供决策工具以及进行创造价值等。董平和苏欣（2012）认为农产品区域品牌是一个区域的"金名片"，它能提升农产品的附加值，区域的知名度、美誉度，带动相关产业发展。胡晓云等认为（2010）创建和管理区域公用品牌的作用可体现为六个

第4章 新疆特色农产品区域品牌研究——以"吐鲁番葡萄"品牌为例

层次：相关产品、区域整合力、品牌价值、带动和支持力、提升和改善作用、价值延伸等。薛桂芝（2010）总结了农产品区域品牌建设的增值效应、识别效应、产业化效应、聚集效应、品牌效应和激励效应。此外，个别学者对区域品牌的负面效应如"柠檬市场""公地悲剧"等危机现象进行了探讨。其中唐松和周建波（2008）运用路径依赖模型分析，研究认为品牌效应扩散路径背离是导致区域产业竞争力弱化的主要原因。对农产品的影响。陆国庆（2002）、周发明（2007）、刘丽和周静（2006）、章胜勇和李崇光（2007）等学者从竞争力的视角分析，认为农产品区域品牌对于降低经营成本以及提升农产品价格竞争力作用明显。洪艳（2008）、刘元兵和刘春晖（2012）、许基南和李建军（2010）等学者站在原产地视角，认为区域品牌在提高标准化程度、提升农产品竞争力、开拓农业综合性功能方面均能发挥较好作用。张光辉（2009）、郭克锋（2011）等基于经济学角度分析，认为农产品区域品牌的建立对于解决信息不对称问题有着重要意义。张可成（2008）等从消费者视角出发，指出了农产品品牌的作用体现为降低选择成本，消除市场中的逆向选择现象。田圣炳（2007）从心理学的角度分析认为原产地形象具有光环作用，它影响了消费者对产品属性的信念和对品牌的态度。对集群及企业品牌的影响研究。学者们认为农业区域品牌集群可使区域内生产经营者获取协同效应（肖淑兰和洪艳，2008；刘丽和周静，2006；张春明，2008），合力表现为弥补小农经济带来的农户分散经营、规模小、技术落后等不足（许基南、李建军，2010）；有利于企业之间的交流与合作（熊爱华，2008）；通过目标协同、战略协同、认知协同、行动协同和资源协同与区域品牌保持耦合建立品牌资产优势，为企业及产业集群发展提供支持（蒋廉雄、朱辉煌、卢泰宏，2008）。农业区域品牌集群有利于增强产业集群对外影响力（冷志明，2009；吴喜雁，2011），能够为中小企业的发展提供支持，推动产业集群发展模式的转变，促进产业集群融入全球价值链。部分学者将区域品牌对集群企业的促进作用分为直接作用和间接作用。从直接作用来看，作为区域品牌伞，农业集群区域品牌给予了有一定知名度的企业品牌方向上的指引，有助于集群内名气弱的企业品牌被市场接受（尤振来、倪颖，2013），以及促进研发创新提高企业竞争力（邵建平、任华亮，2008）。从间接作用来看，对原产地产品或服务的评价通过影响消费者消费行为，会影响原产地品牌企业的国际竞争优势（田圣炳，2006），有利于提升相关产业关联度、优化集群外部环境等。还有学者提出将直接和间接作用下形成的企业品牌竞争优势分为隐性品牌竞争力、显性品牌竞争力（吕艳玲、王兴元，2012），但并未就二者之间的关系及其作用机理展开探讨分析。

4.1.3.6 区域产业品牌与产业集群的关系

梁莹和郑江波（2010）认为应紧扣区域、产业和组织特征对二者间互动进行分析，多数学者认为产业集群与区域品牌之间存在着强烈的互动关系，认为它们之间存在着气球式的相互影响（杨柳，2008）。其中涂山峰和曹休宁（2005）认为一方面产业集群有利于区域品牌的建立，规避"柠檬问题"、制造和传播正的市场信息维护；另一方面，培育区域品牌有利于促进产业集群的持续、稳定发展。与前者观点相似，黄蕾（2009）、易正兰（2009）、丁晓晶（2012）指出农业集群是农产品区域品牌建立的天然基础，起到了品牌孵化器作用；而农产品区域品牌则为农业产业集群发展提供了外源推动力，明显提高了产业集群的竞争力。熊爱华（2008）则指出产业集群为区域品牌建立提供了有形资产，而区域品牌则代表了产业集群的无形资产，二者之间能够形成磁场效应。孙冬林、鲁兴启（2010）认为二者互动效应表现为产业集群奠定了区域品牌的内涵要素，促进区域品牌形成、管理和维护；同时在区域品牌的形成及培育过程中，通过文化内涵、约束机制、磁场效应、辐射效应等推动产业集群逐步向高级阶段发展演化。此外，部分学者强调了产业集群的重要作用。胡大立等（2005）认为产业集群是原产地品牌建立的基本条件。何吉多（2009）认为它为农产品区域品牌形成提供了内在动力、品牌传播以及品牌维护。何迪（2011）认为农业产业集群对区域品牌建设的影响主要体现在三个方面：①资源禀赋强化了品牌区域特性；②集群抗风险性奠定了长期性的品牌竞争优势；③集群成本优势有助于提升品牌附加值。

4.1.3.7 区域品牌培育研究

（1）国外研究。国外学者关于农产品区域品牌战略实施研究较多，主要包括以下几种方法：①五步法。牡纳·科耐普（2006）提出"以顾客为中心"，按照品牌的评估、承诺及规划、品牌文化培育和创造品牌优势等步骤的品牌实施方法；②七步法。Baltuch（2007）提出了区域品牌创建的"七步法"，具体包括内外部调研、品牌标识的设计及品牌精神理念、品牌包装及广告推广等；③三层次法。日本八卷俊雄（2007）将日本农产品品牌战略规划分为国家级、县级和农协级分别进行管理；④品牌关系谱模型应用。Mihailovich P（2006），Ikuta T et al（2007）利用品牌关系谱模型对不同品牌架构模式如何进行品牌培育进行研究；⑤个案分析。欧盟各国对一些成功地理标志品牌进行个案实证分析。部分学者以牛肉、葡萄酒等为研究对象，建立模型进行实证研究。其中意大利 SME（Small-Medium Enterprises）研究机构应用"质量"模型对食品区域品牌认知度进行分析。日本速水估次郎和美国拉担（2000）比较美国和日本农业品牌，指出尽管二者农业品牌化发展道路不同，但却实现了同样的资源配置高效率。此外，发达国家区域品牌的地理标志管理模式主要有以法国为代表的专门管理模式、以美国为代表的商标管理模式、以德国为代表的混合管理模式。其中以法国为代表的专门管理模式对地理标志的管理最严格。

（2）国内研究。吴水龙等（2010）以区域经济发展水平和区域品牌发展现状为指标特征，将创建区域品牌的组织模式归纳为政府主导的"推式"、企业主导的"轮轴式"和行业协会主导的"推式"三种模式。肖阳和谢远勇（2010）提出了中小企业为主体的产业集群区域品牌发育有三种基本模式：①以中小企业为主体的市场自主发育模式；②政府强势引导下的项目拉动培育模式；③基于集群优势的产业链整合模式。王光远（2009）认为产业集群品牌建设包括产业集群品牌模式、核心企业品牌模式、两者并重模式、区域品牌带动模式。黄蕾（2009）提出"产地—品牌—产品"发展模式，认为产业集群是区域品牌建设的前提和基础，政府对特色农产品的推广力度是关键，企业是品牌建设主力军，农民的品牌及质量意识是品牌建设的根本保障。熊爱华等（2008）通过对山东省几种农业集群品牌建设分析，创新性地提出市场带动型、关联产业型、历史传承型、开发链延伸型四种农业集群品牌建设模式。基于协同视角，许文萍（2011）提出了农业合作组织参与进行的地理标志协同管理模式。林阿禄和颜颖（2011）分析了基于产业集群的区域品牌的保障机制、动力机制及核心机制，即信任机制、资源共享机制及沟通协调机制，总结提出了基于产业集群的区域品牌协同模式。刘元兵和刘春晖（2012）结合共生理论对农产品区域品牌的共生机制及共生态内部共生单元之间的博弈及其对应的各类共生模式进行了探索性研究。

学者们在区域品牌、农产品区域品牌、原产地品牌及地理品牌方面进行了大量的探索，取得了一定的研究成果，为本课题的研究提供了有利的理论指导和帮助。但从研究的内容来看，国外区域品牌的概念与内容和国内区域品牌的相关内容有着显著性差异。国外研究人员大多将注意力集中于特定区域以及特定的人群研究，并且由于西方国家不像我国是典型的二元结构社会，因此国外以特定区域内的农产品品牌进行研究的成果相对较少。

此外，从国内外研究现状中还可以看到以下三点有待进一步深化和补充：一是国外已有的区域品牌理论研究更多的是借鉴传统营销理论中品牌研究的相关成果进行探索性研究。从研究的方法来看，绝大多数学者采用的是文献研究与案例研究相结合的方法展开研究，定量研究还比较薄弱。因此，在区域品牌的理论研究基础上着手开发定量研究测量工具,从而加强区域品牌的定量研究,是区域品牌今后的研究重点之一;二是国内多数研究探索区域品牌的特殊规律缺乏深度,仅限于区域品牌产生与发展活动的表面现象阐述。因此,借鉴交叉学科领域知识,系统的构建区域品牌形成机制理论分析框架体系,进而揭示区域品牌形成与区域品牌效应之间的关系、演进路径与运行机制方面的特点与规律,是亟待解决的问题;三是国内有关农产品区域品牌的实证研究,多集中在经济较发达地区,而运用交叉学科理论对欠发达地区特色农产品区域品牌的形成及其对集群中小企业品牌成长的作用研究相对欠缺。目前新疆特色农产品区域品牌的形成机理及其作用机制实证研究尚未启动。

4.1.4 主要研究思路、内容与研究方法

4.1.4.1 研究思路

借鉴农产品区域品牌理论、农业产业集群理论、品牌竞争力理论,以新疆特色林果业吐鲁番葡萄品牌为代表运用扎根理论分析,对新疆林果业集群典型区域品牌形成机理及效应展开深度探讨,梳理出区域品牌形成影响因素的构成维度,厘清了新疆特色农产品区域品牌美誉度、区域品牌效应与中小企业品牌竞争力的关系。

在此基础上,从地理维度、经济维度和社会维度构建新疆特色农产品区域品牌形成的理论模型,并基于供应链品牌协作驱动、区域文化驱动、区域文化与供应链品牌协作双驱动视角构建了三个竞争性结构模型;构建了农产品区域品牌效应(辐射效应、协作效应)对集群中小企业品牌成长(中小企业品牌竞争力及核心企业品牌发展)的作用机制理论模型;采用大样本问卷调查方法在吐鲁番盆地三大农业产业带(吐鲁番、鄯善、托克逊)区域内收集资料,运用多元回归分析、结构方程模型等方法对资料进行分析,得出研究结论;最后,从制度创新、供应链组织创新、产学研平台建设及加强品牌互动四方面提出新疆林果业集群区域品牌多元协同发展的基本框架、机制与路径。

4.1.4.2 研究内容及技术路线图

基于上述研究内容,按照提出问题、分析问题和解决问题的研究步骤提出笔者研究的技术路线,具体内容见图 4-1。

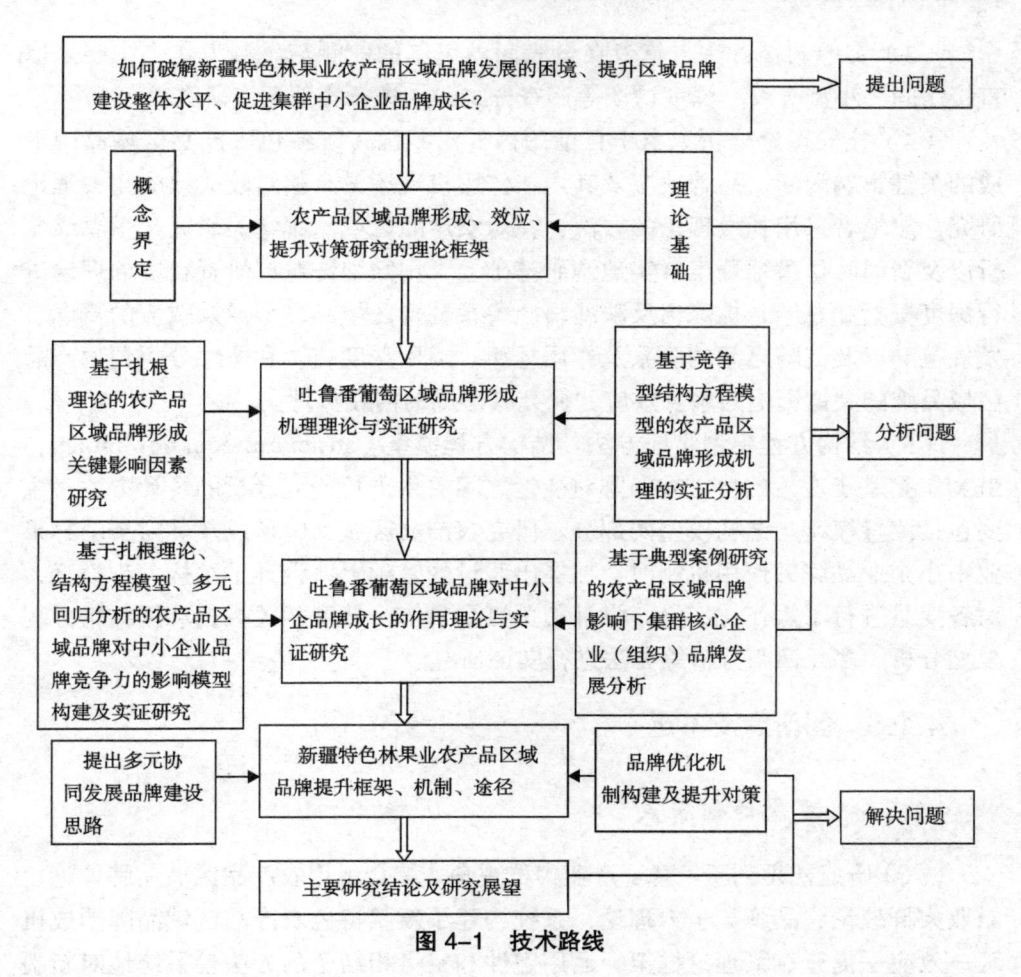

第4章 新疆特色农产品区域品牌研究——以"吐鲁番葡萄"品牌为例

图4-1 技术路线

4.1.4.3 研究方法

（1）文献梳理与规范分析。目前，国内外关于农产品区域品牌形成及作用机制方面的研究均较少。经过对大量相关国内外文献进行阅读分析，笔者吸收了不少有益成果。在此研究基础上，笔者通过对农产品区域品牌进行系统分析，提出了新疆特色农产品区域品牌的形成机理研究框架，以此为基础展开研究。

（2）案例分析方法。以新疆特色林果业葡萄集群为代表展开案例分析，对新疆典型林果业集群区域品牌形成的影响因素集群机理进行深入探讨；选取葡萄种植、葡萄干加工、葡萄酒生产三种典型的葡萄核心企业进行案例研究，从企业品牌特征、品牌市场表现、企业品牌发展模式等方面，就新疆特色农产品区域品牌对集群中小企业品牌成长的影响进行深入探讨。

（3）实地调查方法。笔者在量表问卷编制的前测与试测工作中主要采取直接访问、小型会议、深度访谈等调查方式深入进行实地调查研究。

（4）扎根理论分析。由于目前国内外对我国传统特色农产品区域品牌形成的关键影响因素、品牌效应及其内在作用机理还没有相对较成熟的相关理论研究，故笔者采用扎根理论的方法，在对农产品区域品牌相关研究文献总结分析以及新疆吐鲁番葡萄集群实地调研基础上，用归纳法对调研资料中的理论进行深度概括和总结，提炼出反映新疆吐鲁番葡萄区域品牌形成及效应的概念、发展范畴以及范畴之间的联系及作用规律。运用深度访谈和质性分析葡萄产品区域品牌的关键影响因素及效应，探究其形成的内在机理。

（5）结构方程模型实证方法。结构方程模型（structural equation model，SEM）是基于变量的协方差矩阵对变量之间关系进行研究分析的统计方法，主要包括测量模型与结构模型两部分。研究农产品区域品牌形成及其对新疆林果业中小企业品牌的作用机制时，在提出假设的基础上，设计了结构方程模型，对各变量进行了操作化定义，设计相关测量量表，搜集相关数据利用结构方程模型分析、多元回归分析等方法进行实证研究。

4.1.5　创新点及不足

4.1.5.1　可能的创新点

（1）研究视角创新。基于产业集群视角，综合运用农产品区域品牌理论、农业集群理论、品牌竞争力理论，系统构建了新疆特色农产品区域品牌形成机理—效应—提升对策理论框架，运用定性和定量相结合的方法较系统地对新疆特色农产品区域品牌形成机理以及其对集群中小企业品牌成长的作用机制进行研究。尤其是运用扎根理论分析，对新疆林果业集群典型区域品牌形成机理及效应进行探索性研究，构建相应的理论模型；基于供应链品牌协作驱动、区域文化驱动、区域文化与供应链品牌协作双驱动视角构建了三个竞争性结构模型对区域品牌形成机理进行深入分析；从中小企业的品牌竞争力、核心企业的品牌发展两方面探究农产品区域品牌效应，这在现有的研究中并不多见。其丰富了农产品区域品牌领域及其他相关领域的研究内容。

（2）研究结论有一定新意。运用定性、定量分析相结合的研究方法，探讨了吐鲁番葡萄区域品牌形成机理。认为其区域品牌形成的核心动力是以资源优势为依托，通过区域文化的影响和塑造带来的，而集群供应链的推动作用还未能发挥，政府对区域品牌的直接推动作用和影响力明显不足。由于以追求"资源优势"为导向,从而导致其区域品牌多限于初级农产品,集群发展缓慢,品牌竞争力不强。这加深了关于吐鲁番葡萄区域品牌形成原因的解释力及研究深度。研究指出新疆特色农产品区域品牌对中小企业品牌竞争力的推动有两条基本路径。包括通过其品牌声望、品牌地位等直接推进中小企业品牌竞争力提升的直接路径和通过区域品牌美誉度提升后形成辐射效应和协作效应进而推进中小企业品牌竞争力提升的间接路径,并且"农产品区域品牌美誉度—辐射效应—企业显性品牌竞争力"的路径效应明显高于"农产品区域品牌美誉度—协作效应—企业隐性品牌竞争力"的路径效应。为新疆特色林果业及我国传统特色农业集群指导特色农产品区域品牌的建立、培育及中小企业品牌发展提供了新思路。

4.1.5.2 研究的不足之处

(1) 以往的研究多从定性的角度或单个角度分析区域品牌形成及其区域品牌效应,本研究综合借鉴经济学、管理学等多种理论,系统构建新疆特色农产品区域品牌形成及作用机制理论模型及与之配套的指标体系进行定量分析。但由于没有现成的分析框架及测量量表供参考与借鉴,因此,笔者在模型的构建及量表的设计上难免存在一些疏漏。

(2) 农产品区域品牌建设主体的多样性和形成的复杂性给样本选取和数据收集带来困难。尽管作者通过各种途径尽可能地取得本课题所需要的新疆特色农产品区域品牌的相关数据资料。但由于笔者精力和调研条件制约,研究仅对吐鲁番葡萄集群进行了深入调研,样本类别不够丰富,区域分布不够广泛,在一定程度上影响了研究数据的质量。这对研究结论的说服力有一定程度的影响。

4.2 农产品区域品牌研究的基本概念及理论基础

4.2.1 相关概念

4.2.1.1 农产品区域品牌内涵

学者们从 20 世纪 80 年代起开始涉足区域品牌研究,研究重点集中在区域形象留给公众的认知及影响，案例分析较多，理论研究落后于实践。关于区域品牌的概念内涵、基本属性以及将产业集群与区域品牌结合讨论的文献并不系统。

关于区域品牌的内涵，Frost（2004）认为区域品牌和产品品牌非常相似，但是"用一个定义来描述区域品牌本身所涵盖的全部信息相当困难"。代表性研究包括以 Porter M E（1998）为代表的研究者们采用"声誉"这一概念表示产业集群品牌资产。Gilmore F（2002）认为可以使用"核心竞争力"指标对区域品牌资产进行评估。Rainisto S K（2003）认为区域品牌是因名称、标志、包装、声望等因素综合作用而产生的地理区域吸引力。Kavaratzis M（2005）认为"区域品牌是在公众大脑里浮现出的独特联想，它受功能、情感、关系和战略等要素共同影响"。法国学者 Stephen C and David M（2013）以香槟为例，认为区域品牌本质上是依附于某一地域而形成的集体品牌。

目前国内学者所使用的"区域品牌""区域产业集群品牌"和"集群品牌"等不同的区域品牌称谓指同一事物（吴传清，2010）。理论界普遍采用"区域品牌""区位品牌""集群品牌"等概念，官方文件常提到"区域品牌"这一术语（全清、杨晓芹，2008）。关于农产品区域品牌的内涵，多数学者认为它是拥有独特的自然资源、种植方式、悠久加工工艺的农产品，在区域内政府机构、行业中介组织或农产品龙头企业等建设主体有序运营与管理下建成的具有鲜明区域特征的品牌集合（郑秋锦等，2008）。它具备"区域""产业""品牌"三大典型特征，具有公共产品属性（吴传清等，2011）。

具体来看，我国学者对农产品区域品牌概念的解释主要包括以下几种代表性观点：

第一，地理标志观。农产品区域品牌是区域内生产经营主体进行品牌建设时使用的"公共品牌标志"，它是地区特色产品及特定产业的身份标志与象征（董雅丽、白会芳，2007）。

第二，特色资源观。农业地理品牌是一定地域的稀缺资源、区域地理特色以及区域文化的综合体现（杨柳，2008）。

第三，产业集群观。农产品区域品牌的形成与产业集群发展密切相关（胡大立，2006；梁文玲，2007）。它立足产业集群，通过促进农业产业化，带动涉农龙头企业和农户共同创建区域优质农产品品牌，促进了农产品市场竞争力及区域经济增长（刘丽、周静，2008）。

第四，品牌观。它是以区域、产业、产品名称综合标示的区域集体品牌及产业声誉（赵军、邢明军，2008），是区域企业品牌的集体行为，代表该区域某一产品（行业）在一定范围具有较高的知名度和美誉度。

第五，区域形象观。农产品区域品牌是代表区域形象的无形资产和地理名片，体现了区域内的具有较高声誉和影响力的产品或产业的整体形象（许基南，2002；周发明，2006）。其形象呈现动态变化，受区域要素、区域定位及竞争等因素影响（曾建明，2010）。

第六，契约观。郭克锋（2011）从经济学视角提出农产品区域品牌是在农产品的生产者和消费者之间建立形成的基于信任的隐性契约，它以区域口碑、信誉和沉没成本为产品品质提供担保，降低了消费者的选择不确定性。

结合相关学者的研究，笔者认为农产品区域品牌指在一定的地理区域，以地理标志为主，具有较高的市场占有率、知名度和美誉度的集体公共品牌。一般由"地理名＋产业名或产品名"组成。它以特色产业为基础，以集群人文历史为背景，通过政府、中介服务机构推动及集群企业的竞争与合作，整合集群优势资源，提高农业集群的产品、服务等经营要素层次而形成的产业特色与声誉。

4.2.1.2 农产品区域品牌的特征

（1）地域依赖性。由于农产品的种植和生产对自然资源条件有着较强依赖性，因而农产品区域品牌的产品生产与特定产地密切相连，受区域人文历史、地理资源、经济发展条件及政策等影响，其与一般产品差异明显，品质、特色呈现鲜明的地域特点。天然的、难以复制的地理条件有利于构建消费者识别体系，为其进行差异化品牌定位奠定了良好基础。脱离了特定的区域，产品会丧失原有的特色、品质和价值，产品的市场认知度将随之大幅降低（胡正明、蒋婷，2010）。

（2）一定的产业集群基础。品牌形成的前提是农产品规模化的空间集聚。农产品区域品牌是以特色产业为基础，借助集群的外部性、集聚性、弹性、专精性、根植性等，在产业的技术水平、生产规模、市场占有率等方面形成竞争优势而逐步形成的。它嵌入农业集群的社会关系和经济关系中，是经济网络、社会网络、创新网络及品牌网络的统一复合体。

（3）准公共产品属性。在本地区范围内，农产品区域品牌具有非竞争性、非排他性和品牌共享的特性，分散的小规模经营农户和企业能够通过"区域品牌"分享资源及品牌带来的增值收益。在本地区范围外，则呈现出竞争性、排他性和无权共享品牌的特点，呈现典型的准公共产品特征（保罗·萨缪尔森，1999）。区域品牌的公共性和共享性受一定地域范围的限制，这种差异化强化了农产品的比较优势，受到严格法律保护。这种排他性可以通过地方政府强化产品质量认证来实现。它实质是通过为该农产品设置一定的品牌壁垒来提升区域内农产品的品牌竞争力的。

（4）品牌的文化属性。在一定的人文历史背景及文化内涵基础上建立起来的农产品区域品牌，是市场竞争中在竞争压力的逼迫下地缘文化相近的区域内的品牌联合（孙凤芝等，2013）。农业生产经营者将社会文化资源进行整合融入产品，产品的价值和文化表现为依附于产品品牌的特定区域的习俗、价值观、制度文化等，呈现出区域独特的文化特色、历史传承以及人文精神，具有鲜明的区域文化特性（王艳，2008）。品牌文化带来的"品牌溢价"远远优于普通农产品，能够赢得消费者对特色农产品的认同感，提高顾客忠诚度，对消费者购买行为和偏好产生深远影响。

（5）品牌效应。农产品区域品牌本质是一种无形资产，它代表了某一地区产业产品的"脸面"和整体品牌形象，是一张地理经济名片，具有天然的品牌特性和品牌吸引力。产业集群"推进"了区域品牌形成，区域品牌的品牌效应则"拉动"了产业集群品牌发展（王延臣等，2012）。它通过品牌外部性的"声誉效应"使区域内的农产品及企业获得美好形象，能够产生晕轮效应。品牌效应表现为市场集聚、产业资本集中、信息传递、关联产业带动（李永刚，2005）。能够帮助区域内企业降低生产和营销成本，为其撑起区域"品牌伞"，还有利于农产品区域品牌关联方基于社会化分工形成合作竞争与互动的协同效应（张春明，2008），进而提高集群的行业品牌影响力。当然也会出现一些不良经济行为，就会产生"柠檬市场"以及损害区域品牌形象的品牌株连效应。

（6）以政府干预为特征的多元主体。农产品品牌的运营主体呈现出多元化的特点，包括政府、行业协会、品牌企业等，受政府干预程度高（黄蕾，2009）。由于我国的传统农业集群居多，且处于经济欠发达地区，农业品牌经济的建设滞后，加上行业协会等中介机构的力量薄弱的原因，由此形成了以政府为主导的农产品区域品牌推进主体。而建设主体呈多样分散性特点，导致产权主体模糊，区域品牌维护非常困难，品牌建设中的驱动力不强。建设主体的行为容易带来正、负外部效应，提升或损害区域品牌形象。

4.2.1.3 农产品区域品牌与地理标志

WTO知识产权协议《与贸易有关的知识产权协议》（TRIPS）首先界定地理标志概念："地理标志是证明某一产品来源于某一成员、地区或地点的标志。其特定品质、声誉及其他特点主要归因于该地理来源。"我国《农产品地理标志管理办法》也对其有定义：来源于某一特定地域，具有独特产品品质和特性，以地域冠名的农产品标识，具体由无公害产品标志、绿色食品标志和有机食品标志等组成。从目前研究来看，学者们对其二者并未做出严格区分，部分学者认为地理品牌即是区域品牌的另一种表达形式。

一般认为地理标志是区域品牌的雏形和形成根基。二者的共性表现为区域特性、不完全的共有产权及品牌特征（陈蓁、吴传清，2012）。区域特定的气候和土壤等区位资源禀赋是两者形成的基础条件（胡铭，2008）。主体分散性决定了它们的准公共产品基本属性，质量标志、信誉标志蕴含着极大的市场潜力和品牌效应。部分学者指出地理标志是农产品区域品牌形成的重要来源之一（苏悦娟，2013）。要将地理品牌转换成区域品牌需要实施产业化战略，培育产业集群（吴家灿、李蔚，2013）。

二者在建设主体及来源、规模、效应方面有一定差异。

（1）从产权归属主体分析。地理标志是一种法律上认可的知识产权，其所有者是地方政府部门。区域品牌的形成包括法律认可、行业认可、市场认可，其中行业认可最普遍。法律认可是以地理商标注册的形式存在的，按区域品牌行使主体不同，包括政府主导模式、企业主导模式和行业协会主导模式。

（2）从形成来源来看。区域品牌的出现包括自然资源因素、科技因素、政策因素等。对资源型集群来说，地理品牌的出现要远早于区域品牌，它在区域品牌形成的初期就已经存在。对非资源型集群来说，二者并不关联。

（3）从规模基础来看，地理品牌的形成对产业规模大小并无要求，但却要求有一定的品牌声望；而区域品牌的形成则要求同时具有一定的品牌声望和产业规模。区域品牌的出现，一般要经历产业化发展过程（吴家灿、李蔚，2013）。

（4）二者都有"名片"作用，具有增值效应、保护效应、晕轮效应等"原产地效应"。由于原产地标识的农产品区域品牌多为初级加工农产品，区域品牌的推广作用使其具有放大并催化这种效应的功效，附加值更高。

4.2.1.4 农产品区域品牌与企业品牌、产品品牌

根据美国市场营销协会的定义，产品品牌指一种名称、标记、符号及其组合运用，其目的是使某一产品、服务与竞争对手相区别。企业品牌是不仅在产品、服务和顾客感受方面能够满足顾客需求，而且能够代表企业形象的企业产品。国外较多学者研究区域品牌来源地的区域形象对企业产品品牌的影响，即原产国效应。Bruwer and Johnson（2010）探讨了美国加州葡萄酒产业原产地

品牌对消费者购买意向的影响，认为消费者往往利用区域信息对葡萄酒品牌质量做出评价，指出应该对高介入消费者进行重点营销。Iversen and Hem（2008）从区域品牌伞的作用出发，主要探讨政府主导下的区域品牌形象对产业集群内企业的影响。日本学者 Ikuta、Yukawa and Hamasaki（2007）从区域品牌与区域内单个品牌的关系出发，对日本国十二个辖区和城市进行案例研究，探讨了区域品牌化发展的四类具体策略。国内学者的研究重点主要集中于区域品牌与企业品牌的比较和分类以及两者之间的相互作用上。

（1）农产品区域品牌、产品品牌、企业品牌都具有品牌特性，都具有品牌标识，建设目标基本一致，即满足消费者消费需求，通过增强农产品的影响力和美誉度来提升农产品的竞争力，提高农户及企业的收入水平。

（2）产品品牌、企业品牌与区域品牌之间存在互相依存、互相贡献的紧密联系。企业品牌的建立以产品品牌为依附基础。区域品牌的形成是建立在集群内的企业聚集效应和产业发展优势上，企业品牌是区域品牌建立的支撑和"根基"，有利于品牌发展延伸。产业集群品牌与企业品牌之间存在着价值互动。区域品牌效应对企业品牌成长能产生有益贡献。作为产业内的无形资产，区域品牌为区域企业品牌发展提供较强外部保障，有助于推动集群内企业品牌合作，帮助企业规范发展，通过提升优势企业实力带动产业集群的规模扩张，实现从品牌企业、品牌产业向区域品牌转型发展。在品牌生命周期的不同阶段，其相互影响和功效有所不同。

（3）企业品牌是农产品区域品牌形成的基础，产品品牌则是企业品牌形成的前提。产品品牌、企业品牌、区域品牌是品牌建设的三个必经阶段，彼此相互促进。在企业弱小时要放大区域品牌的名牌效应而借势发展，在企业强大时则应该发挥企业的品牌竞争力优势。从农业集群发展来看，要走品牌联合发展的道路，即以龙头企业为核心，联合小企业组成联合体，如合作社、大型企业集团等，进行企业整合，统一企业产品品牌。同时借农产品区域品牌口碑，带领骨干企业开辟国内外市场。

区域品牌、企业品牌、产品品牌在依附载体、产品性质、品牌主体、品牌效应等方面存在着一定的差异（夏曾玉、谢健，2003；徐灵枝，2005）。主要区别有以下几点：

第一，品牌载体不同。产品品牌、企业品牌、区域品牌分别以单个产品、企业和产业集群为品牌载体。并且农产品区域品牌的形成依附性于特定区域产业，在其他生产区域产业无法复制和延伸，不能进行品牌资产交易。而产品品牌和企业品牌对特定产业区域并无一定依附性，可以独立存在，其品牌建设密切依赖生产加工设施、技术水平、售后服务等环节，能够进行品牌延伸和品牌资产交易。

第二，产品性质不同。区域品牌产品属于准公共产品，在一定范围内具有非排斥性、非竞争性以及外部性等特征，而企业品牌和产品品牌属于私有产品，具有严格的排斥性和竞争性。

第三，品牌效应不同。以地理标志为基础的农产品区域品牌，因其"地理特色"的垄断性，带来一般农产品、企业品牌及产品品牌所不具有的较强增值和溢价功能，蕴藏着较大的规模效应和范围经济效应、品牌效应，但同时也存在株连风险。

第四，品牌主体不同。企业、政府、行业协会、专业合作组织等组成了农产品区域品牌建设主体，具有广泛性，这些主体在共享利益和分担风险的同时，也存在一定的利益矛盾和冲突，可能导致品牌建设动力不足，容易形成"真空地带"。因此，区域品牌在品牌维护及管理方式上与企业品牌管理明显不同。企业品牌建设主体呈现"唯一性"，品牌权归属企业，具有品牌专属性，企业建设自身品牌的动力较强。随着农业集群的品牌发展重点由产品品牌、企业品牌向区域品牌演变，品牌建设主体之一政府的品牌关注重点会由提高农产品产量、促进企业发展向推动区域发展转变（王军、李鑫，2014）。

第五，品牌文化不同。区域品牌所蕴含的文化是"区域文化"的象征，代表区域形象和区域公共品牌的美誉度，具有传承区域特色文化的功能，具备深厚的文化底蕴，生命力强，具有持久影响力。农业企业品牌文化及其产品文化主要借用区域品牌文化或企业文化的精华对农产品进行品牌定位，一般只涉及本企业的产品与服务。

第六，品牌保护模式不同。农产品区域品牌保护一般采用"商标注册+行业协会"管理方式，由行业协会负责品牌保护及管理工作，并与企业密切联系，推广宣传区域品牌。因其公共性特点，品牌管理和保护难度大。农业企业品牌保护采用"商标注册+企业"的方式。由企业自己的品牌管理部门负责品牌保护及管理、推广，品牌管理和保护相对容易。

产品品牌、企业品牌、区域品牌之间既有区别，又相互关联，怎样把三者尤其是后两者结合成一个交互发展的高效统一体，是推动农产品区域品牌发展和拓展企业品牌的重要问题。

4.2.2 特色农产品区域品牌结构组成

4.2.2.1 特色农业集群组成结构

农产品区域品牌的形成与农业集群之间有着密切关联。农业集群为农产品区域品牌的形成提供了物质载体,并且有利于农产品区域品牌的维护和传播。农产品集群的规模和特征,决定了农产品区域品牌的成长特性。因此,要立足于特色农业集群来分析特色农产品区域品牌结构。

从集群网络视角来看,孙剑和龚自立(2010)认为特色农业集群本质上由交易网络、创新网络、社会资本网络组成。集群的网络化发展程度说明了产业集群发展的成熟度,它决定着产业集群效应。交易网络指农业集群内部企业间由于专业化分工与协作,以及共享知识技术和市场信息而建立起的相互关联,主要指集群企业横、纵向协作组成的集群供应链生产网络。其中农业集群的垂直供应链由农业物资供应商、生产基地、龙头加工企业、配套小微企业、农产品经销公司等构成。企业间通过物流、资金流、信息流发生交流联系,进行竞争和合作。农业龙头企业和配套小微企业形成了一条水平供应链,农业合作社、中介服务机构以农业生产基地为中心形成了另一条水平供应链(高峰、朱景丽、王学真,2008),详见图4-2所示。

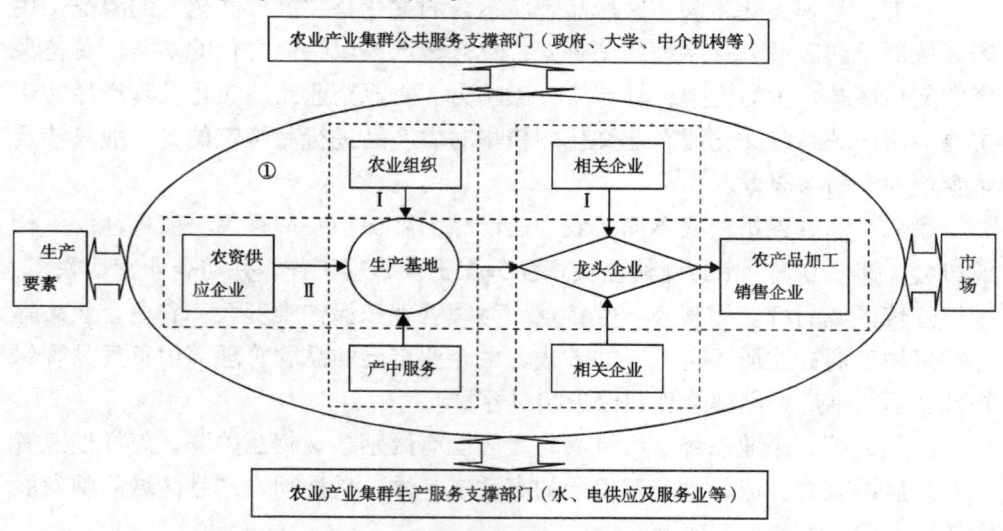

图4-2 农业产业集群组成结构

交易网络的形成有利于企业发展规模经济、节约交易成本。创新网络是企业、科研单位、政府部门、其他中介机构之间由于知识流动而建立的一种信息交流与合作关系,是促进产业集群创新水平提高的重要基础。根植于地区社会

第4章 新疆特色农产品区域品牌研究——以"吐鲁番葡萄"品牌为例

文化之中,社会资本网络渗透于交易网络和创新网络之中,是在农业集群建设主体间形成的一种集群制度、价值观、文化等的认同关系。它影响着农业集群建设主体之间的联系密切性、知识溢出和交易成本降低程度。创新网络和社会网络为以供应链为主的经济交易网络创造了发展基础条件,为农业集群网络系统形成奠定了良好的创新氛围、产业信任环境,促使集群供应链网络提高了对市场的掌控能力,加强了组织稳定性,保障了其在市场中的主导作用发挥,从而使整个农业集群在宏观上保持了稳定,微观上具有效率(董敏、倪卫红、胡汉辉,2003)。

从农业集群层次构成来看,在微观层次上,存在着集群企业和辅助支持机构之间的协同演化;在中观层面上,相似企业组成的产业种群之间存在着协同演化;在宏观层面上,产业集群与外部环境之间存在着协同演化。产业分工、制度、集聚、竞争协同等综合效应决定了产业集群能有效地降低成本和促进创新(赵进,2011)(图4-3)。

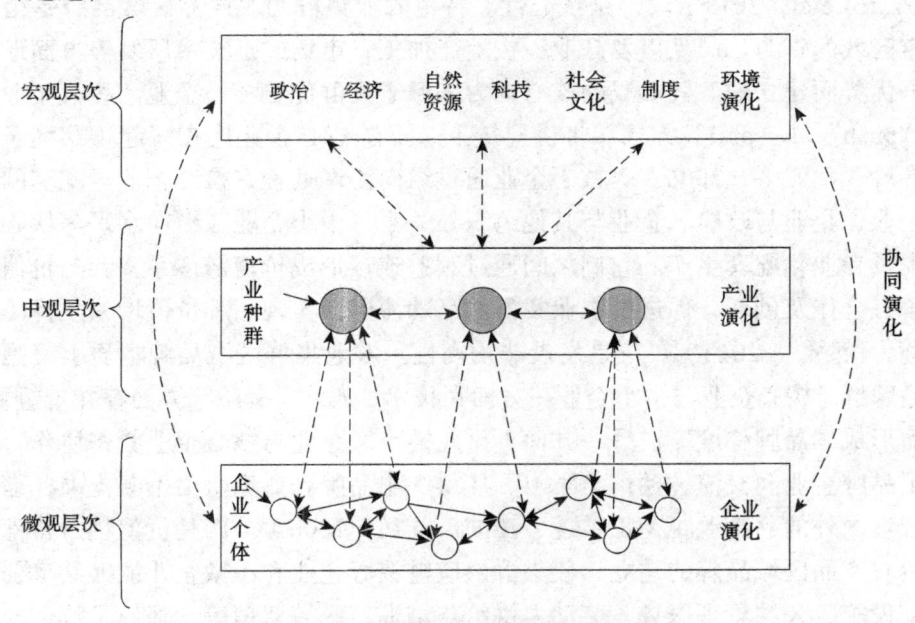

图4-3 产业集群三个层次的协同演化

在此基础上,笔者认为可以将农业集群分为区域环境网络、学习型区域网络和供应链生产网络三个层次。区域环境网络包括特色资源禀赋、地理标志、政府建设为主的区域公共环境。学习型区域网络由区域文化引领的社会网络组成。供应链生产网络是核心,由集群的微观企业组成的供应链生产网络组成。三个网络分别为农产品区域品牌的建立提供了资源基础、创新空间、价值创造平台。

4.2.2.2 特色农产品区域品牌组成结构

从品牌内部层次结构来看，其分为价值层—品牌文化、核心层—集群供应链、环境层—自然资源、物流基础设施及制度环境等。环境层位于环境网络，核心层位于交易网络，价值层位于创新网络，分别构建了特色农产品区域品牌的地理资源禀赋与政策优势、基于集群价值链的品牌价值创造优势以及品牌文化营销优势。

特色农产品区域品牌的构成呈现出四个基本特点：一是协作关联性。农产品区域品的建立促进了特色农业集群的企业在龙头企业与其周围企业进行专业分工与协作，建立其横、纵向联系，形成了纵横交叉的协作网络。（黄喜忠、杨建梅，2009），在此基础上帮助企业之间以及企业与政府、协会等之间形成了相对稳定的区域品牌网络关系，有效遏制了区域农产品品牌之间的恶性竞争（黎继子、刘春玲、常亚平，2006），同时促进企业品牌化发展（Tim Mazzarol etal，2013）。二是核心性。特色农业集群的农产品区域品牌是由于特定区域的资源、产品以及产业，在生产加工、市场或是技术研发等方面形成竞争优势而建立的。其形成的核心动力来源于集群优势核心企业。核心企业通过"push"和"pull"方式，将供应链上、下游核心企业连在一起（黎继子、刘春玲、常亚平，2006）。核心企业通过纵向协调处理好核心企业与配套的中小企业、企业与政府、企业与其他组织的关系，中小企业在横向水平为核心企业提供专业化配套生产。它们之间通过利益连接形成价值链体系，参与价值链竞争、合作及创新，促进了农业集群的品牌协同，实现品牌价值增值发挥（张月莉、郝放，2013）。三是发展非均衡性。农业集群区域品牌本质上就是一个品牌群。核心企业与中小企业一方面在技术、人才、资源等方面存在着势差，故而形成"品牌梯度"；另一方面，供应链小微企业与核心企业紧密协作，促进了品牌企业间交流、模仿与学习，使得中小品牌企业竞争力不断提高，缩小了区域内外的品牌差距（王雪莲、汪波、刘兵，2006）。四是价值创造特性。特色农产品区域品牌的建立，使集群供应链核心企业和小微企业能够共享公共基础设施、公共管理服务、劳动力供给与培训、区域营销等，降低了特色农产品的品牌经营成本，增加了其产品附加值，有利于促进集群产业链延伸，实现品牌多元化增值。

4.2.3 相关理论基础

4.2.3.1 农业产业集群理论

自20世纪70年代，国外学者们就开始热衷于产业集群研究，立足于经济学、地理学、管理学、社会学等不同学科领域，研究重点集中在产业集群的内涵、形成机制、基本特征、发展模式、集群与创新等方面（王缉慈，2001）。其研究划分为工业化前期、工业化后期、知识经济三个阶段。产业集群研究从早期单一的区位与企业关系，发展延伸为市场、产业、区域社会文化、制度、中间性组织（中介机构、合作社、供应链）、政府间多种交织复杂关系（岳军，2002）。早期代表性研究包括阿弗里德·马歇尔（2005）产业区理论、亚当·斯密（1974）专业分工理论、韦伯（1997）的集聚经济理论以及帕鲁增长极理论，研究重点是企业间的物质联系，尤其是外部经济对集群的影响；中期以Porte M E（1998）的新竞争经济理论和Krugman P（2000）的新经济地理理论、Coase R H（1960）的新制度经济学理论、Granoverttor（1985）的新社会经济学派理论为代表，主要关注企业间的交易成本、竞争合作、区域社会文化对集群的作用等；后期研究主要关注知识因素对集群创新的影响，代表性研究是熊彼特（Schumpeter J A，1934）的区域创新系统理论（龚双红，2006；尤振来、刘应宗，2008）。从本质上看，产业集群具备四个典型特点：一是空间属性，即地理集聚性；二是经济属性，集群主体中的专业化主辅机构具有高度相关性，形成产业链增值网络；三是社会属性，即本地根植性。产业集群的形成受区域内的价值观念、人际关系、社会文化等因素制约；四是系统属性，即相互协同性，集群主体相互联系、相互制约、相互依赖形成协同发展，使产业集群发挥降低成本、加速创新的功能（李辉、张旭明，2006）。产业集群发展的动力机制由内源动力机制和外源动力机制组成。内源动力机制包括产业价值链、社会资本网络、外部经济、集群技术创新等因素；外源动力机制包括政府行为、外部竞争、区域创新环境以及制度文化等因素（侯志茹，2008）。

农业产业集群是产业集群这一组织形态与农业生产结合的一种探索模式。Davis J H and Goldberg R A（1957）较早提出了"农业一体化"概念，强调产供销环节结合。国际经合组织（OECD）对农业产业集群的概念进行界定：在地理上相互临近、以生产和加工农产品为主、由于共性或互补性而形成整体的企业及机构。它具体包括农业生产、加工、支持服务体系（State of Oklahoma，2005）。学者们关注的重点是农业集群的品牌效应（Sommers，2001）以及集群网络（Cho，2004），Korea Rural Economic Institute（2005）

进行集群政策研究，Mueller and Sumner（2005）、vezer（1997）等关注农产品加工集群实证研究。国外已被广泛研究的有荷兰花卉产业、丹麦养猪业、智利苹果产业以及英国肉产业集群。国内研究涉及农业集群的概念内涵、机制和模式等方面，尚处于研究起步阶段。国内农业集群研究偏重理论层面，定量的系统研究偏少（滕祖华、王慧，2012）。学者们认为农业产业集群是立足生态农业产业链或价值链的密切协作的一组有机组织（郑军，2008），是龙头企业发挥农业生产比较优势，在地域和空间上形成的高度集合（尹成杰，2006）。农业产业集群式供应链是具有组织灵活性、信息通畅性、企业协作性等特征的网络组织。在目标建立及组织运作、市场整合、知识形成以及扩散等方面形成一体化效应（杨瑾、尤建新、蔡依平，2006），有利于组织效率提高。产业积聚与供应链联盟协同发展是未来产业和企业获得竞争力的动力和源泉（程国平、刘璠，2005）。

从其形成驱动力来看，农业资源禀赋是农业产业集群生存和发展的物质基础和内在诱因。聚集效应、分工效应、协作效应是其形成的市场力量；消费需求是决定因素；龙头企业带动、政府推动起促进作用；路径依赖是其形成的制度因素。总之，农业产业集群是在区域特色资源禀赋的基础上，在相应的动力机制作用下而形成的（姚春玲，2013。）我国农业集群主要面临以下问题：产品以资源型、粗放型和低附加值型为主。主要存在缺乏政府合理战略规划，集群存在恶性竞争和衰退现象（刘恒江、陈继祥，2005）；农业产业链条短而不紧密专业化分工不发达、龙头企业品牌少，与集群内其他小微企业的产业关联度较低；技术和管理人才素质低下、集群内的中介组织、社会化服务体系不健全，创新能力有待提高（张小青，2009）。农产品区域品牌是产业集群发展的高级形式，集群区域品牌建设不失为一条多方共赢、并且能显著提升集群竞争优势的重要经济发展路径。从集群空间属性、经济属性、社会属性、系统属性出发，本文认为农业集群的农产品区域品牌的形成是集群的资源禀赋、企业组织、政府、社会资本（区域文化）等要素协同发展的产物。对农产品区域品牌的形成机理及效应进行探索研究，有利于探索摆脱我国传统农业集群目前的低层次发展的劣势向专业化产业区发展转变，进而建立区域农业品牌优势，推动全球价值链背景下中国农业产业转型升级（郑风田、程郁，2005）。这也正是本文研究的核心依据。同时，区域品牌的形成离不开集群微观主体供应链组织的发展与创新。供应链的核心企业及集群中小企业在区域品牌建设中的贡献是什么，区域品牌效应对其会产生何种品牌效应，它们的反应如何。对以上问题的探讨，对于改善农产品供应链管理和提升集群供应链品牌价值创造力均有重要现实意义。

4.2.3.2 品牌竞争力理论

品牌是使某种产品和服务与竞争对手相区分的产品名称或标记（kotler P，2002）。国外学者们从 Keller、Aaker DavidA、kotler 等分别从品牌差异性、契约关系、顾客价值及资源整合视角、品牌竞争力内涵展开研究。布朗（1995）认为创建品牌竞争形象的关键是建立强大联想，使品牌演变成传递产品特性的一组符号，为此应该重视信息资料的质量和企业传播品牌信息的有效性。Chernatory D（1998）认为取得品牌竞争力的关键是通过提高品牌产品的附加价值实现品牌溢价，更好地为顾客服务。Rubinstein（1995）对品牌核心价值进行了研究，强调了制定品牌建设大纲或宪章的重要性，对品牌宪章、品牌要素及品牌对组织的影响进行了具体论述。我国学者李光斗（2004）认为品牌竞争力主要包含品牌的市场力、核心力、领导力以及忠诚力等。它是品牌市场影响力大、占有率高、生命力强的深层原因。季六祥（2003）基于全球化、生态观，建立了包括企业核心层、产业、区域、国家群落层、国经济社会环境和全球化生态圈构成的广义品牌竞争力的架构。

关于品牌竞争力评价指标及评价方法。国外的研究主要包括 Interbrand 模型、Aake 模型、全球资产模型和 Keller 模型。国内现有的评价指标体系研究包括消费者决定论、企业决定论、市场决定论三种观点。消费者决定论认为要从测量顾客对品牌认知出发建立指标体系，如品牌知名度、品牌满意度以及品牌联想、品牌忠诚体系（韩福荣、赵红、赵宇彤，2008）。企业决定论认为评价指标选取取决于企业的管理要素和能力，如品牌基础能力、管理能力以及品牌市场能力等（白玉、邴红艳，2002；汪波、高辉，2006）。市场决定论认为应该选取品牌在市场上的经营成果建立指标。评价指标主要有市场占有率、利润率、发展潜力、品牌价值力等（张世贤，1996；余明阳、刘春章，2006）。

关于品牌竞争力形成机理。胡大立（2005）认为品牌竞争力形成来源于品牌差别优势。企业具备良好的素质、知识、资源和能力，产生良好的服务、产品及市场优势，并将其进行转化被顾客所感知，因此形成了品牌竞争力。吕艳玲、王兴元（2012）认为显性和隐性品牌竞争力是品牌竞争力的两种重要类型。显性品牌竞争力重点衡量品牌在市场竞争中的成果，代表了其表征。隐性品牌竞争力反映企业的差别化优势，是品牌竞争力的本源。二者分别构成的品牌竞争力的"流"和"源"。并提出了一个品牌竞争力形成演化的动态机理模型，认为品牌竞争力的构成要素和指标包括品牌意识、资源和能力、显性和隐性品牌竞争力以及品牌生态环境等。从目前研究来看，对品牌竞争力形成机理的探讨和研究很少见，目前尚未对品牌竞争力评价体系进行全面、系统的研究。企业品牌竞争力的形成不仅受消费者因素的影响，而且受到企业运作系统、产业环境和社会环境及支持体系的影响，而这方面研究相对而言学者们关注得并不多。笔者由此基于企业、市场、消费者综合视角构建了企业品牌竞争力指标体系，对企业显性和隐性品牌竞争力形成机理做进一步探讨。

4.2.4 本章小结

笔者对农产品区域品牌等相关概念进行了界定和辨析，并对相关理论进行了介绍。具体而言，笔者分析了农产品区域品牌内涵、基本特征及与企业品牌、产品品牌的区别、区域品牌组成结构等；介绍了农产品区域品牌研究的相关理论，包括农业产业集群理论及品牌竞争力理论。从集群的空间属性、经济属性、社会属性、系统属性出发，笔者认为农业集群的农产品区域品牌的形成是集群的资源禀赋、企业组织、政府、社会资本（区域文化）等要素协同发展的产物。笔者将依据农业集群理论，对农产品区域品牌的形成机理进行探索研究；区域品牌的形成和发展离不开集群微观主体供应链组织的发展与创新，本书将进一步对供应链的核心企业及集群中小企业在区域品牌建设中的贡献、区域品牌效应对其的作用和影响进行相关研究；借鉴品牌竞争力理论，本书将从企业、市场、消费者综合视角构建企业品牌竞争力指标体系，对企业显性和隐性品牌竞争力形成机理做进一步探讨。

4.3 新疆特色农产品区域品牌形成机理与效应的理论模型构建

4.3.1 扎根理论方法介绍

扎根理论是由 Glaser B G 和 Strauss A 两位学者在 20 世纪 60 年代创立的一种质性研究方法。其核心理念是利用经验资料引导来建立理论，其研究流程主要是对某一现象进行资料收集，然后用归纳法对资料中的理论进行深度概括和总结，提炼出反映社会经济现象的概念、发展范畴以及范畴之间的联系及作用规律（图4-4）。

扎根理论强调了将文献研究与原始资料及个人研究判断紧密结合的重要性，认为只有从调研资料中寻找问题，进而挖掘和提升理论，才能在研究中真正做到"量体裁衣"。

由于目前国内外对我国传统特色农产品区域品牌形成的关键影响因素及其内在作用机理还缺乏较为成熟的理论研究，同时鉴于新疆吐鲁番葡萄区域品牌成长的独特性，笔者拟采用扎根理论的方法，在对农产品区域品牌相关研究文献的分析以及对新疆吐鲁番葡萄集群的实地调研基础上，通过对深度访谈资料的质性分析提炼出新疆特色农产品区域品牌的关键影响因素，探究其作用机制，为新疆特色农产品区域品牌形成机理和效应的实证分析提供理论框架。

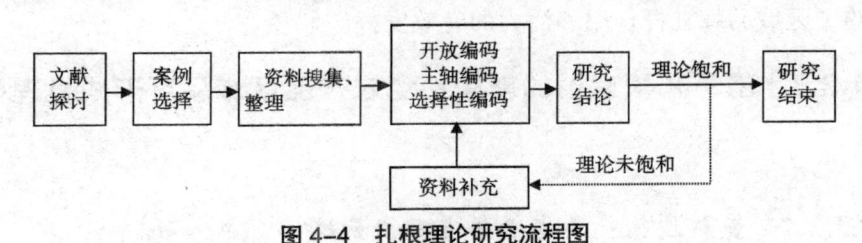

图4-4 扎根理论研究流程图

4.3.2 案例选择

笔者在本文选取"吐鲁番葡萄"区域品牌为案例分析对象，对新疆特色农产品区域品牌形成机理与效应进行探索性研究。新疆葡萄产区主要分布在吐鲁番、和田、巴州和昌吉州等地。2013年葡萄种植总面积为140万亩，总产量达150多万吨，分别占全国葡萄面积和产量的24.1%、23.1%，位列全国首位。新疆吐鲁番拥有独特的气候条件优势，是我国鲜食葡萄和葡萄干主产区，其葡萄含糖量高，品质好，吐鲁番地区葡萄种植面积和产量历年来一直居全疆之首。2013年吐鲁番地区葡萄种植面积达46.57万亩，葡萄总产量达86.98万吨，约占新疆葡萄总产量的33.6%和40%。葡萄产业也是吐鲁番的支柱产业之一，其产值约占吐鲁番地区农业总产值30%，占农牧民人均纯收入的31.5%。"十二五"规划纲要提出，吐鲁番地区以"安全""优质""绿色"为目标改造和提升优势农产品品牌，提高其市场竞争力，加快农业转型升级。截至2013年上半年，吐鲁番地区的葡萄干加工企业已达到61家，葡萄酒加工企业已有14家。其中自治区级及地区级农业产业化龙头企业分别为4个和24个。从集群加工企业生产现状来看，目前有葡萄干加工生产线33条，其产品独具特色，包括红、绿、金黄色及巧克力、酸奶等葡萄干品种及干白、干红、蒸馏酒等葡萄酒品种。从集群市场建设来看,目前有特色农副产品专业批发市场6个,农产品集贸市场21个,葡萄及瓜果专业合作社74个,年销售葡萄百万元以上的农民经纪人约30人,第三方物流体系对交易效率的提高作用明显。从品牌建设情况来看,吐鲁番地区注册了"吐鲁番葡萄""吐鲁番葡萄干"等一大批品牌商标,2010—2011年中国农产品区域公用品牌价值排行榜中,"吐鲁番葡萄"排名第17位和第5位,"吐鲁番葡萄干"排名第27位和第26位,并且荣获"2012最具影响力中国农产品区域公用品牌"。但集群内企业知名品牌数量并不算多,品牌影响力小,包括中国驰名商标1个、新疆著名商标5个、新疆农业名牌产品7个。但由于种种原因,"吐鲁番葡萄"区域品牌建设与建立市场驰名商标,提高产品市场知名度,形成市场竞争优势的实际需要,还有很大差距,较大程度制约了区域品牌杠杆作用和潜力的有效发挥。

4.3.3 基于扎根理论的新疆特色农产品区域品牌形成机理模型构建

4.3.3.1 资料搜集:样本选择与深度访谈

笔者选择吐鲁番盆地的吐鲁番市及周边、鄯善市及鄯善市开发区、托克逊镇三大农业产业带为调查区域。这些区域是吐鲁番地区最具特色和最集中的葡萄产品生产区,具有悠久的葡萄生产历史,并且企业品牌具有一定代表性和知名度。其主要工作包括进行田野调查,并选取来自吐鲁番农委、吐鲁番(地区、市级)农业局、吐鲁番(地区、市级)葡萄协会、农民专业合作社、农业企业以及农户的60位受访对象,于2014年2月和9月两次调研进行深度访谈和焦点小组访谈。访问的少数民族同志均精通双语,保证了信息沟通的有效性和准确性;累计调研时间达35个工作日。同时,从报纸、期刊文章及直接从吐鲁番葡萄集群获得二手材料,以和一手资料相佐证或对一手资料进行补充。

针对政府、企业及行业协会分别制订了访谈提纲,政府人员访谈的主要内容包括:政府如何利用地理优势保证产品质量,在生产区域规划、产业结构、品种结构及设施农业等方面推动区域品牌建设;产学研合作情况及对区域品牌创建和发展的作用;政府对获得地理标志认证的产品如何推动对其进行无公害、绿色和有机认证;当前农产品区域品牌发展面临什么样的问题?政府主要做了哪些工作等;行业协会人员访谈的主要内容包括行业协会与政府的关系如何,目前行业协会已经建立了哪些相关服务平台,在区域品牌创建和发展中所起的作用是什么。企业及农业合作社人员访谈的主要内容包括地理人文因素及环境对企业品牌及集群区域品牌建设的影响；政策实施情况及对区域品牌创建和发展的作用；政府对龙头企业的支持及龙头企业的带动作用对集群供应链品牌建设有何影响；在葡萄生产基地建设中，农业合作社与农户、企业进行合作的模式是什么；集群供应链品牌建设的核心企业有哪些，其核心竞争力是什么；集群供应链品牌协作采用什么方式，核心企业能否与合作伙伴就产品、市场开发共同协作与创新，对企业创建品牌和区域品牌创建有何作用等。

笔者在调研中采取个人深度访谈、焦点小组访谈等访谈方式。每次访谈的时间约 30～50 分钟。深度访谈有利于受访者深入、详细地叙述当地特色农产品区域品牌形成的地理人文因素、政府及行业协会因素和企业的作用等；在调研者的引导作用下进行焦点小组访谈，有利于被访人员互相交流、充分讨论，从而使调研者能全面了解影响当地特色农产品区域品牌形成的因素。在访谈过程中，调研者对访谈主要内容进行记录并录音，然后经过归纳整理建立访谈备忘录。

对访谈中原始语句进行整理，归纳形成以下新疆特色农产品区域品牌的形成的影响因素。受访者统计资料如表 4-1 所示。

表 4-1 受访者统计资料表

名称	类别	样本数	所占百分比
人员类别	企业中高层管理者	14	23.3%
	企业普通员工	8	13.3%
	区域品牌领域研究学者	7	11.7%
	公务员	23	38.3%
	农民	8	13.4%
性别	男	40	66.7%
	女	20	33.3%
学历构成	高中	6	10%
	大专	20	33.3%
	本科	26	43.3%
	研究生	8	13.3%

4.3.3.2 资料分析与编码

（1）开放性编码。随机抽取 40 位受访对象的访谈资料用于编码分析，余下 20 位受访对象的访谈资料用于检验饱和度。根据科学性、合理性及本土化等原则对访谈资料记录进行归纳整理，经过确认现象、界定概念、形成范畴等程序及仔细筛选分析，最终从资料中提炼出 19 个范畴和 60 个初始概念，表 4-2 即为开放性编码形成的范畴。由于篇幅有限，笔者节选了部分原始语句及其初始概念。

表 4-2 开放性编码形成的范畴

范畴	原始语句（初始概念）
地理条件优势	A3 本地有生长葡萄的气候、水土、地理位置等优越的天然条件，影响了其独特的人文习俗、民族文化形成（地理优越性与地方文化）
	B2 天然地理资源优势使"吐鲁番葡萄"名声在外（天然品牌优势）
特色民族文化优势	A5 在葡萄的种植、食用中形成了独特的人文习俗、生活方式和民族文化（特色文化）
	B16 在特色文化上下功夫，能够提升区域品牌档次（品牌文化）
传统文化活动推广	A7 政府围绕该葡萄文化开发了一系列特色文化活动，受到广大群众喜爱（特色文化活动展开）
	C2 传统文化活动提高了企业的营销合作和效益（企业品牌建设）
产业结构	A10 葡萄集群由单一果业经营向观光旅游等多元化方向发展（多元化发展）
品种结构	A12 集群大力发展高附加值产品品种（调整品种结构）
	B15 调整品种结构，葡萄品牌销路更好了，更加受消费者喜爱（消费者青睐）
城市形象塑造	A4 政府通过加快地域特色浓厚的餐饮、购物、娱乐、住宿等建设（城市建设）
	C3 以特色文化打造异域风情的城市名片，吸引了人们的目光，使吐鲁番葡萄牌子更响了（城市文化）
名牌评选	A1 政府大力提倡知名品牌创建及评优奖励活动,扩大区域品牌影响力(提升品牌知名度）
	B5 对企业创牌、建牌有好处（激励企业建牌）
	C1 有利于促进区域品牌销售（促销）
设施农业发展	A21 集群发展了设施农业，充分利用先进栽培技术，也增强果品贮藏保鲜和反季节销售能力（设施农业）
品牌成长性	A20 葡萄干和鲜葡萄的销售市场近年来一直在扩大（销售区域）
	B19 葡萄干和鲜葡萄的近年来发展劲头一直还挺不错的（发展趋势）
企业市场及物流协作	A18 核心企业与合作企业一起打拼国内外市场（市场协作）
	B9 核心企业与合作伙伴在物流运输上合作，物流费用低了很多（物流协作）
	B6 合作开拓市场，使区域品牌产品的销售比以前提高了不少（区域品牌促销）
企业组织合作与技术协作	A8 核心企业在种植、加工等环节与小企业有一些合作（技术及组织合作）
	B7 核心企业有在供应链上推广先进制造工艺方法，效果平平（技术示范推广）
	B11 企业组织合作与技术协作,有利于区域品牌技术创新(促进技术创新）
	B13 企业的学习交流及合作有利于区域文化创新（学习交流的影响）

第 4 章　新疆特色农产品区域品牌研究——以"吐鲁番葡萄"品牌为例

续表

范畴	原始语句（初始概念）
品牌声望	A17 前来洽谈业务的采购商、经销商和投资商多起来了（业务洽谈增多）
	C8 近年来外地厂商投资也有增加（投资增加）
政府、行业协会协作与交流支持	A11 改善创业环境，营造文化环境，有利于发扬特色文化优势（制度环境支持）
	B4 以政府为主引导"产学研"结合，企业间尝试进行联合技术研发（"产学研"引导）
品牌监管	A15 完善农产品区域品牌发展和保护的各项规章制度，保障了品牌发展（监管制度）
	C6 鼓励品牌认证及申报，提高了区域品牌的质量，保证了其行业口碑（品牌认证）
政府营销支持	B3 重视培育专业市场，吸引了大批客商（专业市场建设）
	C10 利用农事节庆等推进区域营销和招商，扩大了区域品牌的销售（区域营销）
品牌地位	A9 近几年在中国农产品区域公用品牌影响力评比中排名还行，变化不怎么大（品牌地位）
	B14 还是有一定行业影响力，但不能跟内地大牌子比（行业地位）
核心企业营销创新	B18 利用传统文化活动与消费者、经销商沟通、进行品牌推广点子多（营销创新的影响）
	C7 推进企业对外交流及合作，吸引外来客商（外来企业合作）
	B8 核心企业营销创新，使区域品牌容易获得消费者的认可（品牌认同程度）
生产区域规划	B10 集群目前主要运用了两级气象指数等先进方法（生产规划）
	B1 科学生产规划促进了企业品牌进行合理分工协作（生产规划与企业协作）
品牌受欢迎度	B24 吐鲁番葡萄品牌很受欢迎，尤其是在疆外地区（市场认可度）
	A13 吐鲁番葡萄品牌产品近年来销量增长还是比较快的（销量增长）

注：A** 表示政府第 ** 位受访者，B** 表示企业（农业合作社）第 ** 位受访者，C** 表示葡萄协会第 ** 位受访者。

（2）主轴编码形成。主轴编码的建立实质就是通过对开放性编码的资料重新整合，将各独立的范畴加以联结和归类的过程。笔者对新疆特色农产品区域品牌形成的关键影响因素的开放性编码所获得的 19 个范畴进行了归类，对其因果关系进行逻辑分析和归纳，整理出地理资源禀赋、区域文化、供应链品牌协作、政府支持和区域品牌美誉度 5 个主范畴，各主范畴及其对应的开放式编码详如表 4-3 所示。

表 4-3 基于主轴译码呈现出的关系

编号	主范畴	对应范畴
1	地理资源禀赋	地理条件优势
		品种结构
		产业结构
		生产区域规划
		设施农业发展
2	区域文化	特色民族文化优势
		城市形象塑造
		传统文化活动推广
		品牌评选
3	供应链品牌协作	企业市场及物流协作
		企业组织合作及技术协作
		核心企业营销创新
4	政府支持	品牌监管
		协作与交流支持
		营销支持
5	区域品牌美誉度	品牌声望
		品牌地位
		牌受欢迎度
		品牌成长性

（3）选择性编码。选择性编码是基于主轴编码的研究，进一步系统建立核心范畴和其他主范畴的联系（Strauss A and Corbin J，1998），对整体经济现象进行综合描绘及解析。笔者对开放式编码的访谈资料逐一分析，梳理出各个范畴之间的逻辑关系（见表 4-4）。

表 4-4 主轴的典型关系结构

典型关系结构	关系结构的内涵	受访者的代表性原始语句（提炼出的关系结构）
地理资源禀赋—区域品牌美誉度	地理资源禀赋是特色农产品区域品牌形成的基础	B2 天然地理资源优势使"吐鲁番葡萄"名声在外（天然品牌优势）
		B15 进行科学生产区域规划、调整品种结构，葡萄品牌销路更好了，更加受消费者喜爱（消费者青睐）

第4章 新疆特色农产品区域品牌研究——以"吐鲁番葡萄"品牌为例

续表

典型关系结构	关系结构的内涵	受访者的代表性原始语句（提炼出的关系结构）
政府支持—区域品牌美誉度	政府支持是特色农产品区域品牌形成的制度前提	C6 鼓励品牌认证及申报，提高了区域品牌的质量，巩固了其行业地位和品牌影响力（品牌认证）
		A15 完善农产品区域品牌发展和保护的各项规章制度，保障了品牌发展（监管制度）
供应链品牌协作—区域品牌美誉度	企业之间的协作提高了区域品牌的价值创造水平	B8 核心企业营销创新，使区域品牌容易获得消费者的认可（品牌认同程度）
		B11 企业组织合作与技术协作，有利于区域品牌技术创新（促进技术创新）
		B6 企业市场及物流协作，区域品牌产品的销售比以前提高了不少（区域品牌促销）
区域文化—区域品牌美誉度	区域特色文化加速区域品牌认知与传播	A1 政府大力提倡知名品牌创建及评优奖励活动，扩大区域品牌影响力（提升品牌知名度）
		C3 以特色文化打造异域风情的城市名片，吸引了人们的目光，使吐鲁番葡萄牌子更响了（城市文化）
		B16 在特色文化上下功夫，能够提升区域品牌档次（品牌文化）
地理资源禀赋—供应链品牌协作	良好的地理资源禀赋为供应链品牌协作提供资源共享	B17 特色资源基础、生产科学规划、品种改良等促进了品牌企业分工协作（资源支持）
地理资源禀赋—区域文化	地理资源禀赋奠定了区域文化形成的物质基础	A3 本地有生长葡萄的气候、水土、地理位置等优越天然条件，影响了其独特的人文习俗、民族文化形成（地理优越性与地方文化）
		B4 以政府为主引导"产学研"结合，促进企业间进行联合技术研发（"产学研"引导）
政府支持—供应链品牌协作	政府支持为供应链品牌协作提供政策支持	B5 政府大力提倡知名品牌创建及评优奖励活动，对企业创牌、建牌有好处（激励企业建牌）
政府支持—区域文化	政府支持有利于区域文化传播	A11 改善创业环境，营造文化环境，有利于发扬特色文化优势（制度环境支持）
供应链品牌协作—区域文化	企业学习交流及营销创新促进区域文化发展	B18 与消费者、经销商沟通方式创新性强，尤其体现在利用传统文化活动进行品牌推广（营销创新的影响）
区域文化—供应链品牌协作	区域文化为供应链品牌协作提供营销及文化建设引导	B13 企业的学习交流及合作有利于区域文化创新（学习交流的影响）
		C2 传统文化活动促进了企业的营销合作、企业品牌文化建设（企业品牌建设）

4.3.3.3 农产品区域品牌形成机理模型构建

笔者运用选择性编码方法建立各种范畴和概念的典型关联体系结构，构建新疆特色农产品区域品牌形成的关键影响因素模型。以吐鲁番葡萄为代表的新疆特色农产品区域品牌形成的机理可以解析为：从产业集群的地理维度、经济维度和社会维度（符正平，2004）来看，特色农业集群实质上是由区域环境网络、集群供应链生产网络、区域创新网络三个层次组成的，三个网络分别为农产品区域品牌的建立提供了资源空间、能力空间及认知空间（蔡清毅，2009）。其中区域环境网络包括地理资源禀赋及政府支持因素，为农产品区域品牌建立提供了资源基础；集群供应链生产网络借助区域环境网络的地理及政策资源构筑了集群品牌价值链；区域创新网络主要体现为区域文化营销与创新。借助政府支持、地理资源优势，传统农业集群对内促进了集群供应链品牌分工，带动群内中小企业进行品牌竞争与合作，生产出质量优良、特色优势明显的品牌产品，带动集群供应链的品牌价值体系的形成，提高了特色区域品牌的价值创造能力；集群对外通过区域特色文化传播与创新，利用区域品牌的文化优势进行价值传递，增强了市场与产业之间的互动，将区域品牌的产品价值转化为市场价值。总之，通过内外两条发展路径互相促进，共同增强了集群品牌的市场竞争优势，促进了特色农产品区域品牌的形成。具体分析见图4-5。

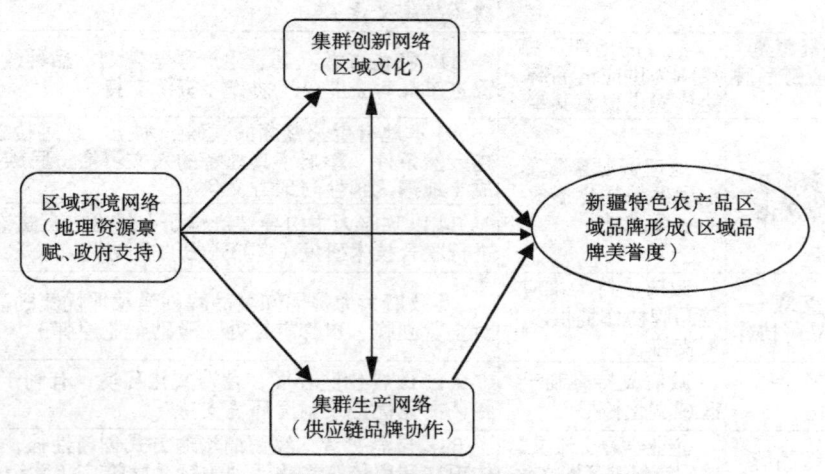

图4-5 新疆特色农产品区域品牌的形成机理

4.3.3.4 理论饱和度检验

将余下20个样本进行编码与分析，做饱和度检验测试。得到的结论与"传统特色农产品区域品牌形成的关键影响因素"的归类和关联度基本一致，发现没有形成新范畴及关联。由此说明上述理论模型是饱和的（Panditnr，1996）。

4.4 基于扎根理论的新疆特色农产品区域品牌效应及作用机理模型构建

4.4.1 资料搜集：样本选择与深度访谈

同样选择吐鲁番盆地的吐鲁番市及周边、鄯善市及鄯善市开发区、托克逊镇三大农业产业带为调查区域。访谈时间和对象均与前面的扎根理论研究相同，采取个人深度访谈、焦点小组访谈等访谈方式。制订了访谈提纲，具体内容包括以下几点：地理人文因素及环境对企业品牌及集群区域品牌建设有何影响；政府对龙头企业的支持及龙头企业的带动作用对集群供应链品牌建设有何影响？集群供应链品牌建设的核心企业有哪些，其对企业创建品牌和区域品牌创建有何作用？大学科研机构及本地中介机构（法律、会计事务所、各种协会等）对集群企业品牌发展是否发挥了较强的支持作用？农民专业合作社经营建设及协会、专业合作社对农户的技术指导情况。从区域品牌的声望、地位、吸引力及成长性方面对区域品牌美誉度进行描述。您认为政府在区域品牌建设方面做了哪些工作，效果如何？您希望政府在品牌建设方面做哪些工作？您认为行业协会在区域品牌建设方面做了哪些工作，效果如何？您希望行业协会在品牌建设方面做哪些工作？集群供应链品牌协作采用什么方式，核心企业能否与合作伙伴就产品、市场开发共同协作与创新，对企业创建品牌和区域品牌创建有何作用？区域品牌形成后对核心企业及中小企业的品牌竞争力有何影响？并对访谈中原始语句进行整理，归纳形成以下新疆特色农产品区域品牌的品牌效应作用机制。

4.4.2 资料分析与编码

4.4.2.1 开放性编码

随机抽取 40 位受访对象的访谈资料用于编码分析，余下 20 位受访对象的访谈资料用于检验饱和度。根据科学性、合理性及本土化等原则对访谈资料记录进行归纳整理，经过确认现象、界定概念、形成范畴等程序及仔细筛选分析，最终从资料中提炼出17个范畴和55个初始概念，表4-5即为开放性编码形成的范畴。由于篇幅有限，笔者节选了部分原始语句及其初始概念。

表4-5 开放性编码形成的范畴

范畴	原始语句（初始概念）
业务密切性—行业内	B3 核心企业及中小企业之间有业务往来（业务往来）
	A7 中小企业很分散，核心企业凝聚力有限（核心企业作用）
区域营销	A5 主要借助政府组织的区域品牌营销活动进行市场开拓（借力区域营销）
	C9 主要包括节庆活动、会展等形式（营销形式）
产业链延伸	B11 产业链向中上游拓深延展，着手进行深加工、绿色有机基地建设（产业链向上延伸）
	B1 产业链向下游拓深延展，以特色休闲旅游开发为主（产业链向下延伸）
产品出口水平	B17 行业内中小企业的产品出口外销业务量逐年增加（出口销量）
	A10 受政策、环境影响大（环境因素影响）
合作创新能力	A15 受核心企业影响中小企业创新能力有所提高（创新能力）
	C2 受核心企业影响中小企业协作意识增强了不少（合作意识）
市场占有率	A11 中小企业市场销量不断增加（市场销量）
	A13 中小企业市场拓展渠道多样化（市场渠道）
业务密切性—跨行业	B6 相关行业企业之间业务往来频繁（业务往来程度）
	B13 主要包括物流和包装企业等（往来企业类型）
品牌成长性	A20 葡萄干和鲜葡萄的销售市场近年来一直在扩大（销售区域）
	B19 葡萄干和鲜葡萄的近年来发展劲头一直还挺不错的（发展趋势）
集群影响力	A8 到产地购买葡萄的客户数量不断增大（客户数量）
	C7 吐鲁番葡萄集群的知名度在提高和扩大（知名度）
旅游带动力	B16 能够带动特色旅游业及相关服务业发展（特色旅游）
	B15 还带动了休闲农业等相关服务业发展（休闲农业）
品牌声望	A17 前来洽谈业务的采购商、经销商和投资商多起来了（业务洽谈增多）
	C8 近年来外地厂商投资也有所增加（投资增加）
品牌吸引力	C3 行业内中小企业的品牌受关注度有所增加（受关注度）
	C5 品牌的顾客忠诚度有所提高（顾客忠诚度）

第4章 新疆特色农产品区域品牌研究——以"吐鲁番葡萄"品牌为例

续表

范畴	原始语句（初始概念）
企业品牌核心价值	A12 企业重视品牌建设，大多数企业品牌理念和文化特色建设一般，个别企业较好（品牌精神建设）
	B7 企业品牌的建设基础条件较一般（物质条件建设）
品牌地位	A9 近几年在中国农产品区域公用品牌影响力评比中排名还行，变化不怎么大（品牌地位）
	B14 还是有一定行业影响力，但不能跟内地大牌子比（行业地位）
品牌受欢迎度	B24 吐鲁番葡萄品牌很受欢迎，尤其是在疆外地区（市场认可度）
	A13 吐鲁番葡萄品牌产品近年来销量增长还是比较快的（销量增长）
吸引投资	B8 近几年来到新疆投资的疆外企业逐年增加（投资企业数量）
	A6 葡萄干加工企业居多，酒类企业比前几年明显多了（投资企业类型）
品牌交流与学习	B2 大品牌企业和内外地企业之间有一些相关业务交流，并不经常有（业务交流）
	B5 与科研单位等进行研发方面合作（科研合作）

注：A** 表示政府第 ** 位受访者，B** 表示企业（农业合作社）第 ** 位受访者，C** 表示葡萄协会第 ** 位受访者。

4.4.2.2 主轴编码形成

对新疆特色农产品区域品牌效应作用机制的开放性编码所获得的17个范畴进行了归类，对其因果关系进行逻辑分析和归纳，整理出辐射效应、协作效应、企业品牌竞争力和区域品牌美誉度4个主范畴，各主范畴及其对应的开放式编码具体见表4-6。

表4-6 基于主轴译码呈现出的关系

编号	主范畴	对应范畴
1	辐射效应	吸引投资
		区域营销
		产业链延伸
		旅游带动力
		集群影响力
2	协作效应	业务密切性——行业内
		业务密切性——跨行业
		品牌交流与学习

续表

编号	主范畴	对应范畴
3	企业品牌竞争力	企业品牌核心价值
		市场占有率
		合作创新能力
4	区域品牌美誉度	产品出口水平
		品牌吸引力
		品牌声望
		品牌地位
		品牌受欢迎度
		品牌成长性

4.4.2.3 选择性编码

笔者对开放性编码中取得的访谈资料逐一分析，梳理出各个范畴之间的逻辑关系（见表4-7）。

表4-7 主轴的典型关系结构

典型关系结构	关系结构的内涵	受访者的代表性原始语句（提炼出的关系结构）
区域品牌美誉度—辐射效应	区域品牌美誉度是辐射效应形成的基础	A5 企业主要借助政府组织的区域品牌营销活动进行市场开拓（借力区域营销）
		C7 吐鲁番葡萄集群的知名度在提高和扩大（知名度）
		B24 吐鲁番葡萄品牌很受欢迎，尤其是在疆外地区（市场认可度）
		A8 到产地购买葡萄的客户数量不断增大（客户数量）
		B8 近几年来到新疆投资的疆外企业逐年增加（投资企业数量）
区域品牌美誉度—协作效应	区域品牌美誉度形成有利于促进企业间的协作	A17 前来洽谈业务的采购商、经销商和投资商多起来了（业务洽谈增多）
		C8 近年来外地厂商投资也有增加（投资增加）
		B2 大品牌企业和内外地企业之间有一些相关业务交流，并不经常有（业务交流）
辐射效应—企业品牌竞争力	辐射效应促进了企业显性品牌竞争力	A5 企业主要借助政府组织的区域品牌营销活动进行市场开拓（借力区域营销）
		C7 吐鲁番葡萄集群的知名度在提高和扩大（知名度）
		A8 到产地购买葡萄的客户数量不断增大（客户数量）
		A11 中小企业市场销量不断增加（市场销量）
		C5 品牌的顾客忠诚度有所提高（顾客忠诚度）

第4章 新疆特色农产品区域品牌研究——以"吐鲁番葡萄"品牌为例

续表

典型关系结构	关系结构的内涵	受访者的代表性原始语句（提炼出的关系结构）
协作效应—企业品牌竞争力	协作效应促进了企业隐性品牌竞争力	B3 核心企业及中小企业之间有业务往来（业务往来）
		B2 大品牌企业和内外地企业之间有一些相关业务交流，并不经常有（业务交流）
		A15 受核心企业影响中小企业创新能力有所提高（创新能力）
		C2 受核心企业影响中小企业协作意识增强了不少（合作意识）
区域品牌美誉度—企业品牌竞争力	区域品牌美誉度为促进企业品牌竞争力形成提供了基本保障	A20 葡萄干和鲜葡萄的销售市场近年来一直在扩大（销售区域）
		B24 吐鲁番葡萄品牌很受欢迎，尤其是在外省市（市场认可度）
		A11 中小企业市场销量不断增加（市场销量）
		C5 品牌的顾客忠诚度有所提高（顾客忠诚度）

4.4.3 农产品区域品牌效应及作用机理模型构建

笔者运用选择性编码方法建立各种范畴和概念的典型关联体系结构，建立起特色农产品区域品牌（区域品牌美誉度）、区域品牌效应与企业品牌竞争力之间的关联。由此建立了新疆特色农产品区域品牌美誉度、区域品牌效应与中小企业品牌竞争力的关系模型。认为作为区域公用品牌资产，区域品牌必然对企业的显性品牌竞争力（品牌意识和品牌形象等）和隐性品牌竞争力（创新能力、品牌管理与控制能力、学习能力、品牌文化）产生一定影响（曹洪军、高松、庄晖，2008）。新疆特色农产品区域品牌对企业品牌竞争力的影响或作用路径有直接和间接两种。直接路径是在农产品区域品牌美誉度的品牌声望、品牌地位等因素的影响下，企业获得了更多资源支持、实现营销共享以及进行广泛横、纵向协作，由此促进了集群企业品牌核心价值形成、中小企业创新及合作能力增强、市场占有率提高、品牌吸引力增加，使得中小企业品牌竞争力得以提高。间接路径是首先通过农产品区域品牌美誉度促进了区域品牌辐射效应的形成，为企业品牌建设提供了资源便利、营销优势及产业支持，通过增强企业的显性品牌资产，使企业品牌在市场上占据主导地位，品牌资源不断累积，由此提高了集群企业品牌的显性竞争力；在此基础上进一步推动了集群企业间的业务协作与交流，产生区域品牌协作效应，进而通过强化企业动态核心能力以及环境变化反应能力，提高企业品牌自我发展能力和价值创造能力，增强企业隐性品牌资产，提升了集群企业品牌的隐性竞争力。二者共同作用及协调发展促进了

127

中小企业品牌竞争力的提高（图 4-6）。

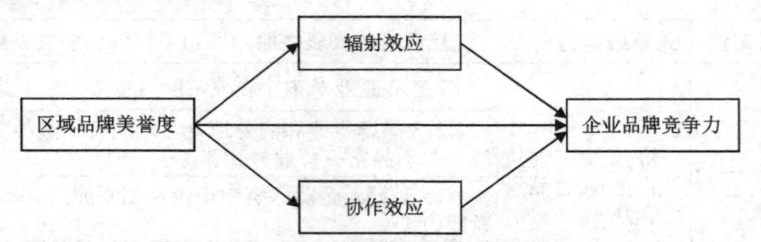

图 4-6 新疆特色农产品区域品牌对中小企业品牌竞争力的作用机理模型

4.4.4 理论饱和度检验

笔者将余下 20 个样本进行编码与分析，做饱和度检验测试。得到的结论与"传统特色农产品区域品牌效应的作用机制"的归类和关联度基本一致，发现没有形成新范畴及关联。由此说明上述理论模型是饱和的（Panditnr，1996）。

4.4.5 本章总结

笔者在本章运用扎根理论，对新疆吐鲁番葡萄区域品牌形成机理及品牌效应进行质性分析，以构建研究的理论模型。关于新疆特色农产品区域品牌形成的机理研究结果表明，影响传统特色农产品区域品牌形成的主要因素是地理资源、政策支持、区域文化及供应链品牌分工。其中地理资源禀赋、政策支持因素是直接影响因素，区域文化及供应链品牌分工是间接影响因素，在新疆特色农产品区域品牌形成中起中介作用。区域品牌形成的机理是区域创新网络和区域环境网络为农产品区域品牌的建立提供了资源空间、能力空间及认知空间；在此基础上通过地理资源禀赋、政策支持、区域文化及供应链品牌分工等核心品牌因素推动，构筑了农产品区域品牌的资源优势、价值链优势、品牌文化优势；并通过资源—文化—区域品牌和资源—供应链品牌分工—区域品牌内外两条发展路径，使得农产品区域品牌市场竞争力显著提高，促进了新疆特色农产品区域品牌的形成。新疆特色农产品区域品牌是在一定的区域资源禀赋、特定产业环境及社会环境支持及企业品牌建设支撑下形成的。区域品牌对企业的显性品牌竞争力和隐性品牌竞争力产生一定影响。这种作用表现为直接作用和间接作用，直接作用借助区域品牌声望、品牌地位等影响了中小企业综合品牌竞争力（显性品牌竞争力和隐性品牌竞争力）提高。间接作用首先表现为通过辐射效应即吸引投资、推动区域营销、产业链延伸及带动旅游发展、提高集群影响力等，影响了企业品牌的显性竞争力；在此基础上，会进一步促进集群内核心企业与中小企业之间以及相关行业之间进行技术、物流、市场开发等方面的紧密协作，形成协作效应，增强企业的隐性品牌竞争力。两种效应共同作用促进了中小企业品牌竞争力的整体提升。

4.5 新疆特色农产品区域品牌形成机理实证分析

4.5.1 研究假设

根据第 4 章扎根理论研究结果，笔者从以下方面提出研究假设：

4.5.1.1 地理资源禀赋对区域品牌美誉度、区域文化及供应链企业品牌协作的影响

地理资源禀赋包括农业生产区域内气候条件、土壤、传统农业物种及生产方式等特色农业资源以及人文历史资源。农产品生产的地域及资源依赖性以及区域与产品的不可分离性（胡正明、蒋婷，2010），使得农产品的质量特征与区域环境及地理资源紧密相关，形成具有显著的地理特征、资源优势和人文历史渊源的原产地效应（靳明、周亮亮，2006）。由此塑造了农产品区域品牌的区域专属性和地理特性。这种"地理专用性"是建立农产品区域品牌的资源根基和品牌定位的物质基础。不仅有利于其在产业竞争中建立进入壁垒，培养消费者对产品的价值认同，建立起区域品牌的地理优势。而且有利于农业集群中小品牌打造成强势品牌，构筑独特的品牌成长模式（易金，2010）。此外，独特的农业地理生产环境、传统农耕生产方式等也是区域经济文化形成和变迁的客观基础，决定了区别于商业文化、游牧文化的传统农耕文化的内容和精神（张磊，2003）。由此笔者提出以下 3 个假设：

H1：地理资源禀赋对于区域品牌美誉度的形成具有显著影响。
H2：地理资源禀赋对于供应链企业品牌协作具有显著影响。
H3：地理资源禀赋对于区域文化的形成具有显著影响。

4.5.1.2 政府支持对区域品牌美誉度形成、区域文化以及集群供应链品牌协作的影响

正式制度供给短缺影响了我国传统农业集群的价值增值（崔俊敏，

2010）。政府支持直接影响着区域品牌形成发展的方向、速度及模式。政府通过制度创新、提供公共服务、优化资源配置和加强市场监管等，为特色农产品区域品牌形成搭建了基础平台，营造了良好建设环境（姚向军，2006），由此促进了区域营销推广、产品质量升级（郑风田、顾莉萍，2006）以及区域文化发展。此外，政府为集群内供应链体系建设提供政策性资源（王庆，2008）有助于推进集群内龙头企业及中小企业共建区域品牌。由此笔者提出以下3个假设：

H4：政府支持对于集群区域品牌美誉度的形成具有显著影响。

H5：政府支持对推动区域文化建设具有显著影响。

H6：政府支持对集群供应链品牌协作具有显著影响。

4.5.1.3 区域文化对区域品牌美誉度和供应链品牌协作的影响

区域文化指特定区域内人们的创新精神、合作意识、信用观念以及流动偏好等特定价值观体系（辜胜阻、郑凌云、张昭华，2006）。Granowetter M（1985）认为社会和文化资本影响经济活动。传统农业集群具有经济不发达、社会环境较封闭等特点，使得区域社会文化对集群的影响更加明显和重要（谯薇，2011；胡平波，2011）。将特色文化整合到特色农产品区域品牌，有利于利用区域文化传统进行鲜明的差异化定位；依托文化的区域营销，有利于建立区域产业形象，发掘和满足顾客的价值需求点；此外，区域文化还影响了地方政府的集群政策、规制和服务，为特色农产品区域品牌发展提供了"根植性"的社会环境土壤，有利于营造良好的区域社会人文氛围（周新德，2008），进而从精神层面影响中小企业品牌成长模式，增强集群内企业的凝聚力，从而促进供应链企业之间的分工与协作。由此笔者提出以下两个假设：

H7：区域文化对于区域品牌美誉度的形成具有显著影响。

H8：区域文化对于供应链品牌协作具有显著影响。

4.5.1.4 供应链品牌协作对区域品牌美誉度和区域文化的影响

农业集群供应链是农产品沿着农业种植合作社和农户、农业加工企业、物流企业、销售企业以及消费者流转运行的一体化协作链条。其农业组织间具有明显的纵向"投入—产出"关系和横向"互补—合作"关系（武云亮，2010）。农业集群供应链以区域品牌为纽带建立集群价值链体系，借助品牌的纵向分工建立龙头企业与涉农中小企业竞争与合作关系，通过技术创新和合作营销，有利于建立区域品牌独特的品牌价值创造能力，奠定区域品牌形成的市场及产业优势；借助区域品牌的横向纽带作用，有利于促进企业间通过合资、技术与学习交流等方式建立战略伙伴关系，增强企业的品牌创新能力，推动区域文化创新。

H9：供应链品牌协作对于区域品牌美誉度的形成具有显著影响。

H10：供应链品牌协作对于区域文化的推动具有显著影响。

4.5.2 研究方法

4.5.2.1 结构方程模型

结构方程模型（structural equation model，SEM）是基于变量的协方差矩阵对变量之间关系展开分析的统计研究方法，它可以同时处理多原因、多结果之间的关系，是一种重要的多元数据分析工具。该方法很适合探讨本文多个潜变量之间的关系以及潜变量和其观察变量的关系。结构方程模型主要包括测量模型与结构模型两部分。结构方程模型可用三个矩阵方程表示：

$$X = \Lambda_X (\xi \pm \delta) \tag{4-1}$$

$$Y = \Lambda_Y (\eta \pm \varepsilon) \tag{4-2}$$

$$\eta = \Gamma\xi + \beta\eta + \zeta \tag{4-3}$$

其中，X 表示外生观测变量，在本文中表示地理资源禀赋、政府支持的 4 个观察变量，Λ_X 表示指标变量 X 的因素负荷量，本研究代表连接地理资源禀赋、政府支持与其观察变量的系数矩阵，ξ 表示外生潜变量，即地理资源禀赋、政府支持指标，δ 表示其测量误差；Y 表示内生观测变量，在本文中表示代表区域文化、供应链品牌协作、区域品牌美誉度 3 个内生潜变量下的观察变量，Λ_Y 表示指标变量 Y 的因素负荷量，本研究代表连接区域文化、供应链品牌协作、区域品牌美誉度与其观察变量的系数矩阵，η 表示内生潜变量，ε 表示其测量误差；β 和 Γ 为路径系数，Γ 表示外生潜变量对内生潜变量的影响，β 表示内潜生变量之间的关系及影响，ζ 表示结构方程的误差项（吴明隆，2009）。

笔者认为在影响新疆特色农产品区域品牌形成的四个因素中，关键要找出核心驱动因素和基础驱动因素，才能厘清其形成机理及因素间的作用机制。通过对专家访谈及实地调研资料整理分析，笔者运用结构方程模型（SEM），基于前述理论假说，构建了地理资源禀赋、政府支持、区域文化、供应链品牌协作与区域品牌美誉度 5 个潜变量之间的路径关系，建设性地提出三条探索性路径，构建了供应链品牌协作驱动、区域文化驱动、区域文化与供应链品牌协作双驱动三个竞争性模型（图 4-7）。在对量表的信度、效度分析的基础上，使用最大似然估计法进行数据估算，进一步对吐鲁番葡萄区域品牌形成机理展开分析讨论。

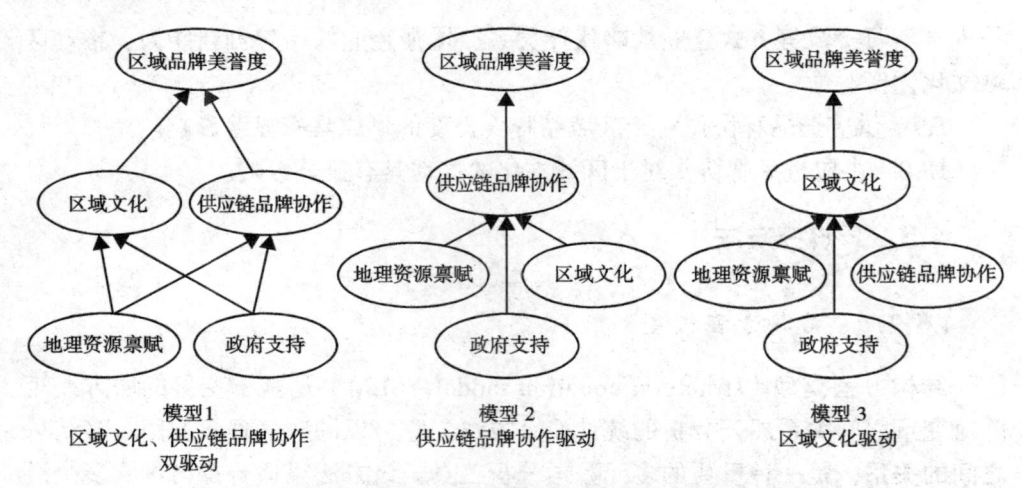

图 4-7 新疆特色农产品区域品牌形成机理的竞争型结构模型

模型1 区域文化、供应链品牌协作双驱动
模型2 供应链品牌协作驱动
模型3 区域文化驱动

4.5.2.2 变量选择与测量

根据相关文献并结合实地调研结果，笔者对理论模型中的各个潜变量设计了具体的观测变量并转化为测量语项，每个语项尽量采取适用新疆少数民族地区农村调查的较为口语化的形式，均采用 Likert 五点尺度测量方法，1～5分别代表非常不同意、不同意、基本同意、同意和非常同意。各潜变量的观测变量如表 4-8 所示。

表 4-8 新疆特色农产品区域品牌形成机理的测量指标构成

潜变量	观测变量	观测变量测量题项
地理资源禀赋	地理条件（$X1$）	该果品本地生长的气候、水土、地理等自然条件具有优越性
	品种结构（$X2$）	集群大力发展高附加值产品品种
地理资源禀赋	产业结构（$X3$）	集群由单一果业经营向观光旅游等多元化方向发展
	设施农业发展（$X4$）	发展了设施农业，充利用栽培技术增强果品贮藏保鲜及反季节销售能力
	生产规划（$X5$）	集群运用了两级气象指数等先进方法
政府支持	品牌保护与监管（$X6$）	完善农产品区域品牌发展和保护的各项规章制度，鼓励品牌认证及申报
	产学研引导（$X7$）	改善创业环境，营造文化环境，引导"产学研"结合
	营销及招商（$X8$）	重视培育专业市场，利用农事节庆等推进区域营销和招商

第4章 新疆特色农产品区域品牌研究——以"吐鲁番葡萄"品牌为例

续表

潜变量	观测变量	观测变量测量题项
区域文化	特色民族文化（Y5）	在葡萄的种植、食用中,该地区形成独特的人文习俗、生活方式和民族文化
	城市形象塑造（Y6）	政府加快地域特色的餐饮、娱乐、住宿设施建设,以特色文化引领城市发展
	传统文化活动（Y7）	政府围绕该果品文化开发了一系列特色文化活动
	名牌创建与评选（Y8）	政府大力提倡知名品牌创建及评优奖励活动
供应链品牌协作	企业市场及物流协作（Y9）	核心企业与合作伙伴共同开发市场,降低物流成本
	营销沟通创新（Y10）	核心企业品牌与消费者沟通方式的创新性强
	企业组织合作与技术协作（Y11）	企业在种植、加工中的组织合作情况,核心企业在供应链上推广先进制造方法
区域品牌美誉度	品牌声望（Y1）	采购及经销商、投资商慕名前来洽谈业务和投资
	品牌受欢迎度（Y2）	产品近年来销量增长情况
	品牌地位（Y3）	近年来在中国农产品区域公用品牌评比中排名
	品牌成长性（Y4）	农产品的销售区域近年来扩展程度

4.5.2.3 数据来源

问卷调查对象分别来自吐鲁番盆地三大农业产业带中的农产品加工企业工人和管理人员、政府相关管理者、农民合作社成员。鉴于其葡萄产业发展状况的差异性,三个产区分别选择150、130、70人填写调查问卷。调查挑选了10名培训合格的本科生入户访谈,并同时采用了企业、政府协助发放方式。共发放调查问卷350份,经整理,获得有效问卷319份,有效率为91.1%（表4-9）。

表4-9 样本分布及问卷对象构成

调查对象样本数	吐鲁番		鄯善		托克逊	
	样本数	比例(%)	样本数	比例(%)	样本数	比例(%)
企业中高层管理者	40	26.6	35	26.9	20	28.6
企业普通员工	30	20.0	20	15.5	20	28.6
合作社农民	30	20.0	30	23.1	10	14.3

续表

调查对象样本数	吐鲁番 样本数	吐鲁番 比例 (%)	鄯善 样本数	鄯善 比例 (%)	托克逊 样本数	托克逊 比例 (%)
政府工作人员	30	20.0	25	19.2	10	14.3
中介组织员工	10	6.7	15	11.5	5	7.1
相关研究学者	10	6.7	5	3.8	5	7.1
合计	150	100	130	100	70	100

4.5.2.4 量表的信度和效度检验

（1）信度分析。将搜集的数据输入 SPSS20.0 软件，首先做总量表的信度检验，总量表的 Cronbach's α 系数是 0.905，大于 0.7。其次对观察量做 CITC 项目分析，其中地理因素及利用初始 CITC 系数均大于 0.40，集群供应链初始 CITC 系数均大于 0.50，其余观察变量初始 CITC 系数均大于 0.60 删除该项目后的 α 系数基本介于 0.6~0.8。最后对潜变量的信度进行检验，Cronbach's 的 α 系数均大于 0.7，通过信度检验。总体来看，量表及问卷指标具有较强的可信度。具体分析见表4-10。

表 4-10 变量的信度检验

项目	初始 CITC 系数	删除该项目后的 α 系数	Cronbach's α 系数
地理资源禀赋			
X1	0.431	0.702	
X2	0.472	0.687	
X3	0.528	0.665	0.727
X4	0.585	0.640	
X5	0.425	0.706	
政府支持			
X6	0.661	0.711	
X7	0.655	0.719	0.800
X8	0.624	0.750	
区域文化			
Y5	0.650	0.813	
Y6	0.694	0.793	0.842
Y7	0.733	0.775	
Y8	0.637	0.817	

续表

项目	初始 CITC 系数	删除该项目后的 α 系数	Cronbach's α 系数
供应链品牌协作			
Y9	0.529	0.678	
Y10	0.550	0.653	0.732
Y11	0.588	0.605	
区域品牌美誉度			
Y1	0.713	0.808	
Y2	0.728	0.799	
Y3	0.680	0.820	0.853
Y4	0.665	0.827	

（2）效度检验。①进行总量表的 KMO 系数及球形 Bartlett 检验。KMO 系数为 0.901，由于大于 0.7 故接受，样本球形 Bartlett 卡方检验值比较显著，样本数据进行因子分析非常适合；②运用探索性因子分析方法进行相关效度验证。分析过程中采用主成分分析法，选取 Kaiser 标准化正交旋转法旋转，得到因子载荷矩阵，共析出 5 个因子，其累计方差解释量为 65.320%，因子解释力尚可。结果显示，除 $X5$ 因子系数为 0.436 删除外，其余可观测变量的因子负载系数较高，交叉负载程度低，详见表 4-11。

表 4-11 探索性因子分析结果

变量	区域品牌美誉度	区域文化	地理资源禀赋	政府支持	集群供应链品牌协作
Y1	0.815				
Y2	0.692				
Y3	0.729				
Y4	0.734				
Y5		0.656			
Y6		0.751			
Y7		0.783			
Y8		0.757			
X1			0.524		
X2			0.622		
X3			0.687		
X4			0.776		
X6				0.716	
X7				0.748	
X8				0.814	
Y9					0.703

续表

变量	区域品牌美誉度	区域文化	地理资源禀赋	政府支持	集群供应链品牌协作
Y10	—	—	—	—	0.707
Y11	—	—	—	—	0.818
特征值	2.878	2.752	2.319	2.265	2.197
方差解释量（%）	15.146	14.486	12.204	11.919	11.565
累计方差解释量（%）	15.146	29.632	41.836	53.755	65.320

（3）进行验证性因子分析。对各潜变量进行验证性因子分析。分析结果表明，测量指标的标准化因子负荷系数基本大于 0.5，并在统计意义上高度显著（$t>1.96$），测量模型的拟合指数中近似误差均方根（RMSEA）小于 0.08，规范拟合指标（NFI）、比较拟合优度指标（CFI）值等均在 0.90 以上，探索因子的理论假设通过验证标准，说明将特色农产品区域品牌的影响因子分为四大类结果非常理想。总之，从以上三个方面检验结果来看，研究数据达到较好效度，详见表 4-12。

表 4-12 各潜变量的验证性因子分析

变量	测量指标	标准因子负荷	T 值	拟合指数
地理资源禀赋	X1	0.575	7.60***	χ^2=81.252
	X2	0.523	7.228***	df=65
	X3	0.630	—	GFI=0.965
	X4	0.730	8.998***	AGFI=0.944
政府支持	X6	0.814	—	NFI=0.95
	X7	0.753	12.243***	CFI=0.989
	X8	0.699	11.620***	IFI=0.990
区域文化	Y5	0.732	—	RMSEA=0.028
	Y6	0.772	12.718***	RMR=0.03
	Y7	0.823	13.635***	
	Y8	0.701	11.502***	*** 表示 $p<0.001$
供应链品牌协作	Y9	0.675	—	
	Y10	0.697	8.948***	
	Y11	0.704	9.464***	

4.5.3 实证结果分析

4.5.3.1 竞争模型比较与检验

笔者运用结构方程模型（SEM）（吴明隆，2009），利用 AMOS20.0 软件建立了供应链品牌协作驱动、区域文化驱动、区域文化与供应链品牌协作双驱动三个竞争性模型。使用最大似然估计法进行运算，参数的估计结果如表4-13所示。虽然三个模型的整体适配指标相差不大，但模型2假设4中出现负的路径系数-0.047，与理论假设明显不符。模型3的绝大多数潜变量之间的关联度较低，与理论假设出入较大，适用性差。总体来看，模型1较为理想，故将模型1作为优选模型。

表4-13 竞争模型的检验与比较

适配度评价指标	模型1	模型2	模型3
χ^2/df	1.162	1.113	1.140
PGFI	0.606	0.612	0.612
GFI	0.959	0.959	0.959
AGFI	0.935	0.936	0.936
NFI	0.928	0.951	0.950
CFI	0.992	0.995	0.993
IFI	0.993	0.995	0.994
TLI	0.989	0.993	0.991
RFI	0.928	0.931	0.930
PNFI	0.606	0.678	0.677
RMSEA	0.023	0.019	0.021
RMR	0.030	0.030	0.029

4.5.3.2 假设验证说明及路径分析

在提出的10条假设中，假设8和假设10只存在于模型2和模型3中，由于选择了模型1为优选模型，故未对这两条假设进行验证，其余8条假设均在模型1中进行了检验。在模型1中除了假设H4政府支持—区域品牌美誉度和假设H9供应链品牌协作—区域品牌美誉度未通过检验外，H1、H2、H3、H5、H6、H7等6条假设的 CR 均大于1.96，显著性概率小于0.05，全部通过检验（见表4-14）。

H4未通过检验，说明政府支持对农产品区域品牌形成的直接促进效果不显著。区域品牌的形成和发展归根到底要靠市场机制，而目前当地地方政府在制订和实施区域品牌扶持政策时，对于如何更好地借助市场机制促进区域品牌发展重视不够，这就导致了虽然政府支持力度较大，但对区域品牌的影响力和美誉度提升效果不大的后果。H9未通过检验，说明集群供应链在物流、科技及市场方面的协作不够紧密，龙头企业的带头作用尚不明显，区域品牌形成需要的企业支撑动力即集群区域品牌的独特品牌价值创造能力尚待提升。

表4-14 模型1拟合结果

假设路径	标准化路径系数	CR值	假说	检验结果
地理资源禀赋—区域品牌美誉度	0.418	3.645***	H1	通过
地理资源禀赋—区域文化	0.314	3.835***	H3	通过
地理资源禀赋—供应链品牌协作	0.358	3.956***	H2	通过
政府支持—区域品牌美誉度	0.069	0.799	H4	未通过
政府支持—区域文化	0.469	6.257***	H5	通过
政府支持—供应链品牌协作	0.414	5.041***	H6	通过
区域文化—区域品牌美誉度	0.386	4.446***	H7	通过
供应链品牌协作—区域品牌美誉度	0.092	0.970	H9	未通过

注：*** 表示 $p<0.001$。

检验结果还说明，在由供应链品牌协作和区域文化联合驱动的吐鲁番集群区域品牌形成模型中，葡萄区域品牌形成的主要动力来自区域文化，这是一条原始的以资源优势为依托的传统路径；而以产品优势为依托的集群供应链的推动作用作为一条现代路径还未能发挥显著作用。这也进一步解释了为什么吐鲁番葡萄区域品牌仅限于初级农产品，并且集群发展缓慢，区域品牌竞争力不强的原因如图4-8所示。

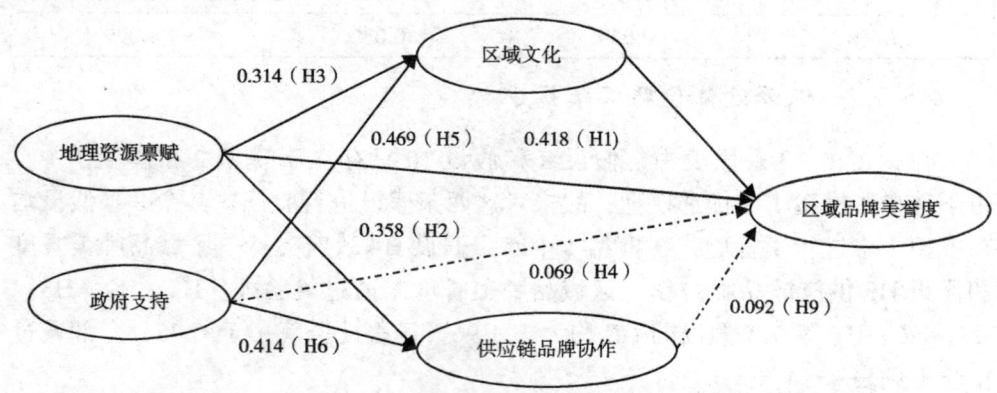

图4-8 模型1结果验证简图（实线为已通过验证，虚线为未通过验证）

4.5.3.3 模型效应分析

（1）潜变量之间关系分析。①地理资源禀赋、政府支持、区域文化和供应链品牌协作对区域品牌美誉度的总效应分别为0.572、0.288、0.386和0.092，这说明直接影响区域品牌美誉度形成的因素重要性排序是资源禀赋、区域文化、政府支持、供应链品牌协作；②地理资源禀赋对区域品牌美誉度的影响包括直接效应和间接效应。地理资源禀赋到区域品牌的间接效应为 0.154，根据 Baron RM and Kenny DA（1986）的研究，说明区域文化可能起到了中介作用。政府支持到区域品牌美誉度的间接效应为 0.219，由于政府支持到区域品牌美誉度的路径假设 H4 未通过，不符合中介效应成立的前提条件，说明区域文化及集群供应链品牌协作在此不起中介作用（见表 4-15）。

表 4-15 各潜变量之间的关系

路径	直接效应	间接效应	总效应
地理资源禀赋—区域文化	0.314	—	0.314
政府支持—区域文化	0.469	—	0.469
地理资源禀赋—供应链品牌协作	0.358	—	0.358
政府支持—供应链品牌协作	0.414	—	0.414
地理资源禀赋—区域品牌美誉度	0.418	0.154	0.572
政府支持—区域品牌美誉度	0.069	0.219	0.288
区域文化—区域品牌美誉度	0.386	—	0.386
供应链品牌协作—区域品牌美誉度	0.092	—	0.092

（2）潜变量与观测变量关系分析。AMOS20.0 软件输出各潜变量与观测变量之间的效应如表 4-16 所示。地理资源禀赋的 4 个因子系数分别是 0.547、0.534、0.628、0.740，这说明这 4 个因子与资源禀赋关系紧密，其中设施农业的发展和集群葡萄品种的引进与改良在资源禀赋中的影响较大，说明人们对地理资源的利用不断提高；区域文化与 4 个因子的关系分别是 0.749、0.776、0.815、0.697，这说明这 4 个因子与区域文化关系紧密，其中政府围绕果品文化开发了一系列传统特色文化活动对区域文化的影响最大；供应链品牌协作与 3 个因子的关系分别是 0.695、0.690、0.698，这说明这 3 个因子与供应链品牌协作关系紧密，品牌企业的物流协作、市场开发协作、技术协作对集群供应链的影响相差不大，在一定程度上说明集群供应链还没有建立突出的优势；区域品牌美誉度与 4 个因子的关系分别是 0.769、0.771、0.811、0.716，这说明这 4 个因子与区域品牌美誉度关系紧密，其中品牌声望对其影响最大，这和近三年来吐鲁番葡萄区域品牌在全国农产品区域品牌竞争力的排名不断上升的实际情况相一致；政府支持与 3 个因子的关系分别是 0.709、0.749、0.820，这说明这 3 个因子与政府支持的关系紧密，其中营销支持影响最大。

表 4-16 潜变量与观测变量关系

因素载荷	预测值	因素载荷	预测值
X1<---- 地理资源禀赋	0.547	Y10<---- 供应链品牌协作	0.690
X2<---- 地理资源禀赋	0.534	Y11<---- 供应链品牌协作	0.698
X3<---- 地理资源禀赋	0.628	Y1<---- 区域品牌美誉度	0.769
X4<---- 地理资源禀赋	0.740	Y2<---- 区域品牌美誉度	0.771
Y5<---- 区域文化	0.749	Y3<---- 区域品牌美誉度	0.811
Y6<---- 区域文化	0.776	Y4<---- 区域品牌美誉度	0.716
Y7<---- 区域文化	0.815	X6<---- 政府支持力度	0.709
Y8<---- 区域文化	0.697	X7<---- 政府支持力度	0.749
Y9<---- 供应链品牌协作	0.695	X8<---- 政府支持力度	0.820

4.5.4 本章小结

笔者从地理维度、经济维度和社会维度构建了新疆农产品区域品牌形成的机理模型，认为地理资源、政策支持、区域文化及供应链品牌协作四个要素利用集群网络所构筑的资源优势、文化优势、价值链优势，通过品牌价值创造及品牌价值传递共同促进了传统特色农业集群农产品区域品牌的市场优势形成。构建了供应链建牌驱动、区域文化驱动、区域文化和供应链建牌双驱动三个竞争性模型，对吐鲁番葡萄集群进行实证分析。研究显示，影响吐鲁番葡萄区域品牌形成因素的重要性排序是地理资源禀赋、区域文化、政府支持、供应链品牌协作。吐鲁番葡萄区域品牌形成的核心动力是以资源优势为依托，通过区域文化的影响和塑造带来的集群供应链的推动作用还未能完全发挥出来，政府对区域品牌的直接推动作用和影响力明显不足。说明目前我国部分传统特色农业集群还是以追求"资源优势"为导向，从而导致特色农业集群区域品牌多限于初级农产品，集群发展缓慢，竞争力不强。从长期来看，追求由"资源优势"向"效率优势"和"品牌创新优势"转化应该是传统农业集群转型发展的必经之路。

因此，笔者认为创建新疆特色农产品区域品牌，提升其区域品牌美誉度的关键有以下几点：①利用区域特色资源，塑造农产品区域品牌科技及文化内涵，构建区域品牌的差异化及地理优势；②重视借助区域文化进行区域营销，培育合作、信任、创新的集群文化，建立集群供应链，创建区域品牌的社会基础和产业创新氛围；③集群供应链组织创新。推动集群供应链转变为众多中小企业品牌基于专业化分工与平等协作的动态品牌链，为提高集群区域品牌营运效率和特色农产品的品牌价值创造力提供核心驱动力。通过建立区域品牌独特的品牌价值创造优势，搭建农业集群的品牌价值网络，构筑特色农业集群市场竞争优势及产业优势；④政府制度及合作组织创新。注重创建由创新平台、区域营销平台、协作交流平台及政策平台组成的特色农业集群区域品牌支撑体系。要重视特色农产品区域品牌规划、保护及品牌监管，提高特色农产品区域品牌的品牌延伸能力，实现农产品区域品牌的多元化增值。充分发挥行业协会在加强行业自律、推动"产学研"结合等方面的作用。

4.6 区域品牌影响下的吐鲁番葡萄集群核心企业品牌发展分析

笔者在深度调研访谈及定量分析中发现，吐鲁番葡萄区域品牌虽已形成，并具有一定的知名度和美誉度，但由于其供应链品牌企业的精深加工能力不强，使得集群供应链还没有建立突出的价值链优势，品牌价值创造能力薄弱。目前相关文献关于区域品牌对企业品牌的影响研究主要集中在理论层面，深入的实证分析及案例研究尚不多见。对我国传统农业特色集群如何通过区域品牌的力量来改变涉农中小企业品牌薄弱现象鲜有学者关注。因此有必要通过深度案例分析，把握在吐鲁番葡萄区域品牌的影响下集群核心企业（组织）品牌所呈现出的发展特点，寻找企业品牌发展中面临的问题。提高企业（组织）品牌对区域品牌的支持力度，加强二者的协同发展，促进吐鲁番葡萄区域品牌辐射效应及协作效应发挥，具有重要现实意义。

4.6.1 新疆吐鲁番葡萄集群企业品牌个案基本情况描述

调研组于2014年2月和9月，先后两次赴吐鲁番、鄯善等地，走访了相关政府机构、企业、行业协会及农民合作社进行调研。主要选取了葡萄酒企业、葡萄干加工企业、农民合作社等葡萄集群供应链不同环节的三种代表性企业（组织）进行案例研究。

案例 A——葡萄酒企业

A企业位于吐鲁番地区鄯善市。于1976年建立，2002年在香港上市，2007年由浙江商源集团重组控股，是国内高中档酒的骨干企业。依托吐鲁番地理和自然条件优势、独特的楼兰文化以及政府政策支持，企业设立了科研、种植、生产及销售公司，年生产葡萄酒产量为5000吨，有葡萄种植园面积约3000亩。在葡萄种植环节，严抓葡萄园种植管理，采用坎儿井水灌溉。已建立国家认定的绿色食品基地和西北最大的酿酒葡萄种植基地。在葡萄酒酿造环节，从德、法、意大利等国引进现代酿酒前端设备和技术。在销售环节，利用浙江商源集团的营销资源，采用加盟方式、区域代理以及连锁酒窖加盟等形式进行品牌渠道推广，产品已覆盖全国90%以上的省市。并于2014年与国内最大的葡萄酒销售商品尚红酒合作布局线上网络销售渠道。从总体来看，企业品牌建设取得了一定成效。1998年，干红、干白两个产品在上海国际葡萄酒博览会荣获铜奖，2000年和2001年企业品牌获得国际葡萄酒及烈酒竞赛铜奖。2011年产品品牌获中国驰名商标。2011年被授予自治区农业产业化龙头企业，并且被评为新疆"最具成长力十强企业"。

案例B——葡萄干加工企业

B企业是全疆规模最大的综合大型民营企业，经营范围包括物流、商贸、冷藏、仓储、果品加工等。目前设有8家分公司，果品物流工作点53家，葡萄干加工贸易量占全疆的20%。在葡萄种植方面，建立万亩有机葡萄生产基地；在技术方面，采用传统凉房阴干和自然晾晒工艺技术制作葡萄干。拥有世界首例Z—系列光电色选机，从英国、比利时分别引进色选机及异物探测技术，并与新农大、新疆农科院等科研机构合作。在物流服务及市场营销方面，每年干鲜果品运输量约40吨，占吐鲁番地区干果外运量的90%，占全疆比例为20%。在全国30多个城市设立销售网点，依托青岛云际公司打造OTO模式电子商务平台，已同美国、欧盟等国建立出口关系。

案例C——葡萄沟乡某农民合作专业社

葡萄沟乡位于新疆吐鲁番地区吐鲁番市，以葡萄种植和旅游业闻名。耕地总面积3万亩，其中葡萄面积占88%。有农业人口2.42万人，维吾尔族占90%。葡萄乡政府以农民合作社为支点，加快运用新技术改造传统葡萄种植业。当地葡农进行联合于2008年建立该合作社，目前有火焰无核、马奶子、玫瑰香等优质葡萄品种，已建立1333.33公顷葡萄种植基地，其中133.33公顷精品葡萄园被国家农业农村部种植管理司指定为"葡萄标准园"。在葡萄种植方面，采用葡萄延迟关键技术，延迟采收、充分熟化和保鲜。同时引进了国外先进葡萄干加工生产线。合作社致力于打造"葡萄沟"品牌，2010年通过国家有机食品认证。此外，初步依托"苏公塔"等旅游景点、葡萄沟风景区发展了民俗特色旅游业。

4.6.2 吐鲁番葡萄集群区域品牌影响下企业（组织）品牌发展分析

4.6.2.1 企业（组织）品牌对区域品牌的利用状况

调研结果表明，对葡萄酒企业而言，由于尚未建立葡萄酒区域公用品牌，故企业目前正在申请自建葡萄酒类区域品牌。政府对企业的支持仅限于节庆会展的营销支持和对骨干企业的扶持、奖励资金支持。对其他两类企业，政府均从资金、商标、质检、节庆会展进行全方位支持。葡萄协会等中介机构的品牌建设支持不够，会员与协会关系松散，行业自律性差，活动经费少，活动不规范，服务功能单一，仅限于召集企业进行会议形式的经验交流，促进企业技术、贸易等方面的协作职能尚未展开。葡萄干加工企业非常重视区域品牌利用，企业品牌建设积极性高，使用企业品牌和区域品牌双品牌模式，市场认可度高；而葡萄种植农民合作社不能充分利用区域品牌，品牌意识薄弱，甚至为了短期价格利益贴牌销售，在一定程度上淡化了区域品牌的影响力和美誉度。具体内容见表4-17。

表4-17 各类企业（组织）品牌对区域品牌的利用情况

企业（或组织）类型	政府支持形式	协会支持形式	企业对区域品牌的认知及参与	企业市场使用区域品牌的状况	企业使用区域品牌后的变化
A——葡萄酒企业	节庆会展、资金	会议交流	企业申请自建葡萄酒类区域品牌	无	无
B——葡萄干加工企业	商标、节庆会展、资金、质检	会议交流	重视区域品牌利用，企业品牌建设积极性高	使用企业品牌和区域品牌双品牌	市场认可度高，推销有利
C——葡萄种植农民合作社	商标、节庆会展、资金、质检	会议交流	不能充分利用区域品牌，品牌建设意识薄弱	使用区域品牌或者贴牌销售	市场认可度一般，影响不明显

4.6.2.2 区域品牌影响下企业（组织）品牌发展状况

A——葡萄酒企业是国内中高档酒的骨干企业，也是世界低地葡萄酒国际领先企业。品牌定位是酒庄文化型。其葡萄酒品牌"楼兰"是中国驰名商标和新疆名牌产品。由于酒类尚无区域品牌，企业品牌发展属于自主发展型，品牌管理经验丰富，品牌的西域文化特色鲜明，品牌包装精美。B——葡萄干加工企业是从物流领域发展起来的自治区龙头企业，生产加工新疆特产、葡萄干加工等。目前有"宋峰""如意福果""丝路果珍"3个品牌，产品注重同时利用企业品牌和区域品牌商标，比较注重品牌包装，但品牌文化内涵不够，品牌文化特色不鲜明。C——葡萄种植农民合作社是葡萄原产地种植规模较大的农民合作社，主要从事葡萄种植业和鲜葡萄销售及少量葡萄干加工。"葡萄沟"品牌建设开始重视利用区域品牌、葡萄文化、民族文化元素，但品牌包装简单，品牌建设仅处于起步阶段，详见表4-18。

表4-18 区域品牌影响下企业（组织）品牌发展概况

企业类型（或组织）	品牌风貌特征	品牌历史	品牌文化及包装	品牌及企业荣誉	行业领导属性
A——葡萄酒企业	酒庄文化型企业，拥有独立的科研、种植、生产及销售公司	32年	依托独特的资源优势以及楼兰文化建牌，2001年推出西域壁画标，将国内精品酒庄酒品质与西域文化特色相结合，同时打造具有深厚西域文化底蕴的低地葡萄酒；包装精美	1998年、2000年及2001年楼兰获得国际葡萄酒及烈酒竞赛（WSC）铜奖，楼兰获中国驰名商标，新疆名牌产品称号	世界低地葡萄酒国际领先；国内高中档酒的重要骨干企业
B——葡萄干加工企业	从物流领域发展起来的国家级龙头企业，是新疆特产、葡萄干等专业生产加工的公司	14年	利用区域品牌建牌，品牌文化建设意识薄弱，产品文化特色不鲜明；包装一般化	2007年度"自治区物流行业先进集体"、2008年度荣获"自治区重合同、守信用企业"、2009年获"自治区农业产业化龙头企业"	农业产业化国家级龙头企业
C——葡萄种植农民合作社	葡萄种植、鲜葡萄销售及少量葡萄干加工	6年	重视利用区域品牌、葡萄文化、民族文化进行品牌建设；包装简单	主导品种无核白2002年、2003年分别获得吐鲁番地区同类品牌评比第一名、第二名，无核白葡萄鲜食化项目获得了吐鲁番市科技进步特等奖	葡萄种植大型骨干农民合作社

4.6.2.3 区域品牌影响下企业的品牌产品及服务

A企业产品品种、产品线品类丰富，新奇多样，葡萄生产基地标准化种植管理方面规范严格，质量检测方面已达到行业先进水平，但品牌延伸远不够，对旅游、休闲等服务业的带动性差，受环境因素制约大，这在一定程度上与新疆近年来安全形势的不稳定有一定关联。B和C企业（组织）在区域品牌建设的影响下，为满足消费者的多变消费需求，产品品种、产品线日益丰富，提高了标准化种植管理，扩大了葡萄生产基地、加强了与农民合作社的紧密合作；在质量检测方面除了有企业内部检测，还严格接受地区质监局质量检测；但其研发投入不够，产品研发与创新水平低，受产业发展规模与速度的制约，产品延伸力很弱，当地旅游、休闲农业潜力远未发挥，详见表4-19。

表4-19 区域品牌影响下企业（组织）品牌产品及服务

企业（或组织）类型	产品品种、产品线	标准化种植管理	产品质量检测	研发与创新	产品延伸力
A——葡萄酒企业	年生产葡萄酒5000吨，赤霞珠、梅鹿辄、贵人香、白诗南、柔丁香等世界名品酿酒葡萄	自有基地1万亩、与农民合作社合作2万亩有机种植基地	HACCP认证证书；质量管理认证体系；有机产品转换证书	采用传统凉房阴干和自然晾晒工艺技术制成；从德、法、意大利等国引进先进设备及工艺，专业技术人员占职工总数的20%	楼兰酒庄采摘节
B——葡萄干加工企业	以干鲜果品精深加工、物流配送、农副产品进出口贸易为主，以仓储保鲜、市场经营、摊位租赁为辅	万亩有机葡萄生产基地	企业内部质量管理体系；地区质监局质量检测	有世界上首例能色选同时驱除腹白的高级色选机，引进英国布勒公司Z+3B色选机、比利时BEST公司异物探测技术，与新疆农科院合作	摊位租赁物流配送仓储保鲜
C——葡萄种植农民合作社	葡萄乡火焰无核、马奶子、玫瑰香等50多个品种	建成2万亩无公害商品葡萄基地，取得无公害农产品资格	葡萄已列为国家原产地域保护产品，取得了"绿色无公害"标志；地区质监局质量检测	"葡萄延迟关键技术"	民俗特色旅游业

4.6.2.4 区域品牌影响下企业品牌市场特征

在区域品牌的影响下，企业的市场拓展规模和速度提升明显。但其品牌市场特征明显不同。从三类企业的品牌市场特征来看，A——葡萄酒企业品牌定位中高档葡萄酒，销售市场以新疆、浙江、江苏为核心，以北京、上海为重点，销售比例为新疆占30%，内地占70%，销售渠道包括专卖店、商超、OTO模式（线上线下结合）等，物流配送与品尚红酒及其他第三方物流合作。B——葡萄干加工企业品牌定位中低档，销售范围和比例为新疆占40%、内地占60%，销售渠道包括内地设立新疆干鲜果品销售网点商超，出口欧美、东南亚，OTO模

145

式等。物流配送与山东运营公司合作及自营。C——葡萄种植农民合作社，品牌定位中低档，销售范围和比例为新疆、内地约各占50%，销售渠道包括本乡交易市场，利用网络、微信等，物流配送依靠本地零散物流。具体内容见表4-20。

表4-20 区域品牌影响下企业（组织）品牌市场特征

企业（或组织）类型	目标市场种类范围	品牌定位	销售地区市场占有率	销售渠道	物流配送情况
A——葡萄酒企业	以新疆、浙江、江苏为核心，以北京、上海为重点	中高档酒	30%新疆，70%内地	专卖店、商超、OTO模式	品尚红酒及其他第三方物流
B——葡萄干加工企业	新疆、内地	中低档葡萄干	40%新疆，60%内地	内地设立新疆干鲜果品销售网点商超、出口欧美、东南亚、OTO模式	山东运营公司自营
C——葡萄种植农民合作社	内地、新疆	鲜葡萄、中低档葡萄干	约各占50%	本乡交易市场，用网络、微信等	本地零散物流

4.6.3 本章小结

笔者从吐鲁番葡萄区域品牌建设的"短板"——集群供应链企业品牌分工及建设能力差出发，以吐鲁番葡萄产业集群三类典型企业（组织）为例，就新疆少数民族地区传统特色农产品区域品牌对小微企业品牌建设及发展的影响进行研究。主要从企业（组织）对集群区域品牌的利用情况、企业（组织）的品牌发展概况、品牌产品及服务、品牌市场特征等方面进行分析，并结合案例剖析了集群区域品牌影响下企业品牌发展中面临的问题。其中，A——葡萄酒企业的发展模式是酒庄文化型，依托西域楼兰文化引领品牌建设，进行低地葡萄酒酿造及销售一体化经营。但企业品牌延伸不够，目前业务还是局限在酒类销售。此外，由于总部在浙江，企业与内地企业建立合作关系，但与当地其他企业的交流合作甚少，对集群企业的带动和影响不够。B——葡萄干加工企业的发展模式是市场带动型，通过合伙人投资组建，重物流、加工水平建设，轻品牌投入。从实际情况来看，缺乏葡萄干精深加工技术，物流服务及储存保鲜水平还比较落后，品牌运营管理能力弱。急需通过提升品牌文化，塑造品牌的独特性；通过技术创新，提高精深加工水平；通过整合物流，提高流通效率。C——葡萄种植农民合作社的发展模式是基地生产型。由于建设主体是农民，还包括部分少数民族同志，其文化水平有待提高，品牌保护及建立方面意识淡薄。借助葡萄沟的地理优势品牌人文进行葡萄采摘体验、农家乐风情旅游活动尚未广泛展开，合作社的规模和品牌影响力有待提高。此外，政府对区域品牌和中小企业品牌建设的支持作用在某些方面投入还远远不够。如对品牌保护资金投入不够；质检方面尚未建立完善的现代化检测体系，第三方检测缺失；在区域品牌的使用方面激励政策不到位。政府对葡萄协会等中介机构的支持不够，尚未发挥其在促进本地企业的技术、品牌协作交流中的作用，葡萄集群的创新明显不足。

由此，笔者提出以下政策及发展建议：

第一，政府加快改善品牌建设环境。一要提高企业公用品牌的维护意识，为集群品牌健康持续发展营建良好氛围。政府要以补贴资助和联动发展等方式，激励生产经营企业维护发展葡萄集群区域品牌，尤其对葡萄供应链前端的农民合作社，要注重提高农民品牌建设意识，注重原产地品牌的建设和保护，加强其对区域品牌的利用和重视程度。二要完善和优化吐鲁番葡萄品牌公共服务环境，转变政府职能，充分重视协会及相关中介机构的作用，为集群提供创新氛围。

第二，不同类型的企业（组织）应选择不同的企业品牌发展模式。葡萄酒类产品尚未建立区域品牌，应采用龙头企业带动模式，借助A——集群骨干企业的品牌知名度和影响力，通过打造强势酒庄企业品牌及产品品牌，推动葡萄酒区域品牌的建立；葡萄干区域品牌的竞争力较强，远高于企业品牌的建设水平。要注重引导B——企业建设融商标、产品质量、企业信用与特色文化为一体的优质农产品品牌，塑造差异化品牌，提升企业品牌反哺区域品牌的能力；鲜葡萄企业（组织）品牌建设水平低下，政府需加强对此类区域品牌的保护，质监部门要严格区域品牌标识的使用和管理，工商部门要重视品牌打假。C——葡萄种植农民合作社要树立主动维护区域品牌的意识，加大推进品牌延伸，利用新鲜果品的采摘、观光等形式发展特色旅游、休闲农业，扩大区域品牌的影响力。

4.7 新疆特色农产品区域品牌提升路径及对策

4.7.1 新疆特色农产品区域品牌建设困境

从新疆特色农产品区域品牌形成机理及其品牌效应实证研究可以看出，新疆特色农产品区域品牌建设还是以追求"资源优势"为导向。区域品牌建设主体呈现多元化和功能分散化特征，导致品牌产权归属不明确。政府、企业、行业协会等多元主体的品牌联合供给机制缺乏，使得区域品牌发展驱动力不足，从而导致集群企业的品牌协作能力较弱，区域品牌多限于初级农产品，区域品牌和企业品牌竞争力都不强，集群发展缓慢。新疆特色林果业集群地处我国西北部经济欠发达地区，在市场化程度、生产力水平、区域经济发展条件等方面与发达地区相比较为落后，而其独特的文化资本包括民族民间文化和自然风情，却因远离现代工业而形成了相对比较优势。目前，以林果业为典型代表的新疆特色农产品区域品牌发展应该在自然条件、历史传统、区域文化等特殊产业要素的比较优势基础上，提升区域品牌的层次和文化品位，重点打造高附加值品牌；并通过政府、企业及协会等多元主体的协同创新，提升中小企业的隐性品牌竞争力及协作能力，深度挖掘特色果品的品牌贡献潜力和优势，由此才能保障和提升新疆特色农产品区域品牌独特的市场竞争力，进而推动新疆特色林果业集群由"资源优势"向"品牌创新优势"转型发展。从实证研究中可以看出，新疆农产品区域品牌建设主要面临以下问题：

4.7.1.1 地区政府支持力度不够，品牌建设基础环境差

政府相关投入还远远不够，尤其对品牌保护、发展资金投入不够，制约了区域品牌健康成长、农业的多功能性发挥及集群产业链的完善。质检方面尚未建立完善、现代化的检测体系，第三方检测缺失，果品质量建设缺乏保障。还存在区域品牌的管理使用及保护不到位现象。具体表现为品牌建设普遍存在重申报及评选，对品牌后续跟踪管理不够重视；农产品流通市场监管力度小，强调重视食品安全检查，放松了对区域品牌滥用和仿冒的监管及制裁。缺乏对林果业品牌的有效整合，影响了集群品牌整体质量提高，削弱了集群品牌影响力，危害了优秀企业品牌成长。

4.7.1.2 中介机构及行业协会对集群创新作用微弱

特色林果业集群相关辅助性中介机构稀少。由于缺乏培训及科研机构，集群生产经营管理中缺乏快速创新，致使产品跟不上市场需求变化，品牌的市场适应能力差。技术、资金等产业要素流动市场和管理组织缺乏，集群主体信息交流少，生产结构相似度高，产业链环节发展很不协调，不利于区域品牌的塑造。相关品牌策划机构稀少，品牌商标的设计雷同，缺乏鲜明的个性及独特的品牌文化内涵，消费者认同感、市场知名度均不高。由此，制约了行业协会在促进本地企业的技术、品牌协作交流中的作用，不利于制订生产标准、提高产品知名度以及区域品牌价值的创造与提升，集群的创新明显不足。

4.7.1.3 供应链企业协作水平低下，品牌价值创造能力不强

从新疆林果业产业集群果品品牌建设现状来看，目前集群发展中仍存在以下问题：

第一，集群企业精深加工能力差。新疆特色林果业销售产品以鲜果和少量果脯为主，具有一定科技含量，深加工产品并不多。目前新疆果品加工率是9.4%，低于全国10%的平均水平，与美国（53.5%）、日本（51.5%）等发达国家的加工水平相距甚远。以葡萄产业为例，其产品的构成是52%制造葡萄干、40%鲜食，8%酿酒，品牌结构严重不协调。而且新疆果品贮藏保鲜率为12%也很低。相关专家认为，新疆果品加工率达到35%以上、贮藏保鲜率要达到45%左右，才能基本保持产销平衡。新疆林果业正面临贮藏保鲜、精深加工、国内外市场波动等诸多不利因素影响。需要依托优势资源发展果品精深加工业，实现林果产品的多层次加工增值。

第二，集群分工合作意愿不强。由于集群的产业链不完善，产业延伸能力差，集群供应链在物流、科技及市场方面的协作不够紧密，尚未形成集群供应链品牌联盟，龙头企业的带头作用尚不明显，与中小企业的横、纵向合作不明显。与跨行业企业的交流互动不强，影响了品牌经济增长及集群品牌价值链的形成。

第三，企业隐性品牌竞争力低下。中小企业的隐性品牌竞争力如知识、技术等仍然非常薄弱。具体表现为果品产业链较短、科研力量薄弱、新技术研发、新成果转化能力不足。产品的食用价值和科技含量偏低，产品附加值不高，产品更新缓慢。由此，影响了集群区域品牌的独特品牌价值创造能力提升。

4.7.1.4 尚未建立区域品牌的互动效应

第一，企业品牌与区域品牌的融合互动发展机制尚未建立。从区域品牌管理来看，品牌下的子品牌体系构建、双品牌推动机制设立、各方进行区域品牌共建的管理机制建设都未得到应有的重视，由此制约了区域品牌作用的发挥。从企业品牌建设来看，集群知名度高的企业或产品品牌并不多，品牌竞争不激烈，产品销售半径多局限于国内，企业品牌发展迟缓，对区域品牌的支持力度不大。由于企业技术创新能力弱，骨干企业的隐性品牌竞争力不强，影响了核心企业品牌对区域品牌的反哺能力。以吐鲁番葡萄为例，由于企业品牌的支援较少，即便吐鲁番葡萄区域品牌的名声较大，但其葡萄干的品牌市场竞争力却并不具有突出优势。

第二，区域品牌与地方市场缺乏互动。政府对传统市场的改造和利用区域市场的功能创新，发挥研发与营销、物流配送、信息交流等多方面的作用不够

重视，影响了区域品牌的外部性扩散及企业协作能力。

第三，区域品牌与产业集群互动不够。需要进行品牌互动创新，利用区域品牌文化、集群供应链、地区市场的整合创新，打造品牌效应，促进产业链延伸，推动集群转型升级。

4.7.2 新疆特色农产品区域品牌提升路径与优化机制

农产品区域品牌具有部分公共产品属性。农村公共产品有其显著的特殊性，即高运行成本伴随低利用效率；同时存在高依赖性与低供给率现象；外在经济性高但内在经济性低（陈池波，2006）。

受政府供给为中心的"一元思维"影响，我国农村公共物品形成了"一元"供给路径依赖，呈现出供给数量不足、制度缺乏效率、需求与供给不对接、供给结构不平衡等许多问题，成为制约农村社会经济发展的障碍。因此，要有效提升新疆特色农产品区域品牌建设水平，必须打破"一元"供给依赖，建立多元供给制度。

4.7.2.1 新疆特色农产品区域品牌建设的多元供给制度分析

Wuthnow（1991）提出公共产品的"政府、市场、第三部门联合供给模式"（周燕、梁樑，2006）。作为一种准公共品，新疆特色农产品区域品牌可遵循多元治理理论，构建一个基于地方政府、行业协会、企业、产业集群各行为主体相互制衡的共同治理机制。

基本运行机制是广大消费者通过需求沟通机制，将购买偏好与选择反映给政府、企业、协会以及农业合作社等供给主体；供给主体通过竞争机制，利用多元投融资渠道提供区域公共品牌。同时伴随有监管机制，保证多元供给体系良性运作，通过评价机制，测定消费者的满意度（张鹏，2009）。政府、中介组织和集群内企业之间，以"政府主导地位，协会中介作用，企业参与者角色"的分工模式进行品牌建设。

"看不见的手"与"看得见的手"共同发挥作用。企业起资源配置作用，政府在引导产业发展、营造集群环境、提供公共服务方面发挥主要影响。政府的推动作用要通过相关中介组织才能有效发挥（熊爱华、汪波，2007），如图4-9所示。区域品牌多元供给模式制度创新的关键就是政府由管制型政府向服务型政府转变，需要捋顺政府和市场、政府和社会之间的关系，建立和完善与之相适应的制度规范。由此才能实现区域公共品牌建设中公平和效率的统一（王春福，2007）。

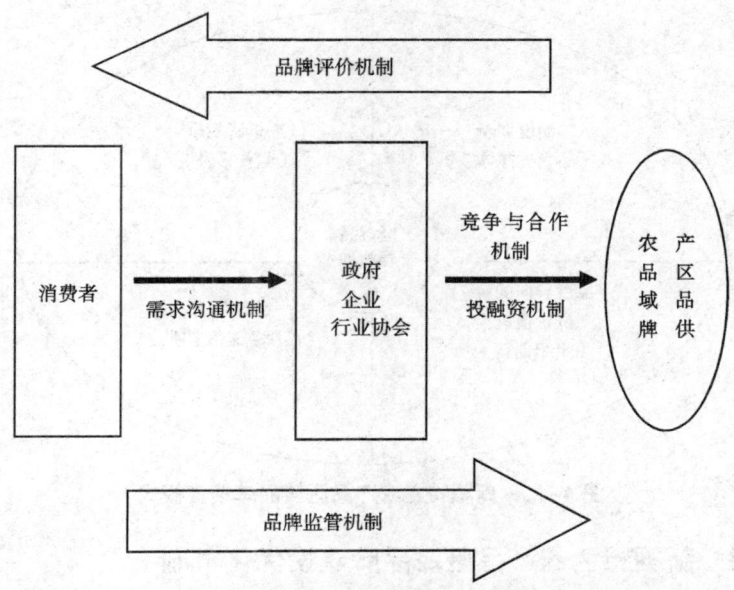

第4章 新疆特色农产品区域品牌研究——以"吐鲁番葡萄"品牌为例

图4-9 农产品区域品牌多元供给制度模式

4.7.2.2 新疆特色农产品区域品牌建设优化框架

这里借鉴魏江和周泯非（2001）以及Von Tunzelmann N（2003）提出的集群治理框架，从地方规制、经济层级、协会自治和社会规范四个方面建立新疆特色农产品区域品牌的多元协同发展建设框架。

笔者认为随着新疆特色林果业的快速发展，产业集群规模不断扩张，新疆特色区域品牌培育离不开多元化主体的共同推动，需要政府、协会及中介机构、集群供应链企业进行协同创新推进。政府需要进行制度创新，建立产业支持、新型农业主体培育支持、区域品牌管理支持、政策及金融支持，建立起区域品牌发展的品牌支撑体系；协会及中介机构需建立知识、信息、品牌共享平台，促进产学研合作；集群供应链要进行组织创新，建立品牌导向的集群价值链，在标准化基地建设、精深加工技术合作、市场拓展三个方面紧密协作；要重视加强区域品牌与企业品牌、地方市场、产业集群之间的互动，加强区域品牌管理与扩张。通过管理机制、互动与延伸机制、创新及激励机制等，推进战略协同、服务协同、组织协同以及品牌管理协同，不断完善特色农产品区域品牌的集群供应链产品生产体系、品质保障体系、配送体系和品牌推介体系，促进特色林果业产业化经营和垄断竞争性市场的创新发展，摆脱处于国际价值链低端的低成本驱动困境，推动新疆林果业转型升级。具体见图4-10。

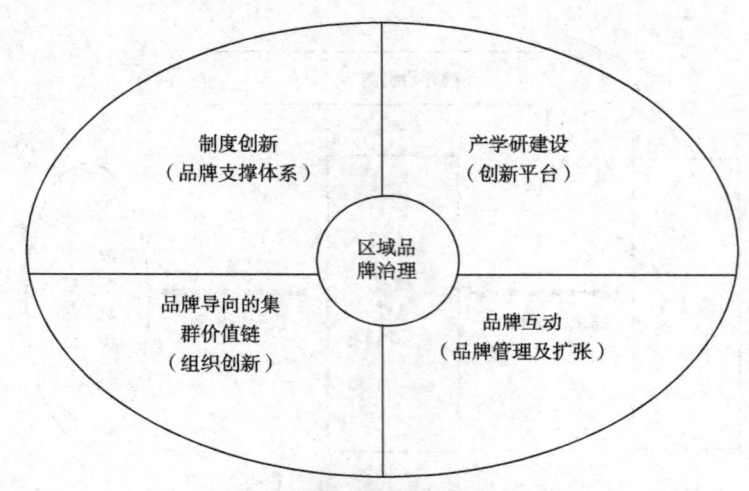

图 4-10 新疆特色农产品区域品牌培育模式

4.7.3 新疆特色农产品区域品牌建设优化机制

新疆特色农产品区域品牌治理，主要通过管理机制、创新机制、激励机制、互动与延伸机制、协同机制等共同推动实现。

（1）管理机制。政府要简政放权，向服务型政府转变。作为区域品牌的建设管理机构，要致力于协调各建设主体、各类型品牌之间的关系，优化区域品牌的建设环境，为区域品牌建设提供基础支撑体系。

（2）创新机制。行业协会致力于打造产学研平台建设，为集群品牌建设提供创新平台和土壤。要加快推动相关科技中介机构、大学与企业的科研合作与交流，推进企业科研成果转化，提高特色农产品的科技创新和附加值。

（3）激励机制。要注重利用扶持政策建立激励机制，进行集群供应链组织创新。加快龙头企业发展建设强势品牌，要加大对合作社等新型经济组织的培育，通过密切企业协作，建立品牌导向的集群价值链，通过提升企业品牌知名度推进区域品牌建设。要树立企业的区域公用品牌维护意识，政府还可以以补贴或者联合发展等方式，鼓励葡萄行业和企业的自我提升行为。

（4）互动与延伸机制。要建立区域品牌和企业品牌、地方市场、产业集群之间的互动机制，促进其融合发展。不仅放大区域品牌的品牌伞效应，促进区域品牌延伸；而且能够通过加强品牌互动，加强区域品牌管理与扩张。

（5）协同机制。农产品区域品牌治理需要政府、协会及中介机构、集群供应链企业进行协同创新推进，建立企业主体、政府推动、社会参与的品牌发展体系。政府需进行制度创新，建立区域品牌发展的品牌支撑体系，协会及中介机构致力于打造产学研服务平台，集群供应链其余要进行组织创新，区域品牌与企业品牌的互动，加强品牌管理与扩张，促进区域品牌延伸。由此推动新疆林果业集群通过品牌创新转型发展。

4.7.4 新疆特色农产品区域品牌提升对策

以林果业为典型代表的新疆特色农产品区域品牌建设需围绕农业区域化、标准化、产业化和市场化，以产业集聚为基础，以绿色食品及有机食品生产基地为载体，以标准化、现代营销、科技支撑、绿色文化、金融支持与农业品牌结合为核心特征，建立市场导向，企业、政府、社会组织联合推动的品牌发展体系。并通过政产学研协同创新，建立品牌导向的集群价值链，形成上下游联动，多产业并存，大中小企业共生的良好态势。由此推动集群品牌建设突破价值链"低端锁定"的困境，打造"绿色新疆、品质农业"的品牌形象，推进产业集群转型升级。

4.7.4.1 充分发挥地方政府在农产品区域品牌建设中的作用

地方政府要充分发挥其在提升农产品区域品牌建设中的引导、服务和监督职能。通过构建特色林果业品牌核心圈，拓展农业的多功能性，促进产业集群规模扩大；重视新型品牌建设主体培育；规范品牌管理，提升品牌建设水平；提供企业发展及相关金融政策支持，优化品牌成长环境。实现农产品品牌建设主体与区域环境的协同发展，为区域品牌建设获取更多农业资源及政策支持。

（1）构建新疆特色林果业品牌核心圈，大力拓展农业的多功能性。构建特色林果业品牌核心圈。首先，要进行生产区域规划。南疆果品以红枣、核桃、巴旦木、香梨等为主，建立特色林果主产区；北疆以鲜食和酿酒葡萄、枸杞等为主，建立优质特色林果基地；东疆建立时令水果基地，以鲜食葡萄、红枣为主。其次，要重点发展农产品精深加工产业集群。以环塔里木盆地和吐哈盆地、伊犁河谷、天山北坡林果基地为重点建立果产品加工业集群，围绕贮藏保鲜、精深加工，推进企业技术改造及产品升级，提高果品附加值，促进林果产业链延伸。以吐鲁番葡萄为例，在2014—2020年吐鲁番地区葡萄产业发展规划中，已经提出立足吐鲁番市和鄯善县城市建设，依托楼兰酒业、红柳河园艺场、葡萄沟景区建立三个葡萄酒庄集群，以此为核心带动葡萄种植、葡萄酒酿造、旅游休闲及文化等发展。最后，要进行品牌整合。实现"同一区域、同一产品、统一品牌"，培育和建立一批具有鲜明特色的知名品牌。

将新型农业形态如休闲及观光旅游农业、生态有机农业、创意农业等纳入区域品牌建设，塑造产业发展亮点。要重点培育一村一品产业名牌。目前新疆的名优特林果之乡已达到 11 个县市，主要包括"核桃之乡""葡萄之乡""香梨之乡"等。应继续打造一批产业优势突出、特色明显的示范村镇，加快其集约化、标准化、专业化建设。提高专业村镇的影响力，建成更多的特色林果业知名品牌。还要大力建设推广"生态健康果园"。新疆于 2011 年开始推行生态健康果园建设试点。其推广有利于开拓国内外果产品高端市场，打造林果品牌形象，提高品牌国际竞争力，加快新疆外向型林果业的发展。为此，政府应落实有机林果产品生产规程标准实施、支持有机果品认证，完善果品检测体系和生态健康果园评估管理等工作。

塑造文化加旅游特色、提升区域品牌竞争力。农业的产业关联性主要体现在对农资、劳动力和旅游观光市场的带动作用（常亚南，2012）上。政府应该放大这种外部性，利用特色农产品区域性品牌建设，在食品、药品、文艺及休闲领域纵深拓展。立足消费者视角，基于生态、旅游、养生理念，通过特色文化引导，实现传统特色农产品区域品牌的经济效益、社会效益和生态效益。注重采取差异化竞争战略，把品牌与原产地概念紧密关联，建立文化特色鲜明的绿色、有机食品品牌，争取创造更多的品牌经济价值。借助消费者体验等营销手段，向旅游者提供"绿色生态游项目"，将有机农业与农业旅游、环保及新农村建设紧密结合。树立品牌社会责任形象，以集群整体形象赢得消费者、社会公众对农业品牌的持久认同，进而收获品牌的生态价值和社会价值。近年来，莎车县举办巴旦姆花节和文化旅游节等大型活动，借鉴历史文化精髓，融合巴旦姆文化内涵与维吾尔十二木卡姆文化建立了"两姆"文化品牌，成功打造了具有显著竞争力的经济产业链。

（2）建设新型农业经济组织，进行品牌培育。其一，发展和壮大龙头加工企业品牌。要加大实施大企业集团带动战略，鼓励疆外企业入驻新疆建园建厂。推动新疆现有龙头加工企业以联营、股份制等方式对供应链上下游企业进行兼并、重组、扩建，促进相关专业化配套企业发展。建立初、精、深各个层次加工分工协作体系，建立强势企业品牌，发挥龙头企业在市场开发、技术创新、种植基地规模化、产业化发展等方面的辐射和带动作用，推进产业延伸。例如，2010 年中粮集团与新疆政府签订了 5 年期新疆林果业开发战略合作协议，预计投资 20 亿元从事果品的收购、加工和销售业务，就极大促进了林果业产业化经营水平提高。其二，提高农民组织化程度。目前，新疆林果专业合作组织达到 200 个左右，农民经纪人约有 10 多万名。由于数量有限且规模较小，并未发挥其应有的作用。因此，要支持中介合作组织或农民建立各种专业合作

第4章　新疆特色农产品区域品牌研究——以"吐鲁番葡萄"品牌为例

社、协会等，充分发挥其作为政府的替代补充服务职能。大力推进"订单农业"以及"农超对接"等形式，以要素入股、产权合作等方式推进农业合作社与龙头企业建立紧密的利益结盟，提高农民合作组织的议价砍价能力，增加农民收入，推动农民专业合作社快速发展。其三，与国内大型电子商务公司建立战略合作伙伴关系。2013年，我国电商销售占社会零售总额的比例达到7.9%，而农产品电商销售比例却仅有1%左右，由此可以看出，农产品电商发展潜力巨大。应注重与京东、阿里巴巴等大型电商合作，利用其电商平台建立网上批发交易平台，为企业提供包括市场经验、销售网络、产销信息、物流配送的一体化线上营销平台，有效促进特色果品的销售规模，加快新疆特色林果业产业集聚。同时可以与新疆地方政府部门合作，对申请入驻平台的企业实施原产地及产品质量认证，有利于保证果品的原产地特色，防止假货销售，提高新疆特色农产品的品牌信誉。例如，2014年6月阿里巴巴集团与沙湾县人民政府合作，在新疆沙湾建立了首条线上产业带平台——新疆沙湾产业带。运营3个月已有240家企业注册，效果反映良好。

（3）规范品牌管理。要规范品牌管理体制。目前，新疆特色果品品牌管理呈现多头管理格局。质量技术监督局负责"农产品地理标志"申报工作，工商局负责推荐"中国驰名商标"，农业部门则负责受理"新疆农业名牌产品"推选。这大大增加了企业的工作量，也不利于对品牌的后续管理和监督。需要地方政府出面协调，统一管理口径，减少审批环节，提高工作效率。还应重视品牌建设和推广的指导。成立专门品牌指导工作机构，在基层县市要建立品牌服务指导站。建立品牌化工作管理框架，实施"申报、储备、培育"的阶梯式品牌管理，重点推广"公司（农民专业合作社）+商标（地理标志）+农户"相结合的品牌合作经营方式，促进特色林果业的品牌建设。此外，要优化名优品牌评选工作。从2010年起，新疆维吾尔自治区质量技术监督局授权"推委会"（新疆名牌战略推进委员会）展开林果产品品牌评选活动。截至2013年年底，新疆拥有国家及自治区级别品牌果产品121种，其中有32种果产品被评为国家地理标志保护产品，12种果产品被授予"中国驰名商标"或"中国名牌产品"，76种果产品获得"新疆名牌产品"等称号。这在一定程度上提高了林果产品品牌的市场属性与产品属性。在此基础上要继续提倡和实施品牌化活动，对创建名牌产品活动中贡献较大的企业应该予以奖励和表彰。促进果品加工龙头企业改善质量效益，加速企业品牌扩张与发展。还需要进一步规范新疆特色农产品名牌评价体系，建立完善以市场评价、质量评价、效益评价和发展评价为核心的指标体系。

（4）政策支持。其一，重视农业标准化生产建设。要加快特色林果业的绿色和有机果品基地建设，推行标准化生产，从源头严格管控果品质量。继续更新《新疆特色农副产品指导目录》，扶持建立第三方农产品认证机构，推动第三方检测体系建设，对市场准入严格把关。加快特色果品质量安全追溯体系建设，实现果品质量信息跟踪查询，抓好特色果品的质量全程监控。其二，制订扶持龙头企业的优惠政策。鼓励采取股份合作、技术入股、品牌授权等多种形式发展特色水果品牌，支持企业从事特色果品生产基地建设和果品精深加工。支持具备条件的龙头企业进行上市融资，壮大企业规模。鼓励北疆大型林果产业龙头企业到南疆进行投资，加快南疆特色林果业产业化基地建设。对于对口支援省份与南疆的农业合作项目实行最大力度的优惠政策予以扶持。在土地、信贷、税收、外贸等方面出台优惠政策，吸引国内外大型企业集团入驻新疆从事贮藏保鲜、精深加工和市场开拓，带动新疆特色林果产业化发展。其三，加快特色果品国内外流通渠道建设。积极开拓区内、国内、国际三个市场。国内市场以北京、上海、广州为中心，国外主要在中亚和俄罗斯开辟高端消费市场。引导企业、经销商以大、中城市为据点建立集散分销渠道，促进农超对接，提高特色果品延伸配送能力。依托喀什特殊经济开发区，重点支持和帮助南疆地区构建农产品外销平台，引导企业参加国际农产品会展，加快发展外向型农业。重视借助援疆省市的力量，建立南疆农产品外销窗口。同时对已有农村小型集贸市场加以改造，规划建设特色农产品现代化物流批发市场。并依托"双百市场"工程、"西果东送"等项目，对仓储、冷链保鲜、物流配送和市场监测等主要流通环节建设投入，形成高效特色农产品流通渠道。四是金融支持。要加大"银政"合作力度，探索特色林果业集中连片金融服务模式，推动新疆特色林果产业化发展。对重点地区、龙头企业实行金融扶持，安排专项资金发展企业品牌和特色农产品。加大财政贴息支持，适当扩大授权并缩短信贷流程。对信贷担保抵押进行创新。支持农民以果树、设施大棚等形式申请抵押贷款，试行推广农民土地经营权抵押贷款。对物流企业在金融、税收方面给予一定优惠。此外，要不断探索林果业品牌风险补偿机制，扩大南疆特色林果业保险范围及品种，提高其补贴比例和标准。

4.7.4.2 行业协会进行产学研平台建设

新疆特色林果业要从国内外市场需求出发，在供、产、销等供应链核心企业的参与下，同行业协会、金融组织、科研单位等支撑机构共建协同商务创新平台。企业可以借助此平台，共享信息、知识、品牌等创新资源，创造外部性、网络性、创新性等协同效用（曾小青、樊培，2010），建立集群创新网络，推进集群内外部学习交流，促进了集群及企业创新水平以及企业和集群的核心竞争力提高，提升企业品牌市场适应性和品牌创新能力。

（1）建立知识平台，加强企业与相关科研院所的"产学研"协作。要加大对行业协会的支持力度，使行业协会在技术推广、标准制订、人才培训等方面充分发挥作用。并发挥科技中介服务机构、基层农技中心等在技术咨询及服务中的作用。要加快建立水果产品质量标准的国家体系，把新疆特色果品的地方质量标准、企业标准逐步上升到国家标准，改变行业品牌鱼目混珠的局面。并积极推进标准化生产，扩大其实施面积，引导林果种植户推行规模化、集约化、标准化生产。此外，葡萄协会要与相关质检部门合作，积极开展质量认证及检测，提高特色农产品质量。林果业行业协会可实施首席专家制度，提高林果业的专业技术推广服务质量。还可以通过建立"半开放式研究院"，帮助企业建立科研团队或者与高校合作等方式来突破农产品新品种、新技术方面的壁垒，提高企业的自主创新能力。行业协会可以通过培训班、研讨会等形式，对地理标志品牌建设的技术骨干进行培训，加大科学技术推广的深度和广度，提高特色林果业科技水平。要尽快建立完善林果业灾害监测预警系统，增强行业应对突发灾害的处置和防控能力。

（2）建立宣传信息平台，提高特色农产品的流通效率与合作。应成立不同种类果品如红枣、核桃、杏子等的地区特色农产品销售协会及县市特色农产品销售协会。形成集合作社生产、企业加工、协会销售为一体的规模化产销网络，增强新疆特色农产品在国内乃至国际市场的竞争力。建立农产品信息网络，合理引导生产、营销。收集农产品生产、销售、品牌经营等信息，组织货源并加强产销对接，不断提升特色农产品品牌知名度和市场占有率。要发挥放大援疆机制。创新和利用援疆机制，推进相关地方单位与对口支援省市，以产业合作及项目建设为重点，在市场开拓、物流服务、农产品深加工、管理创新方面进行广泛合作，共同建立新疆特色林果业现代化建设的示范性工程。

（3）建立品牌建设公共服务平台，提高品牌管理服务水平。其一，完善品牌规划建设。目前政府、各地州农业协会正筹备编制《新疆农产品品牌发展规划》，加强对区域内农产品品牌的规范管理，为其发展提供理论政策支持。其二，成立自治区农产品营销协会。2012年9月由新疆果业集团有限公司、新疆拓普农产品有限公司等新疆龙头企业共同发起成立。协会制订"诚信、优质"的行业道德规范，有利于加强行业自律，约束管理农产品营销的企业行为；有利于提高新疆特色农产品企业的组织化程度；通过发挥在政府、企业、产品与市场之间的"纽带"的作用，能够较大程度促进新疆农产品品牌及市场销售的健康发展。其三，打造产业发展高峰论坛。近年来，新疆政府与中央电视台合作主办、地州行业协会、营销协会等单位协办，共同打造了葡萄、核桃、红枣、枸杞等林果产业发展的高峰论坛，新疆与浙江农业战略合作论坛和农业项目洽谈会也已召开。

今后，这些高端会议论坛将每年继续展开。为集群品牌交流、技术研发、贸易洽谈提供了交流平台，对推进新疆与对口支援省份农业战略合作具有重要意义，对新疆林果业提升行业知名度和影响力起到了积极推动作用。

4.7.4.3 加强品牌导向的集群供应链组织创新

农产品区域品牌提升离不开集群供应链的优化和创新。只有培育一批集精深加工、研发为一体的产业化龙头企业，建立品牌导向的集群供应链，才能全面提高农产品区域品牌的品牌价值创造能力和影响力。

（1）品牌导向的集群供应链构建思路。道格拉斯·诺思（1999）指出"有效率的组织是经济增长的关键"。

建立区域品牌价值创造优势，主要进行集群供应链组织创新，建立集群价值链体系。以品牌为关系纽带，以顾客品牌价值为导向，以核心企业为主导进行合作、竞争、学习。核心企业与其他相关企业之间的交流与交换活动形成推动集群品牌建立的"品牌增长极"，借助知识资本和社会资本对区域内外资源有机整合，并通过技术创新和品牌合作，使集群企业具备更强的创新能力、市场适应力、独特价值创造力及资源整合能力。首先，集群供应链企业要进行品牌管理及研发分工。能够促进果品品牌特性与消费者偏好的有效结合，快速地响应市场需求，以特色品牌销售驱动供应链企业盈利水平的提高。其次，在采购环节要大力推行"农户+农民合作社+公司"合作的运作模式。果品种植环节标准化的实施及规模化种植推广，保证了果品品牌的质量，降低了果品成本。而通过物流公司统一原料采供、销售配送和生产加工企业的分工与合作，有利于提高企业产品的生产效率和物流效率，降低企业的生产成本、交易成本，使其获得低成本竞争优势。最后，实体门店和电子商务相结合的线上线下互动营销模式有效解决了供给方生产标准化与需求方多样性偏好间的矛盾，能够提高供应链企业的市场控制力。通过集群供应链的共生，保障了优质安全果品的市场供给，提升了集群中小企业的品牌价值创造能力，由此才能建立起林果业集群价值链独特的品牌价值创造优势（张小蒂、张弛，2010；朱建荣，2011），如图4-11所示。

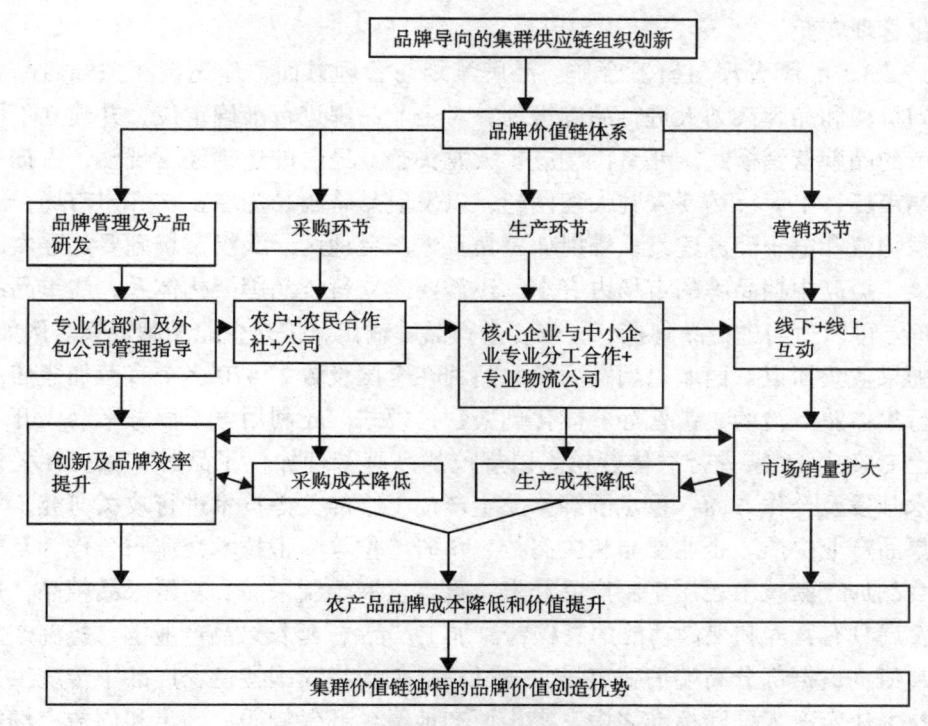

第4章 新疆特色农产品区域品牌研究——以"吐鲁番葡萄"品牌为例

图 4–11 品牌导向的集群供应链构建

（2）品牌导向的集群供应链建设重点。标准化基地建设协作。扶持集群龙头企业和农民合作社以产品地理标识为依托，争创品牌，加大绿色及有机食品生产基地建设。对于土地管理，龙头企业可以通过土地租赁、土地经营权入股等方式，集中连片发展生产基地；同时鼓励龙头企业进行跨区域经营，实现基地建设的规模化。要重视依据国际农业通行标准进行基地标准化生产管理。推行"农户＋农民合作社＋公司"合作的运作模式，并大力推进专业合作社发展"订单农业"。加快旧果园改造，高效建设以标准化、规范化和精细化管理为导向的绿色有机食品生产基地。要求企业、农民合作社按照技术和农艺规范，对种植、施肥、喷洒农药等环节进行严格把关，不断提高无公害果品、绿色果品、有机果品的基地建设水平和质量。还应实施质量追溯控制。要建立健全果品生产档案，在种植过程中引进质量控制和责任追溯，保障优质特色果品供给，为促进林果产业一体化产业链条良好发展打好基础。由此保障了果品质量，不断提升特色果品区域品牌的质量信誉。例如，新疆阿克苏"红旗坡"苹果非常重视利用标准化打造果品"身份证"，苹果生产目前已使用农产品质量追溯系统，通过"质量追溯码标"消费者可对防伪、果品产地、等级等商品信息进行查询，提高"红旗坡"牌苹果的质量和品牌档次，推动"红旗坡"农场苹果生产向精

159

细化管理转变。

（3）品牌管理与研发合作。品牌策划与管理方面，应邀请相关知名品牌策划机构和品牌策划人进行品牌策划，对企业品牌进行准确定位，并建立不同城市的品牌营销模式。北京市场应扩大龙头企业经营的连锁经营规模，占据中高端市场；上海市场要入驻大型商超，以发展品牌精品为主；在广州市场，应加强物流和电子商务建设，辐射珠三角及港澳台地区。武汉市场则要加强农超对接，提高中档品牌的市场占有率。还需要建立科学品牌架构体系，注重品牌管理。可以适当进行品牌授权，或者进行品牌输出，扩充企业品牌规模。例如，新疆果业集团以"西域果园"为统一品牌在全国设置了470多个直营加盟店，推行集体验、洽谈、销售等一体化创新营销模式。还利用电子商务平台，开设网上专卖店18家进行立体营销。以规范的品牌管理加快了品牌扩张。在关键技术开发及合作方面，重点围绕果品生产加工中的关键技术进行攻关研究，推动果品产业提质。企业要与相关高校、科研单位等紧密技术交流与合作，及时将食品加工新技术运用于新产品开发。重点发展干制果品和新鲜果品精品，适当发展具有营养和保健功能的高档精深加工产品，延长果品产业链，提高产品附加值，占据部分高端消费市场。通过标准创新将我国特色农产品中传统工艺及技术诀窍融入国际标准之中，突出原产地绿色环保特质，满足和创造市场需求。此外，要重视保鲜贮藏等技术的开发，利用反季节销售等营销方式提高果品价值。

（4）农产品流通协作，促进农产品产销有效衔接。要建立产销联盟，注重利用农超对接、合同订单等方式推动产销高效衔接。在生产环节促进合作社与企业的联合、在加工环节加强企业间的横、纵向分工协作、在流通环节密切地方市场与物流企业间的协作。解决农户、物流、消费者分散问题，提高流通效率。要创新产品营销渠道。不仅要继续参与农产品会展平台建设、连锁经营的特色果品专卖店经营模式等，而且应注重利用网络交易进行"线上"与"线下"同步营销，借助国内大型电商贸易平台与其展开合作，减少流通环节。此外，要创新宣传方式。要利用旅游、文化等多种形式，彰显果品品牌文化内涵，进行林果产品推广。并以开放式生产展示绿色无公害标准化生产，通过建立"旅游工厂"，提高消费者对特色果品品质的认同。

4.7.4.4 促进区域品牌和企业品牌、地方市场、产业集群互动与融合发展

新疆特色农产品区域品牌在外部性上既具有品牌效应的优势，又面临受机

会主义侵害而品牌贬值的危险。因此必须积极探索区域公用品牌与企业品牌、地方市场与集群相融合的模式，提高区域品牌的扩张和延伸能力，降低其品牌发展风险，促进品牌、企业、市场、集群各要素相互贡献及共同发展。

（1）加强区域品牌和企业品牌的互动，提高其品牌相互贡献力。建立区域品牌伞管理架构。政府、行业协会以及其他服务机构为服务层，企业品牌为主导层，区域品牌为伞品牌，伞品牌对产业内企业品牌进行统一管理，企业进行联合，形成大规模的联合品牌，向下可再设立子品牌（产品品牌）。这样由伞品牌统帅势单力薄的企业品牌及其产品品牌，容易形成具有竞争优势的品牌簇群。伞品牌进行品牌管理要注意两点。其一，品牌授权及日常管理。对新纳入"伞"品牌下的联合品牌和子品牌，通常从"产业带动力""品牌影响力""品牌延伸力"等维度对企业进行评估授权。并采用"动态管理、有偿使用"原则，对其进行规范管理。对区域品牌的使用采用上交会费等形式。每年对这些品牌进行跟踪评估，淘汰劣质及不达标的品牌。其二，品牌定位管理。不同类别品牌的品牌定位。区域品牌是产业集群的品牌背书，应立足于"绿色、安全、营养"进行品牌定位，并且保持集群品牌建设主体的经营观念与行为协调一致，通过打造与提升整体品牌形象获取消费者认同（王保利、姚延婷，2007）；而产品品牌和企业品牌则在基础上进行差异化，立足"名、优、特、新"原则，打造强势企业品牌或产品品牌。以吐鲁番葡萄为例，可以将葡萄酒区域品牌定位为"优势产区、特色文化、独特品质"。而旗下的葡萄酒类产品及企业的品牌则定位为"文化底蕴、特色资源、精品酒庄"，凸显酒庄特色与文化。不同区域市场品牌定位。按照消费者的消费能力水平不同，本地市场以中低端品牌新鲜水果为主，华东、华南等经济较发达省份以中高端品牌的精品加工以及干果为主，在欧美日等发达国家市场，品牌定位以干果或精品加工的高端品牌为主，而中亚等市场，品牌则要锁定鲜果或干果的中端品牌。

培育子品牌群，打造品牌梯队，促进母子品牌的交互发展。应重视建立双品牌策略，将母子品牌即传统区域品牌与企业品牌、产品品牌有效结合起来。统一母品牌的品牌标志，子品牌可以彰显企业的特点。通过提升区域品牌的美誉度，发挥区域品牌的品牌伞作用，并精心培育与伞品牌紧密关联的子品牌，推进区域品牌带动企业品牌发展；同时也通过区域内核心企业品牌建设反哺区域品牌，鼓励企业建牌，提高品牌运作水平，挖掘品牌文化内涵，形成企业个体品牌差异化及特色优势，推动地理标志使用者主动维护其声誉。较多企业品牌相互竞争、合作，形成了品牌簇群和品牌梯队。

区域品牌伞下的品牌联合。区域品牌伞下的品牌联合包含了两个方向上的联合（马向阳、辛荣，2013）。纵向联合，即某一产业内部的联合，区域品牌对区域内的产品或服务品牌建立联系，起到庇护及覆盖作用；横向联合，即不同产业之间的联合，有利于发挥产业之间的协同效应，如图4-12所示，在区域品牌的联合统一品牌管理下，横向协作包括水果种植、加工、包装、物流以及旅游、休闲农业等。有效使用联合品牌、企业品牌、产品品牌，能够显著提升集群品牌的延伸能力。纵向协作包括以上产业环节内部的区域品牌、企业品牌、产品品牌的品牌合作。产业内小微企业以龙头企业为核心进行紧密合作与分工，通过合资、技术与学习交流等方式建立战略伙伴关系，增强企业品牌核心竞争力。

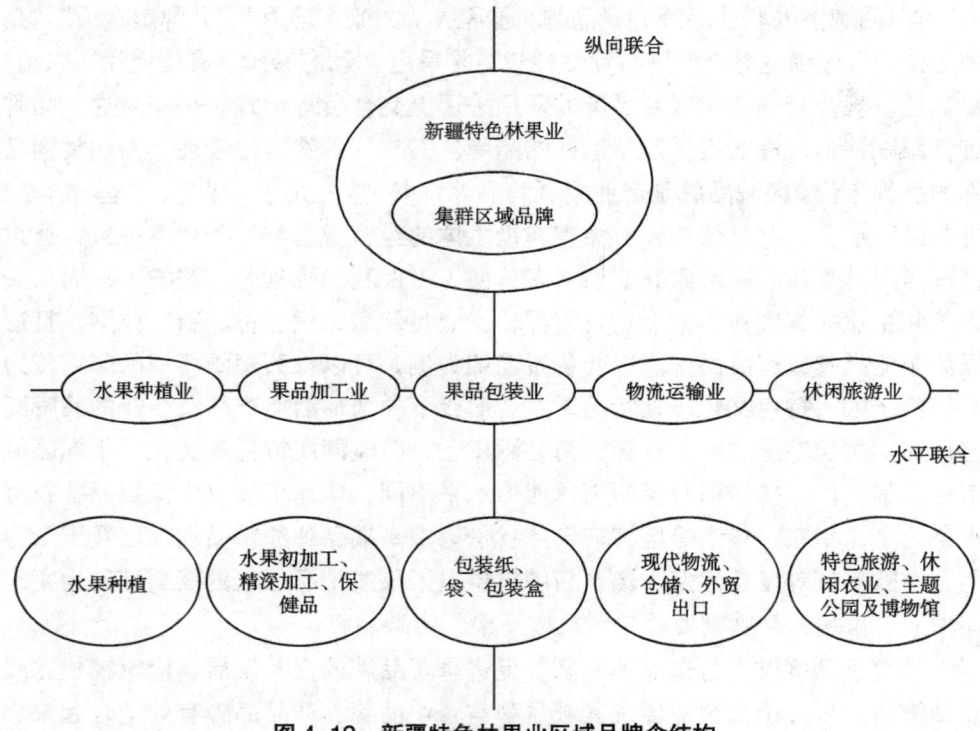

图 4-12 新疆特色林果业区域品牌伞结构

（2）推进专业市场功能创新，加强集群品牌与市场互动。集群供应链网络构成了生产的集聚，专业市场则构成了营销的集聚。专业市场被认为是集群成长的第三驱动力。从新疆特色林果业实际出发，应重点建设三级批发市场体系，跨地域的区域专业果品批发一级市场，主要服务新疆本地，辐射周边省份和国家；地方性规模专业果品批发市场，主要为当地果品供销，辐射周边生产基地、农贸市场服务；小型园头专业市场，果品主要通过农户在地头汇集并向外批发交易。与此同时，在全球价值链的升级背景下，农业集群专业市场要功

第4章 新疆特色农产品区域品牌研究——以"吐鲁番葡萄"品牌为例

能创新,从商品销售平台向集群服务业集聚平台转型,从交易市场向展贸市场转变。通过政府、市场、协会集体合作行动,共建共享营销网络、研发与区域品牌营销收益。由此实现整个集群在价值链上的攀升和集群转型升级(陈民利,2012)。

为此,要注重通过控制市场商品质量准入和塑造产品品牌、市场品牌的联动,加强市场品质管理。应该借鉴先进技术和管理方式,加强集群合作行动,打造专业化服务平台。以建设"研发与营销平台"为重点,加强渠道拓展、品牌营销、金融服务、研发创新等公共服务及功能创新,从而实现中小企业风险及成本共担、营销资源共享及优势互补。还要建立和完善相关商品的市场信息库,建立中小企业信息服务平台,引导企业生产;发展会展经济,构建国内外贸易服务平台;加快物流设施建设及物流企业信息化建设,建立物流配送平台。由此扩大集群品牌的外向关联度,促进集群及其企业的对外交流,加快集群技术创新以及区域品牌和企业品牌的扩散。

(3)促进品牌与集群互动,推进集群价值链功能升级。以品牌互动为基础,以"信任合作、价值联盟、协同发展"为创新机制,以区域品牌价值提升为核心,从品牌、销售和终端渠道、研发创新等环节构建企业主导的产品链高端竞争力,才能步入区域或全球市场的价值链体系(王子先,2014),推动集群价值链功能升级。

因此,新疆特色林果业应在区域品牌文化的引领下,立足集群供应链,建立以创新共生及信任合作为基础的集群生产网络,形成强有力的价值联盟。通过品牌价值的共同创造,提高集群组织的生产效率与创新能力,进而提升区域品牌的价值创造力。并且,通过以专业市场功能创新为核心的区域营销创新建立集群营销网络,打造品牌效应,将区域品牌的产品价值转化为市场价值。同时推进集群产业链延伸,推动旅游等相关服务产业价值链增值。通过基于区域品牌创新活动的集群内、外部治理共进,不断提升群链势力,促使集群产业链各主体去更新或获取更有价值、更高级的品牌要素,如此才能实现集群由"资源优势"向"效率优势"和"品牌创新优势"的转化,如图4-13所示。最终表现为特色林果业集群由低技术、低附加值向高技术、高附加值转移的升级形式,本地化—区域化—全球化的空间演化路径,推进特色林果业集群价值链功能升级。

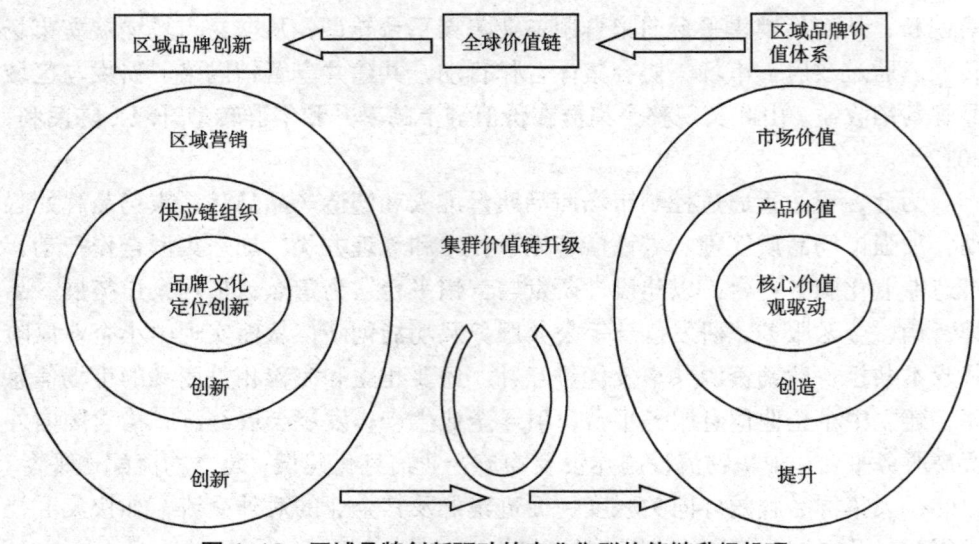

图 4-13 区域品牌创新驱动的农业集群价值链升级机理

4.7.5 本章小结

笔者以新疆特色林果业为例,总结了新疆特色农产品区域品牌建设困境,探讨了新疆特色农产品区域品牌多元供给制度,提出新疆特色农产品区域品牌的多元协同发展品牌建设优化框架、机制、路径。从地方规制、经济层级、协会自治和社会规范四个方面建立新疆特色农产品区域品牌的多元协同发展框架。学者研究认为政府需要进行制度创新,建立产业支持、新型农业主体培育支持、区域品牌管理支持、政策及金融支持,建立起区域品牌发展的品牌支撑体系;协会及中介机构需建立知识、信息、品牌共享平台,促进产学研合作;集群供应链要进行组织创新,建立品牌导向的集群价值链,在标准化基地建设、精深加工技术合作、市场拓展三方面紧密协作;要重视加强区域品牌与企业品牌、地方市场、产业集群之间的互动,加强区域品牌管理与扩张。总之,通过管理机制、激励机制、创新机制、互动与延伸机制、协同机制,促进了区域品牌多元主体的战略协同、服务协同、组织协同以及品牌管理协同。这有利于新疆特色林果业集群发展由低成本驱动向品牌创新驱动转化,推进新疆特色林果业转型升级。

第 5 章 新疆乳业核心竞争力研究

5.1 研究背景

5.1.1 选题背景与研究意义

5.1.1.1 选题背景

新疆是我国五大牧区之一，自 2002 年新疆维吾尔自治区畜牧工作会议以来，新疆奶业发生了深刻的变化，奶牛养殖业和乳制品加工业快速发展。新疆自治区政府已确立把乳业发展列为畜牧强区突破口。确定了从 2007 年起，自治区每年安排 1 800 万元资金用于支持奶业发展，到 2015 年将新疆建成全国重要奶业生产基地的目标。自治区农业农村厅、自治区发展改革委等 9 个部门和单位联合印发《新疆奶业振兴行动方案（2019—2025 年）》，提出到 2025 年，全区牛奶产量达到 270 万吨，新增牛奶产量 80 万吨，把新疆建成全国奶业大区，积极融入和服务国家奶业振兴战略大局，助力乡村产业振兴。奶产业发展已成为新疆经济的重要产业。奶业在促进新疆农村产业结构调整、增加农牧民经济收入、解决"三农"问题以及提高各族人民身体素质等方面正在发挥越来越重要的作用。新疆乳业正处在从铺摊子向整体优化结构、提高产业素质和产品竞争力转变的关键时期。

新疆的奶牛养殖业发展较好，奶牛存栏数、牛奶产量及人均占有牛奶量多年来一直位居全国前列，乳品加工业则相对落后。主要表现在以下几方面：

（1）龙头企业规模小，乳业带动能力差。据调查，新疆规模以上乳品企业（年销售收入 500 万元以上）加工销售的牛奶仅为 34.71 万吨，总产值 11.37 亿元，分别仅占全国的 2.38% 和 1.09%。目前国内年销售额 10 亿元以上的乳品企业已接近20家，年处理牛奶达200多万吨，而新疆最大的乳品企业年销售收入也只有2亿多元，年处理牛奶3万吨左右。从全国来看，新疆乳品企业属于中小企业。中国乳业过去的成功经验证明，龙头企业的发展，能够为相关产业带来呈几何级的拉升作用。新疆龙头乳品企业的带动能力弱，示范作用差，影响和制约了乳品加工业和奶业的发展。

（2）科技创新力量薄弱。新疆乳品企业因受人才、仪器设备、资金等条件制约，导致技术创新体系建设滞后，技术创新能力不强，阻碍了行业的发展。

（3）品牌效应意识淡化，市场竞争力弱。疆内企业由于乳业营销和品牌媒体运作同质性强，差异不明显，使本土企业品牌在消费者中很难形成独特的品牌影响力。奶源资源丰富吸引了大量的疆外乳企入驻新疆，蚕食本地有限的市场份额。

（4）缺乏资源与加工能力的整合，组织化程度和产业化程度低。新疆乳品企业集中在天山北坡乌鲁木齐至石河子一带，奶源紧张，而其他地区原奶相对过剩，生产与加工区域配置不平衡；奶源地和乳品企业没有真正建立起共担风险、共享利益的产业化链条，奶牛业和加工业处于分离状况；加工企业规模小，效益低，竞争力弱。组织化程度和产业化程度低成为企业发展"瓶颈"。

（5）优质奶源不足，牛奶商品率低。由于大部分企业未实行规范化饲养和机械化挤奶，造成牛奶质量较差、产量不稳定，由此导致牛奶商品率较低。全区商品奶产量66万吨，占总产奶量的37.9%，而全国是86.6%。新疆乳品加工业发展现状已经严重影响到乳品企业的未来生存和新疆乳业的可持续发展。新疆多年来一直未能步入乳业强省的行列，新疆乳品企业始终没能出现像"蒙牛""伊利"这样能享誉全国的乳品龙头企业。而日益加剧的乳业竞争和兼并、收购，使新疆这些拥有资源优势，但发展缓慢的中小乳企生存空间变得更小。剖析新疆乳业发展滞后的深层次原因，根源在于乳品企业普遍缺乏企业核心竞争力，未能建立起竞争的优势，对奶业带动能力差，没有形成奶业内部的良性循环。乳品企业核心竞争力的培育和提升是解决问题的根本和关键。构建乳品企业核心竞争力是新疆乳业应对乳业竞争的有力武器，是解决新疆乳业可持续发展的当务之急！

要提升新疆乳品企业的核心竞争力，必须客观分析和评价其核心竞争力。只有通过科学评价，才能发现新疆乳制品企业与国内外竞争对手的差距，从而为提升核心竞争力提供方向。为此，笔者以新疆乳品企业核心竞争力评价与提升作为研究选题，首先对新疆乳品企业做了为期一年的实地调查，重点走访了乌鲁木齐乳业协会、新疆乳业协会、新疆统计局工业处、新疆奶业办公室和新疆A、B、C乳业公司以及伊利乳业新疆分公司,对新疆诸多著名乳业专家和企业进行了访谈调查,听取了诸多意见和观点。其次系统梳理国内外相关研究文献,结合乳品企业特点,构建乳品企业核心竞争力评价体系,并选取新疆三家大型乳品企业A、B、C公司为典型代表,以伊利乳业为标杆企业对其核心竞争力进行具体评价,以期找出新疆乳品企业与全国著名乳品企业在核心竞争力上的差距及影响其核心竞争力的关键因素。最后分别从政府和企业的角度探讨了提升新疆乳品企业核心竞争力的对策。

5.1.1.2 研究目的与意义

(1)研究目的。通过研究,希望达到以下目的:①系统梳理国内外关于企业核心竞争力构成及评价的理论与方法,结合乳品企业的特点,构建乳品企业核心竞争力评价指标体系;②通过对新疆三家乳品企业与标杆企业核心竞争力的实证分析,准确测量新疆乳品企业核心竞争力的实际水平,找出影响新疆乳品企业核心竞争力的关键因素;③探讨提升新疆乳品企业核心竞争力的基本思路与对策,为促进我国中小乳品企业核心竞争力的提高提供参考。

(2)理论意义。笔者站在乳业竞争力较差的经济欠发达地区和广大中小乳品企业的角度进行研究,在广泛借鉴和吸收国内外学者相关研究成果的基础上,结合乳品企业的特征,在此基础上运用模糊综合评价和数据包络分析的方法构建了乳品企业核心竞争力评价体系。并运用标杆法对新疆三大乳品企业核心竞争力进行了实证分析。最后深层次探讨了以新疆乳品企业为代表的区域中小乳品企业核心竞争力提升对策。本课题在乳品企业核心竞争力评价指标体系构建及评价方法的综合运用上具有一定的探索性,对于具体行业核心竞争力理论与实证研究,均具有一定的理论借鉴。

(3)现实意义。笔者将核心竞争力理论及相关经济理论、管理理论用于新疆乳品企业管理实践,在采用科学的方法对新疆乳制品企业核心竞争力进行评价并对其影响因素进行分析的基础上,从企业和政府角度探讨提升新疆乳品企业核心竞争力的对策。课题研究对于正确衡量与评价新疆乳品企业的核心竞争力,探究新疆乳品企业的核心竞争力缺乏的深层次原因,制订新疆乳业发展的产业政策具有重要参考价值。

5.1.2 企业核心竞争力构成、评价及培育理论综述

1990年,著名管理学家普拉哈拉德(Prahalad)和哈默尔(Hamel)在《哈佛商业评论》上发表的《企业的核心竞争力》一文,首次提出了核心竞争力这

一概念。其认为核心竞争力就是"企业内部的积累性学习，尤其涉及如何协调多种生产技能和整合多种技术流的问题"，对企业竞争优势本源研究做出了重要贡献。核心竞争力理论一经提出，就引起了广大学者和企业界管理人士的关注，国内外学者、专家对核心竞争力的研究重点集中在核心竞争力基本内涵、核心竞争力评价和核心竞争力培育策略三个方面。

5.1.2.1 关于企业核心竞争力基本内涵的研究

（1）国外研究。国外研究者从技术观、知识观、资源观、组织与系统观等不同角度对核心竞争力做出了研究，并形成了不同的流派。

普拉哈拉德和哈默（C. K. Prahalad，C.Hamel，1990）是基于技术与技术创新观的核心竞争力代表，从技术与产品创新的角度提出并研究了核心竞争力的思想，认为企业核心竞争力的积累过程伴随在企业的核心产品/核心技术的发展过程中。

巴顿（Leonard Barton，1992）是基于知识观的核心竞争力代表，认为核心竞争力是使企业独具特色并为企业带来竞争优势的知识体系。

巴尼（Barney，1991）是基于资源观的企业核心竞争力代表，认为核心竞争力是企业在获取并拥有这样特殊资源的独特的能力。

库姆斯（Coombs，1996）是基于组织与系统观的核心竞争力代表，认为企业核心竞争力包括企业的技术能力以及将技术能力予以有效结合的组织能力。

拉法（Raffa，1997）是基于文化观的核心竞争力代表人物，强调核心竞争力不仅存在于企业的操作系统中，而且存在于企业的文化系统中。

（2）国内研究。国内学者陈佳贵（2002）从技术创新的角度提出见解，认为核心竞争力主要指企业在生产经营过程中的积累性知识和能力，并据此创造出超越其他竞争对手的独特的经营理念、技术、产品和服务。

陈清泰（1999）是基于创新观的核心竞争力代表。他指出核心竞争力指企业不断地创造新产品和提供新服务、创新管理和营销手段的能力。

基于整合观的核心竞争力代表白津夫（2001）将核心竞争力定义为因企业资源有效整合而形成的独具的支持企业持续竞争优势的能力。

还有一些学者对核心竞争力构成要素进行了研究：

余伟萍、陈维政、任佩瑜（2003）通过文献研究表明，企业的核心竞争力要素主要体现在以下几方面：创新能力、市场营销能力、战略管理能力、组织管理能力、生产制造能力、人力资源、企业文化等，同时，行业环境与企业规模会影响企业的核心竞争力。

邓修权、上官春霞、王林花等（2003）通过对中国期刊全文数据库文献进行处理，统计出被我国学者提出或提到的核心能力构成要素共有31种，大约总次数的82%是由排在前面的15种构成要素贡献的，表明这些构成要素具有较高的被认同程度。

天津大学郭金津（2006）指出有关专家学者对企业核心竞争力的认识不同，据其个人粗略统计得出，较多学者认同技术、管理、创新、内外环境影响力、市场竞争与开拓能力是企业核心竞争力构成要素，以上要素的认同率分别是92%、69%、46%、46%、40%。

5.1.2.2 关于企业核心竞争力评价和培育的研究

（1）关于企业核心竞争力评价指标体系的研究。目前，国外比较成熟的竞争力指标评价体系主要是世界经济论坛（WEF）和瑞士洛桑国际管理开发学院（IMD）评价体系。WEF和IMD关于企业管理国际竞争力评价的指标，是由一个国家或地区的宏观企业角度入手建立的，其指标或数据的获取，与一个个体的企业核心竞争力评价指标的获取，有很大的不同。但其建立的企业管理竞争力指标体系，对于研究企业核心竞争力有其借鉴和指导作用。

国内对企业核心竞争力进行评价的研究中，指标的构建主要有三种方法。

从企业核心竞争力构成要素及企业经营特点这个角度来构建评价指标体系。郑伟、黎志成（2004）对卷烟工业企业核心竞争力构成要素进行研究分析，提出了卷烟工业企业核心竞争力评价指标体系，包括技术创新能力、管理创新能力、学习创新能力3个一级指标和12个二级指标。刘小元（2005）根据资源型企业核心竞争力的构成要素及其影响因素，建立具有实用价值的评价指标体系，一级指标包括核心业务与产品、核心技术能力、企业文化能力、战略决策能力、可持续发展能力、组织协调能力、市场营销能力、生产制造能力。按照这种方法来建立指标体系，容易使评价指标体系过于庞大，造成使用上的烦琐。

从核心竞争力特征的角度来构建指标体系。杜纲等（2002）依据核心竞争力的本质特征，结合石油服务企业的自身特点，选取了价值性、难模仿性和扩展性三个方面构建了9个指标的石油服务企业核心竞争力评价指标体系。赫连志巍、范晶（2005）基于核心竞争力的三大特性所建立起企业的核心竞争力三个层次的一级指标体系，即适应性（价值性）指标、竞争性（独特性）指标和整合性指标以及6个二级指标、15个三级指标。依据这种方法建立的核心竞争力评价指标体系，容易忽略一些反映企业实际情况，影响企业核心竞争力的重要因素,不能全面反映企业的核心竞争力实际状态。

综合企业核心竞争力构成要素及特征构建评价指标体系。李仁安、李梅(2000)根据企业核心竞争力特征、要素分析与评价,建立了包括研发能力、创新能力、应变能力、组织协调能力、企业影响力的5个一级指标和12个二级指标。袁岩(2006)根据企业核心竞争力的特征及构成,建立核心产品拓展能力分体系、整合与组织资源能力分体系和外部环境状况分体系三大类,用以综合评价企业核心竞争力。尹洪雁、高鹏、董纪昌(2007)根据我国家电企业的特点,结合影响家电企业的各相关要素,提出适合当前我国家电企业发展的核心竞争力指标体系。从宏观政策、行业内相关和企业自身三大方面入手,建立了由3个一级指标、12个二级指标和35个三级指标组成的指标体系。这种方法吸收了以上两种方法的优点,逐渐被更多学者采用。

(2)关于企业核心竞争力评价方法的研究。综合国内外的研究,对企业核心竞争力的评价大体上有定性评价、定量评价和定量定性相结合三种方法。

定性方法。这类方法主要有文字描述法和图示法两种。文字描述法以Prhaalda(1990)为代表,主要基于核心竞争力的三条准则,即扩展性、价值性和难模仿性对企业核心竞争力进行描述。图表法以Klein(1998)为代表。他们认为,核心竞争力是一组技能集合,可以用一个技能网络来表示核心竞争力,在识别出企业技能图的基础上,通过聚类分析,找到各技能之间的关系,得出企业的技能网络,从而表示出企业核心竞争力。

定量方法。这类方法主要有专利计量和财务指标法。专利计量法以Patel(1997)为代表,利用专利数据计算专利份额PS和显在技术优势RTA,根据PS—RTA二维分布图识别核心竞争力。财务指标法代表人物有王增孝、高庆祥(2003),其选用可以用数据表示的财务指标,进行比较分析,根据计算结果判断核心竞争力。

定性与定量相结合的综合评价法。其常用的方法包括层次分析法、主成分分析法、因子分析法、模糊数学评价法、数据包络分析法等。冯祈善、赖纯见(2002)采用层次分析法,该方法通过问卷调查,获得比例标度判断矩阵,运用AHP法将其转化为测度判断矩阵,最终以权重大小衡量企业核心竞争力。魏江、李仁安(2000)采用了模糊数学方法$B=W \cdot R$,运用AHP确定指标权重,根据隶属函数构造模糊矩阵R,计算得到B值以确定企业是否具有核心竞争力。吴玉鸣、李建霞(2004)利用因子分析法把定性指标和定量指标归一化后根据因子贡献率的大小,确定影响因子,再进行单要素分析。宗生(2005)运用数据包络分析(DEA),从"投入—产出"的角度,通过建立输入、输出指标,进行核心竞争力，形成相对效率分析。

综合评价法综合运用定性分析和定量测算两种方法，多以定量测算为主、定性分析为辅。这种方法较好地将评价者的主观性和评价对象的客观性结合在一起，对评价对象做出全局性、整体性的评价，该方法在层次性、全面性、细分性、合理有效性方面具有很多优点。

因此，该方法现已为世界各大评级公司所采用，代表了当今评价方法发展的主流方向。而综合运用一种以上评价方法进行评价的组合评价法，主要考虑了各种评价方法的优势互补性，能全面地反映企业核心竞争力情况，是目前综合评价法发展的一种趋势。

（3）关于企业核心竞争力培育的研究。国外对于核心竞争力的研究主要从实证的角度出发，研究核心竞争力的培育途径，具有较强的操作性。而国内研究主要是根据企业不同的方面，从理论上探讨具有普遍意义的核心竞争力培育方法与途径，实证分析方法运用较少。

P. Banerjee（2002）认为应该把核心竞争力与战略相联系，培育适合发展需要的核心竞争力。通过对印度7家软件公司的实证研究来证实了这一观点。

Be-rand Que lin（2000）在对40个欧洲及美国的职业经理进行面谈后，认为创新能力为核心竞争力的形成做出了重大贡献，并提出通过技术联盟、部门协作、战略联盟等形式培育核心竞争力。鲁开垠、汪大海（2001）等认为培育企业核心竞争力应从提高企业领导人的核心竞争力意识、掌握核心技术、集中资源进行差异化经营与管理、注重构建与发展企业的比较优势、塑造知名品牌和企业重组与战略联盟等方面着手进行。蓝海林等（2001）认为，企业技术创新能充分创造顾客价值和帮助企业提高效益、降低成本。秦志国、修连伟（2007）指出政府要在培育企业竞争力中发挥应有作用。培育企业核心竞争力的途径有技术创新、信息化、管理创新、企业文化打造和创建学习型组织。于红春（2007）以中小企业为目标，从并购、一体多元化、加盟集聚三个方面论述培育和提升其核心竞争力的措施。项晓梅（2012）指出在提升企业核心竞争力的多种因素中，企业文化建设发挥了独特作用。袁年英（2015）强调要重视产业转型升级背景下打造企业核心竞争力。周莹（2022）提出在推进智能制造的过程中，应加快龙头企业培育，打造核心竞争力。

5.1.2.3 关于乳品行业和乳品企业核心竞争力的研究

以"乳品企业竞争力"为主题检索词，对中国期刊全文数据库（1999至2008年）进行检索，找到111篇文献，其中代表性的研究有刘秀玲（2006），冷建飞、陈超（2005），陈静（2005）等学者运用定量分析方法对乳品企业和行业的竞争力进行了大量实证研究，而关于乳制品企业核心竞争力方面则定性研究较多，有少数定量研究但不够深入。姚艳、索志林（2006）以市场控制能力、技术创新能力、管理能力为基础，建立了由3个一级指标和12个二级指标组成的乳品企业核心竞争力指标体系，采用层次分析法和二级模糊综合评判，构建了评价模型。梁雪莉（2005）结合乳品企业的行业特点制订出企业核心竞争力评价指标体系，由研发能力、创新能力、应变能力、营销能力、组织协调能力、企业影响力6个一级指标和16个二级指标组成，并运用模糊综合评价方法对伊利集团的核心竞争力进行评价。俞燕、李艳军、王兆锋（2006）运用SWOT分析，提出了新疆乳企核心竞争力培育重点。黄馨（2019）从盈利能力、偿债能力、可持续发展能力、营运能力以及研发能力五个方面构建了乳品企业核心竞争力指标体系。王冶琦（2012）将乳品企业、核心竞争力、财务分析三者相结合，从财务视角对核心竞争力进行量化研究，利用主成分分析法构建乳品企业核心竞争力评价模型。

就已有的文献来看，不同研究者从不同的角度阐述了核心竞争力，运用了定性、定量及综合评价方法，构建了不同的指标体系及评价模型，为人们测评企业核心竞争力提供了一些有益的视角，同时也为本研究提供了理论和方法上的重要指导与借鉴。从乳品领域的研究来看，已有研究对乳品企业和行业竞争力的研究关注较多，关于乳制品企业核心竞争力的研究不够深入，尤其对于我国乳品企业如何确定企业核心竞争力，如何建立评价指标和评价模型，并制订相应企业发展战略来进一步提高企业核心竞争力等问题的实证领域研究，目前的探讨不够。

5.1.3　本章的主要研究内容、方法及技术路线

5.1.3.1　研究内容

第一，着手乳品企业核心竞争力评价理论研究。通过回顾企业核心竞争力理论，结合乳品企业的特点论述乳品企业核心竞争力基本概念、特性、组成要素，以此为基础，并在核心竞争力评价理论指导下，建立了乳品企业核心竞争力评价体系。

第二，进行实证分析。对新疆三大乳品企业的核心竞争力状况做具体测评，找出影响其核心竞争力的关键要素。

第三，探讨提升新疆乳品企业核心竞争力的对策和建议。

本章主要有4小节。

第1小节为绪论部分，介绍研究背景、国内外研究现状、研究意义、研究内容、研究的方法和技术路线以及可能的创新点。

第2小节在分析乳品企业核心竞争力内涵、特点及要素基础上，根据基于AHP模糊综合评价和数据包络分析评价两种评价方法的要求，构建乳品企业核心竞争力评价体系。

第3小节以新疆乳品企业为例，运用评价体系对乳品企业核心竞争力进行实证分析。其主要包括运用基于AHP的模糊综合评价方法，得到新疆大型乳品企业核心竞争力的评价等级，分析乳品企业核心竞争力各指标维度与国内知名乳品企业的差距，并找出新疆乳品企业核心竞争力的优劣势；在此基础上将乳品企业核心竞争力各指标维度作为"输出"指标，建立"输入"指标，运用数据包络分析（DEA）从"投入—产出"的角度进一步对新疆乳品企业核心竞争力形成做效率评价，找出影响新疆乳品企业核心竞争力的关键因素。

第4小节是提升新疆乳品企业核心竞争力的对策研究。基于实证分析评价结果，从企业、政府两个角度，研究了其核心竞争力培育方向和提升策略。

5.1.3.2 研究方法和技术路线

（1）研究方法。①本章侧重于实证研究。选取有代表性的三家新疆乳品企业作为研究对象，运用建立的乳品企业模糊综合评价模型和数据包络分析效率评价模型对新疆乳品企业核心竞争力进行具体测评，并运用规范分析提出相关政策建议；②本章主要使用定性分析与定量分析相结合的研究方法。综合运用标杆法、层次分析法（AHP）、模糊综合评判和数据包络分析（DEA）等方法，建立基于AHP的模糊综合评价模型和数据包络分析（DEA）效率评价模型，采用组合的方式创新构建了乳品企业核心竞争力评价体系；③本章运用了典型的比较分析方法：标杆法和数据包络分析（DEA）。运用标杆法将标杆企业与新疆乳品企业核心竞争力各维度指标进行横向比较，分析新疆乳品企业核心竞争力的优劣势；采用数据包络分析（DEA）从企业投入、产出的角度深层次探讨其核心竞争力形成的相对效率及其内在机理。

（2）技术路线，如图5-1所示。

图 5-1 本文技术路线

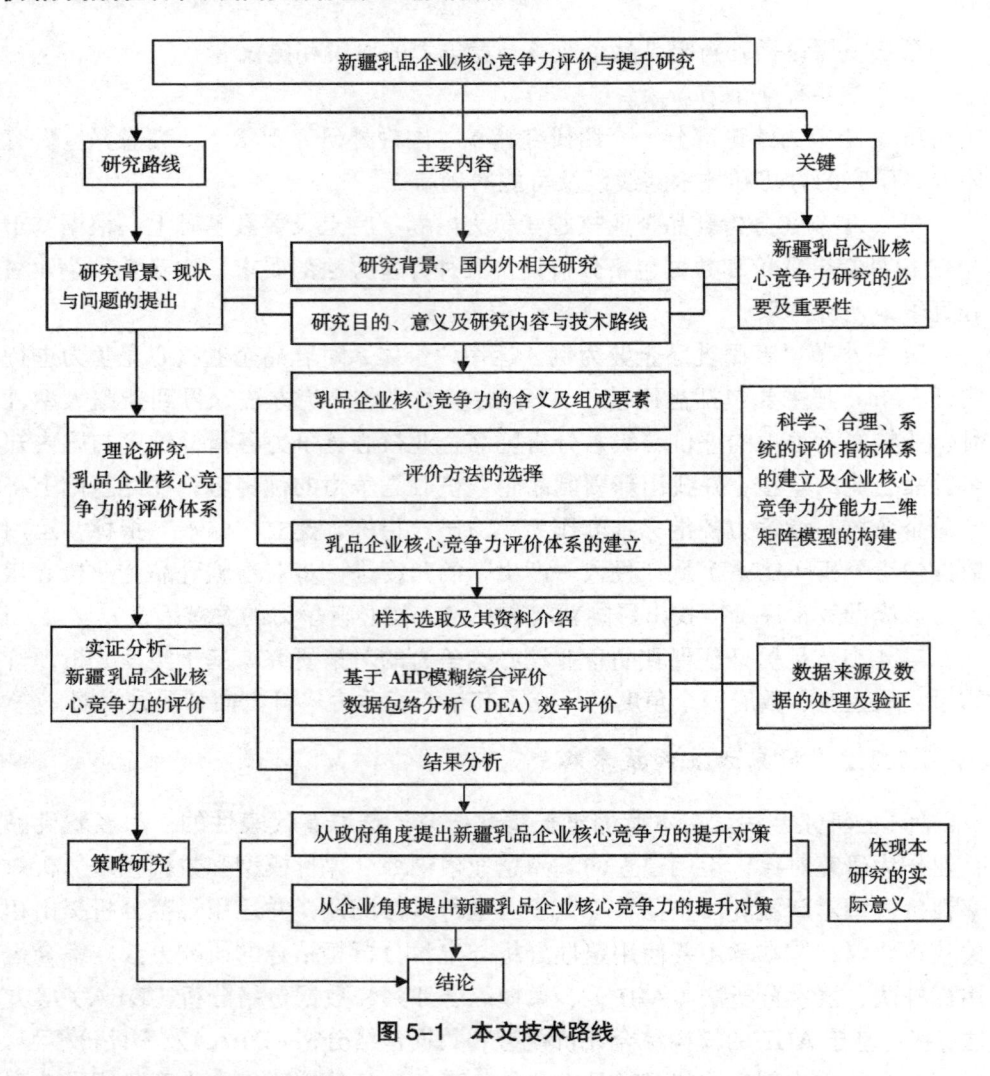

5.1.4 可能的创新点

5.1.4.1 研究视角创新

笔者站在乳业竞争力较差的经济欠发达地区和广大中小乳品企业的视角，以尚属研究空白的新疆乳品企业的核心竞争力问题为切入点，在新疆做了为期一年的实地调查，取得了四家乳业公司翔实的一手资料。通过实证分析的方法，测量新疆乳品企业核心竞争力的现状，具有较强的探索性和创新性。

5.1.4.2 研究方法创新

笔者借鉴标杆法，结合基于 AHP 模糊综合评判和数据包络分析（DEA）两种评价方法组合建立了乳品企业核心竞争力评价体系。两种评价方法互相补充，弥补了单一评价固有的缺陷，在评价方法的综合运用上具有一定的探索性。在分析模糊评价结果时，引入核心竞争力分能力评价空间维度对乳品企业核心竞争力优劣势进行剖析，在研究方法上有一定创新。

5.1.4.3 部分研究观点和结论有一定新意

通过 DEA 分析，第一次得出了新疆乳品企业在技术效率和产值不变的前提下，普遍存在人力资源、资本和奶源投入的"拥挤"效应的结论。指出通过劳动力、资本、奶源资源投入的节约，可以将核心竞争力各维度的产出提高。此项研究结论对提升新疆乳品企业核心竞争力具有现实指导意义。

5.2 乳品企业核心竞争力评价体系的构建

结合乳品企业的特点，根据乳品企业核心竞争力的要素及特征构建乳品企业核心竞争力指标评价体系，建立起乳品企业核心竞争力评价分析模型，进而对乳品企业核心竞争力的现状及其影响因素进行纵深剖析，对乳品企业的长远战略发展具有重要的意义。

5.2.1 乳品企业核心竞争力的含义及组成要素

5.2.1.1 乳品企业核心竞争力的含义及特征

（1）乳品企业核心竞争力的内涵。在乳品企业核心竞争力的研究中，还没有完全形成一个比较统一的标准来界定乳品企业的核心竞争力。结合以上的理论研究和乳品企业自身发展的特点，我国乳品企业的核心竞争力指企业的奶源、技术、管理、市场营销、品牌、环境等资源要素经过有效整合而形成的、能够创造更大顾客价值的、支撑企业保持长期竞争优势的关键资源与能力的有机组合。

（2）乳品企业核心竞争力的特征。企业要想生存必须具有竞争力，如研发竞争力、理财竞争力、生产经营竞争力、营销竞争力等。但核心竞争力应不同于一般竞争能力，一般竞争力从量到质都与核心竞争力有着重大区别，要想准确评价企业核心竞争力，应该考虑按照核心竞争力的基本特征来构建评价体系。

作为竞争优势本源，乳品核心竞争力应具备以下五个特征：

（1）价值性。乳品企业核心竞争力能够提高乳品企业的效率，使企业在奶源、技术、市场营销及管理等方面比竞争对手更具有优势，能为顾客提供独特的价值和利益，最终使企业获得超过同行业平均利润水平的超值利润。

（2）独特性。乳品企业是否具有核心竞争力关键取决于企业能否掌握乳品核心技术，能否保持独特风格，能否拥有独立自主知识产权、符合市场需求、有广泛市场适应能力和竞争能力、能为企业带来利润的特色产品和服务。

（3）延展性。它为乳品企业打开多种产品市场提供支持，为消费者源源不断地提供创新产品，它对企业的一系列能力或竞争力都有促进作用。

（4）动态性。乳品企业的核心竞争力是在企业长期的竞争发展过程中逐渐形成的，与一定时期的产业动态、企业的资源以及企业的其他能力等变量高度相关，随着彼此相关的变化，核心竞争力内部元素动态发展，会导致核心竞争力动态演变。

（5）整合性。乳品企业核心竞争力不仅强调技术创新或企业管理和企业效益，而且注重整合。只有把有限的资源和各种知识与技能集中起来，合理有效地配置，形成合力，才能发挥一种巨大的作用，达到竞争优势的目的。

5.2.1.2 乳品企业的核心竞争力的组成要素

企业是由一系列生产要素有机组合而成的，当企业能够比竞争对手更好地使用这些要素实现企业自身的目标时，企业就拥有了一定的竞争力。乳品企业的核心竞争力也是由一系列生产要素组合而成的，来源于能够创造更大顾客价值的独特的技术创新能力、管理能力和整合能力的有机组合。

（1）技术创新能力。乳品企业技术创新能力是将资源优势转换成技术优势的能力。技术领先的乳品企业生产的产品在同类产品生产中可以获得成本优势，也就相应地扩大了价值增值的空间。同时，又由于这种成本优势来源于乳品企业的核心技术，具有难以模仿性、稀缺性等特征，从而能够成为乳品企业保持竞争力的重要因素，是乳品企业价值链上重要的"战略环节"。技术创新能力主要包括核心技术开发、产品创新能力、产品质量控制和科研成果转化能力等方面。

发达国家乳业发展经验表明，现代科学技术在乳品加工、奶源基地建设、乳品质量提升及营销网络扩大等方面具有重要作用。中国乳业竞争焦点逐渐转移到以"新"制胜，不仅要求产品更新鲜、更健康，而且需要新功能、新包装、高品质、高品位、产品个性更鲜明。在"喜新厌旧"的消费心理作用下，能否前瞻性地敏锐把握不断变化的消费者需求，能否不断推进真正的自主创新，将成为乳品企业在竞争中取胜的必备能力。创新是中国乳业摆脱价格战等低层次竞争，真正实现乳业健康发展的方向所在，同时，也是能够真正帮助奶农致富，有效促进社会主义新农村建设的方向所在。科技创新能提升乳业"含金量"。

（2）管理能力。企业的本质是资源、能力和制度的有机结合，以创造顾客价值的组织形式。管理是使各种资源相协调，各种能力相配备，各种制度相兼容的纽带，是乳品企业形成核心竞争力的手段。其内容主要包括基础管理能力、组织创新能力、企业信息化能力和资本运营等。实施管理创新要求乳品企业创造一种更有效的资源整合方式，最终形成一套与市场相吻合的管理机制。

乳品企业要从制度执行力出发，改革效率低下、成本过高的管理方式，引进信息化等现代管理手段与技术，尤其要适应市场经济的发展要求，加快提高企业资本运营，加快企业重组能力、业务流程再造和组织机构能力，从而获得与外部环境相适应的可持续发力。

（3）整合能力。整合与发展创新是具有同一内涵的。整合能力指企业在自身内部实现一个具有创造性的过程，充分利用现有的技术、知识资源和市场信息资源，对既定资源进行处置、组合、优化配置，创造性地整合到自己企业的产品、服务中去，使之最大限度地产生效率，形成现实竞争力。乳品企业资源整合包括企业内部资源整合和企业外部资源整合，主要包括对市场、人力资源、财务及环境资源等的整合。其核心就是把自然资源、信息资源和知识资源在时间、空间上加以合理配置，以实现资源效用最大化。

5.2.2 评价方法的选择

企业核心竞争力属于多目标综合评价。综合评价指对以多属性体系结构描述的对象系统做出全局性、整体性的评价，即对评价对象的全体，根据所给条件，采用一定的方法，给每个评价对象赋予一个评估值，再据此择优或排序。目前国内外常用的综合评价方法有专家评价法、经济分析法、多目标决策法、数据包络分析法（DEA）、层次分析法（AHP）、灰色系统评价法、模糊数学综合评判法、数理统计法（如聚类分析、因子分析）。

综合评价方法运用于企业核心竞争力评价的基本思路是，首先确定企业核心竞争力评价指标体系，然后将计算数据标准化，之后再加权总和或用其他方法，得出评价结果。综合评价法强调被评价企业在整个行业中的核心竞争力现状或优势地位，其适用的客观条件限制较少，其指标大都能运用现有的统计、会计资料推算得出。

笔者主要采用基于 AHP 的模糊综合评价和 DEA 分析两种方法对新疆乳品企业核心竞争力进行评价。

希望通过基于 AHP 模糊综合评价，得到研究对象核心竞争力的评价等级，通过分析其核心竞争力各指标维度与标杆企业的差距，找出其核心竞争力的优劣势；在此基础上将研究对象核心竞争力各指标维度数值作为"产出"指标，进行数据包络分析（DEA）效率评价，从"投入—产出"的角度找出提升研究对象核心竞争力的关键因素。

5.2.2.1 基于 AHP 的模糊综合评价方法介绍

基于 AHP 的模糊综合评价是将层次分析法与模糊数学评判法相结合的一种组合评价方法，它是在利用 AHP 法确定企业核心竞争力各评价指标权重分配的基础上，采用模糊综合评价方法对企业核心竞争力整体及各维度展开评价的一种评价方法。

人们对企业核心竞争力进行模糊综合评价时，主要工作是因素集合（指标体系）的建立、各因素权重的获取和隶属函数的建立，其次是模糊算子的选择和评价结果的处理。具体步骤如下：

（1）建立评价指标，确定评价的因素集。根据企业特点及核心竞争力特征、要素组成，建立核心竞争力评价指标体系，建立评价指标集。

$H=\{h_1, h_2, \cdots, h_t\}$ 也就是 t 个评价指标。

（2）运用层次分析法计算指标权重。美国著名的运筹学专家匹兹堡大学教授 T. L. Saaty 于 70 年代初提出了层次分析法（the analytic hierarchy process，简称"AHP"），其原理简单，有较严格的数学依据，广泛应用于复杂系统的分析与决策。AHP 是把研究对象作为一个系统，按照分解、比较、判断、综合的思维方式进行决策，成为继机理分析、统计分析之后发展起来的系统分析的重要工具。

其基本步骤为：

建立层次结构模型，将影响因素集分层。如影响因素集分三层，则最高层是目标层，中间层是主准则层，次级是分准则层。

对同一层次的各元素关于上一层次中某一准则和重要性进行两两比较，构造判断矩阵，判断与量化各元素间影响程度大小。层次分析法采用 1～9 标度方法，对不同情况的评比给出数量标度，如表 5-1 所示。

表 5-1　标度法

标度 a_{ij}	定义与说明
1	两个元素对某个属性具有相同重要性
3	两个元素比较，一元素比另一元素稍微重要
5	两个元素比较，一元素比另一元素比较重要
7	两个元素比较，一元素比另一元素非常重要
9	两个元素比较，一元素比另一元素极端重要
2，4，6，8	表示需要在上述两个标准之间折中时的标度
上列各数的倒数	两个元素的反比较

判断矩阵一致性指标 CI 与同阶平均随机一致性指标 RI 之比称为随机一致性比率，即 CR（consistency ratio）。当 CR＜0.10 时，便认为判断矩阵具有可以接受的一致性。

计算向量并做一致性检验，即层次单排序及其一致性的检验。判断矩阵是针对上一层次而言进行两两比较的评定数据，层次单排序就是把本层所有各元素对相邻上一元素来说排出一个评比的优先次序，即求判断矩阵的特征向量。根据判断矩阵进行层次单排序的方法有很多种，笔者在本文中采用方根法。若判断矩阵不满足一致性的条件（CR<0.1），则需要修正。

计算组合权向量，做组合一致性检验并进行排序，即层次总排序。

利用层次单排序的计算结果，进一步综合出对更上一层次的优劣顺序，就是层次总排序的任务。

$$\mathrm{CR} = \sum_{j=1}^{m} a_j C_j / \sum_{j=1}^{m} a_j \mathrm{RI}_j \quad （5-1）$$

当 CR<0.1 时，认为层次排序结果有一致性，否则应调整判断矩阵的元素取值。

（3）进行模糊综合评价法计算各指标得分。模糊综合评判法是美国控制论专家艾登于 1965 年创立，是模糊数学集合论与层次分析法的有机结合，以模糊数学为基础，应用模糊关系合成的原理，将一些边界不清、不易定量的因素定量化、进行综合评价的一种方法。由于企业核心竞争力受多因素的影响，宜采用多层次的模糊评价法来评价企业的竞争力。

（4）模糊综合评价的具体操作步骤：建立评价对象的评语集，$Q=\{q_1, q_2, q_3, \cdots, q_m\}=\{$很高，高，一般，低，很低$\}$ 即等级集合，每个等级可对应一个模糊子集。确定评价矩阵 **R**。评价矩阵 **R** 为 Q-H 的模糊映射，对准则层各评价指标 X_i，建立模糊评价矩阵 **R** 进行单因素评价，确定模糊关系矩阵 **R**。

$$\boldsymbol{R} = \begin{bmatrix} \boldsymbol{R}_1 \\ \boldsymbol{R}_2 \\ \vdots \\ \boldsymbol{R}_m \end{bmatrix} = \begin{bmatrix} r_{11} & r_{12} & \cdots & r_{1n} \\ r_{21} & r_{22} & \cdots & r_{2n} \\ \vdots & \vdots & \vdots & \vdots \\ r_{m1} & r_{m2} & \cdots & r_{mn} \end{bmatrix} \quad (5\text{-}2)$$

进行各级模糊评判。用模糊向量 A 将不同的行进行综合就可以得到该被评价事物从总体上来对各等级模糊子集的隶属程度，即模糊综合评价结果向量 B。模糊综合评价的型如下所示：

$$\boldsymbol{B} = [b_1, b_2, \cdots, b_{1n}] = A \times R = [a_1, a_2, \cdots, a_i] \begin{bmatrix} r_{11} & r_{12} & \cdots & r_{1n} \\ r_{21} & r_{22} & \cdots & r_{2n} \\ \cdots & \cdots & \cdots & \cdots \\ r_{t1} & r_{t2} & \cdots & r_{n1} \end{bmatrix} \quad (5\text{-}3)$$

其中 b_j 是由 A 与 R 的第 j 列运算得到的，它表示被评事物从整体上看对 u_j 等级模糊子集的隶属度。

计算综合评价值。根据对评语等级综合划分得到的评语加权系数矩阵 Q，进而得到企业核心竞争力的最终评价结果。综合评价值的大小，反映不同评价指标的优劣，从而为客观评价企业核心竞争力提供了科学依据。

$$P = B \times Q^T \quad (5\text{-}4)$$

式中，P 为综合评价值；B 为目标层 X 的综合评价集；Q 为评价等级分行向量；Q^T 为 Q 的转置矩阵。

（5）评价结果的分析。主要利用图形或建立评估模型对数据分析。

5.2.2.2 数据包络分析（DEA）方法介绍

数据包络分析法（DataEnvelopmentAnalysiS），简称"DEA"，是运筹学、管理科学和数理经济学交叉研究的一个新的领域，是由 Charenes 和 Copper 等于 1978 年创建的一种评价决策单元（DMU）相对绩效的非参数方法。该方法主要通过保持决策单元的输入或输出不变，借助于数学规划将 DMU 投影到 DEA 前沿面上，并通过比较决策单元偏离 DEA 前沿面的程度来评价它们的相对有效性。简而言之，DAE 评价模型是多个部门或多个企业之间进行相对有效性评价的一种方法。其特点是适合于处理多个输入和多个输出的情况，并且完全基于指标数据的客观信息进行评价，剔除了人为因素带来的误差。其结果不仅能判断被评价的决策单元哪些是生产效率相对有效，哪些是非有效，而且对于非有效的决策单元，还能给出调整改进的方向。

采用 DEA 方法进行测评，对不同的测评目的和内容，DEA 有许多种模型可供选择。除了经典的 C^2R 模型和 C^2GS^2 模型，近年来许多学者对 DEA 方法进行了拓展，提出了许多有用的模型，主要有 BBC 模型、FG 模型和 ST 模型。

1978 年 A. Charnes 等人以单输入单输出的工程效率概念为基础提出了第一个 DEA 模型——C^2R 模型，C^2R 模型假设决策单位（DMU）共有 n 个，各 DMU_k（$k=1,\cdots,n$）使用 m 种投入 x_i（$i=1,\cdots,m$）>0，生产 s 种产出 y_r（$r=1,\cdots,s$）>0，则任一 DMU_k 之效率可由下列模式求得：

$$\max E_k = \frac{\sum_{r=1}^{s} u_r y_{rk}}{\sum_{i=1}^{m} v_i x_{ik}}$$

$$s.t. \frac{\sum_{r=1}^{s} u_r y_{rk}}{\sum_{i=1}^{m} v_i x_{ik}} \leq 1$$

（5-5）

式中，x_{ik} 为第 k 个 DMU 的第 i 项投入值；y_{rk} 为第 k 个 DMU 的第 r 项产出值；u_r 为第 r 个产出项；v_i 为第 i 个投入项之虚拟乘数；E_k 为第 k 个 DMU 之相对效率值；ε 为极微正数，且 $u_r,iv_ik \geq \varepsilon \geq 0$

企业核心竞争力 DEA 评价方法一般应遵循如下工作步骤：

（1）明确评价的目的。DEA 评价首先要明确评价的目的。对 DEA 分析主要有三个目的：是对 DMU 进行排序；评价 DMU 的效率是否最佳，并对效率非最佳的 DMU 进行分析，找出改进方向；评价 DMU 的规模效益状况是递增、递减还是不变。

（2）确定决策单元。根据评价的要求和目的，确定出 DMU。在企业核心竞争力评价中，可以取不同年份和时间段作为 DMU 进行评价；也可以选取同类企业作为 DMU 进行评价。

（3）选择输入输出指标。选择输入输出指标的首要原则是反映评价目的和评价内容，还要考虑指标的重要性和可获得性。一般输入指标有资金的投入、物质消耗、劳动力投入、技术投入，而反映企业竞争力的输出指标有企业产品竞争力、企业规模、企业获利能力、企业技术创新能力等。

（4）进行 DEA 评价。采用 DEA 方法进行测评，对不同的测评目的和内容，DEA 有许多种模型可供选择。

5.2.2.3 评价方法选用的原因

在多层次综合评价中，由于评价指标往往具有灰色关系，因而用灰色关联模型进行分析较适用；但是它等同看待所有指标，这虽然能避免主观因素对评价结果的影响，但是往往使重点指标的重要性不能突出，从而会影响整个乳品企业核心竞争力评价结果的准确性。因子分析方法是一种通过降维以简化数据的多元统计方法，它是将具有错综复杂关系的变量综合为数量较少的几个因子，集中反映原始变量所含有的大部分信息，从而起到了简化分析的作用。由于乳品企业核心竞争力受多因素的影响，所以用因子分析法评价难免会有片面性。之所以选用基于 AHP 的模糊综合评价和 DEA 分析两种方法构建评价体系，主要考虑了两种评价方法的优势互补性。前一种方法将核心竞争力看作"结果"，着重分析研究对象核心竞争力的实际状态；后一种方法则在前者研究"结果"的基础上，进一步研究了影响核心竞争力效率形成"原因"。由此使得两者研究的结果互相呼应，互为补充。

（1）选用基于 AHP 的模糊综合评判的原因。其一，由于乳品核心竞争力受多因素的影响，具有一定的层次性，运用层次分析法分析具有较大的优越性。层次分析法运用定性分析和定量分析相结合的方法，能够把以人的主观判断为主的定性分析进行量化，便于用数值来显示各方案的差异，同时它也能够通过权重分析确定各个目标在项目总体评价中的重要性，克服了传统方法无法直观、简洁地分析和描述系统特点的缺陷。其二，由于企业核心竞争力的评价具有模糊性，很难严格界定各等级的标准，这种等级的分类只是主观意识的结果，具有模糊性，而且企业核心竞争力的影响因素具有模糊性，如产品和技术领先当时科技水平的程度、客户满意度等，因此笔者采用层次分析法和德尔菲法确定各指标的权重，然后采用模糊综合评价法对乳品企业核心竞争力进行评价。

（2）选用数据包络分析（DEA）的原因。AHP 方法、专家调查法与模糊数学方法相结合的方法很好地克服了主观赋权所带来的，权重过于主观化的缺点，但是它处理的数据具有一定的局限性，仅仅适合于核心竞争力中的那些主观赋权的指标，而在乳品企业核心竞争力评价指标体系中更多的是一些定量分析的指标，这种方法不能很好地解决这个问题。数据包络分析法不用事先确定各指标的权重，采用定量评价指标，这样就最大限度地排除了主观因素对评价结果的影响。同时，数据包络分析法评价具有排序功能，能够和模糊综合评价得到的排序结果互相呼应，增强评价的准确性，有利于正确决策。

模糊综合评价只比较了乳品企业核心竞争力的相对强弱，对乳品企业核心竞争力的实际状况做了测评，提供了核心竞争力目前状态的结果值，而未能揭示出核心竞争力效率改进的方向及其改进值。数据包络分析（DEA）效率评价，能够从"投入—产出"的角度，进一步在模糊评价研究的基础上将企业核心竞争力各指标维度数值作为"产出"指标，进行核心竞争力形成相对效率评价，从另一个角度得到一些对决策有用的信息，如影响核心竞争力的关键因素是哪些、提升企业的核心竞争力应改进哪些环节以及改进程度如何等。

5.2.3 基于AHP的模糊综合评判的乳品企业核心竞争力评价体系的构建

5.2.3.1 乳品企业核心竞争力评价指标体系的构建

根据层次分析法和模糊综合评价法对指标体系的要求，以核心竞争力的本质、特征及构成要素为依据，结合乳品企业特点，笔者设计出定性与定量相结合的乳品企业评价指标体系（图5-2）。由六个一级指标构成，而每个一级指标又由若干二级指标构成的指标系统。一级指标全面反映了影响乳品企业核心竞争力的基本要素，包括技术创新能力、企业管理能力、市场营销能力、人力资源管理、企业盈利能力和可持续发展能力6个方面，二级指标充分反映了乳品企业的特点及其核心竞争力的本质特征。这样能全面反映乳品企业核心竞争力的客观状况，并且抓住核心竞争力的内涵和实质。

笔者设计的我国乳品企业核心竞争力指标体系共由28个具体指标组成。

（1）技术创新能力。主要表现在企业的研究开发能力、科研创新能力、科研成果转化能力和质量控制能力4个方面，包括8项具体指标。

研发人员比重（X_{11}）（定量指标）。该指标反映企业投入研发人力状况，比例越大，研发能力越强。

$$研发人员比重 = 企业直接从事研发人数 \div 企业科技人员总数 \quad (5-6)$$

研发经费比重（X_{12}）（定量指标）。该指标反映企业用于研发的资金能力（比例越大，研发能力越强）。

$$研发经费比重 = 企业研发经费数额 / 企业销售收入总额 \quad (5-7)$$

新产品开发成功率（X_{13}）（定量指标）。该指标反映企业技术开发创新的效率。

$$新产品开发成功率 = 成功开发新产品的品种数 / 投入开发新产品的品种数 \quad (5-8)$$

新产品产值率（X_{14}）（定量指标）。该指标反映企业技术开发的实绩。

新产品产值率 = 同期内新产品总产值 ÷ 一定时期内全部产品的总产值

(5-9)

专利指数（X_{15}）（定量指标）。该指标反映企业研发能力的效果和科技水平领先程度。

专利指数 = 企业拥有专利数量 ÷ 行业拥有专利总数 （5-10）

创新频率（X_{16}）（定量指标）。该指标反映企业技术开发创新的速度。

创新频率 = 产品创新数 + 工艺创新数 （5-11）

科研成果转化能力（X_{17}）（定量指标）。可用科研成果转换率来评价。转化率越高，表明企业创新成果的使用价值越高，技术创新的实现能力越强。

技术成果转化率 = 近三年转换为现实生产力的技术创新成果数量 / 近三年企业技术创新成果数量

(5-12)

质量控制能力（X_{18}）（定性指标）。质量控制能力是乳品企业生产核心产品的质量控制能力，主要表现为乳品产业链的各个环节是否都建立严格的质量标准。该指标可以通过新鲜牛奶的收购标准、饲料成分、原奶生产、乳制品质量管理及质量检测技术等的建设情况来评价。

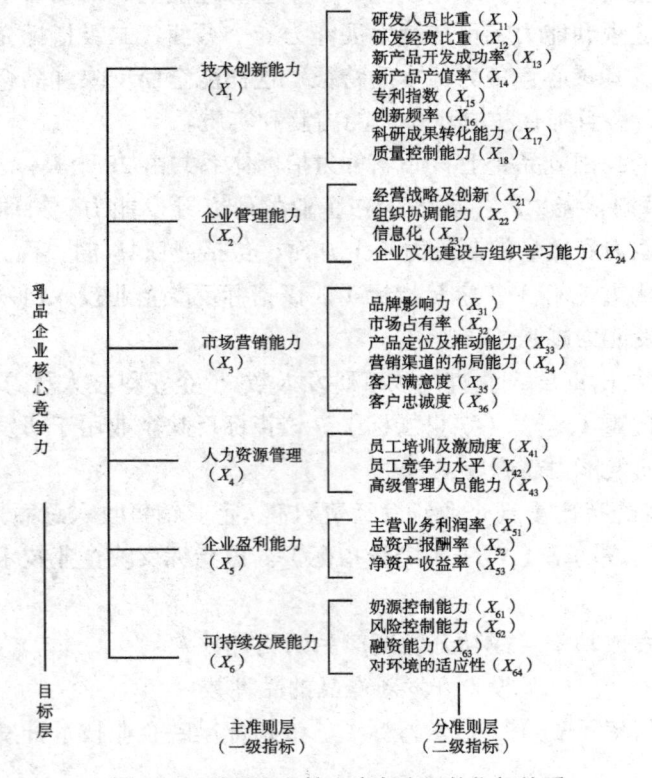

图 5-2 乳品企业核心竞争力评价指标体系

（2）企业管理能力。乳品企业发展的关键在于根据市场的需求，充分发挥现有的生产能力，依靠科学技术开发新产品，加强企业管理，以创造、维护不断地提升乳品企业的竞争力。乳品企业管理能力包括经营战略及创新、组织协调能力、信息技术能力、企业文化建设与组织学习能力。

经营战略及创新（X_{21}）（定性指标）。制订符合企业长远发展以及市场需求的企业战略是评估乳品企业核心竞争力的重要指标之一。该指标可以通过企业的高层管理对企业创新活动的支持与参与、企业经营战略与技术战略整合程度、企业战略性共识、市场驾驭能力、战略规划能力等来评价。

组织协调能力（X_{22}）（定性指标）。组织协调能力是乳品企业构建核心竞争力的必要条件。该指标可以通过考察乳品企业的组织机构的合理性，对市场信号的反应的灵敏性以及组织经营机制的灵活性，企业上下的共同价值观等来评价。

信息技术能力（X_{23}）（定性指标）。它指乳品企业正确、及时、有效地获取、转换、传输、存储、处理、显示、识别和利用科技信息，建立企业科技信息系统的能力。该指标可以通过乳品企业 ERP 系统的基础完善程度、用电子商务销售产品和采购物资的情况、办公自动化利用信息技术的水平及市场信息采集能力与准确度等方面来综合评价。

企业文化建设与组织学习能力（X_{24}）（定性指标）。它指乳品企业通过各种渠道传递核心价值观及组织集体学习的能力。该指标可以通过企业价值观、品牌建设、营销建设学习型组织的培育机制、创新意识、创新战略、企业创新效率等方面来综合评价。

（3）市场营销能力。其主要包括以下 4 方面指标：

品牌影响力（X_{31}）（定性指标）。品牌是企业及其产品在市场中的识别系统，随着乳制品市场细分化程度的提高，品牌效应将成为乳品加工业竞争的焦点。品牌影响力可以从产品美誉度、企业品牌价值等方面进行评价。

市场占有率（X_{32}）（定量指标）。反映企业的主导产品在市场上的占有深度。

$$产品市场占有率 = 本企业对应商品的销售额 \div 同行业的商品销售总额 \qquad (5-13)$$

产品定位及推动能力（X_{33}）（定性指标）。反映乳品企业产品定位的准确度及在开拓产品市场方面的能力和产品市场效应等，可以从这方面进行评价。

营销渠道的布局能力（X_{34}）（定性指标）。指乳品企业在全国范围内进行营销网点布局的能力及营销网点布局的合理性、营销渠道的市场应对能力。

客户满意度（X_{35}）（定性指标）。指顾客对产品获得的及时性、产品外形、质量的满意程度,通过顾客的评估获得数据。

顾客忠诚度(X_{36})(定量指标)。反映客户对本企业提供产品及服务的满意程度及其购买意向。

$$客户忠诚度 = 100\ 名客户向本公司购买某种产品的数量 \div 100\ 名客户从其他乳品企业购买同种产品的数量 \quad (5-14)$$

(4)人力资源管理。人力资源管理能力指聘用优秀人才、留住人才、有效激励人才的能力。人力资源也是企业各种资源要素合理配置的核心,它的合理配置推动着企业的可持续发展,因此,人力资源管理在一定程度上存在难模仿性。可以从领导者及全体员工素质、人才培养机制、人才激励机制等方面来考虑其评价。

员工培训及激励度(X_{41})(定性指标)。反映乳品企业的员工现有的知识、技能存量,员工创造的价值,企业对员工的培训等。

员工竞争力水平(X_{42})(定性指标)。反映乳品企业的员工的技术水平、学习与创新能力、组织与交往能力、开拓和适应能力以及价值取向的综合情况,该指标可以通过这些角度来评价。

高级管理人员能力(X_{43})(定量指标)。企业高级管理人员综合素质从其平均受教育程度、平均管理年限、平均年龄、决策能力、管理能力等多方面综合评价得出。

$$企业高级管理人员综合素质指数 = (平均管理年限 \div 平均年龄) \times 150 + 150 - 平均年龄 \times 2 \quad (5-15)$$

(5)企业盈利能力。企业盈利能力高低,是企业能否生存的重要条件。其包括以下指标:

主营业务利润率(X_{51})(定量指标)。反映乳品企业全部业务服务的综合盈利能力。

$$主营业务利润率 = 利润总额 \div 主营业务收入 \quad (5-16)$$

总资产报酬率(X_{52})(定量指标)。反映乳品企业运用自己实际占用和支配的资本所能获利的程度,用来衡量乳品企业对所有经济资源运用效率的高低。

$$总资产报酬率 = (利润总额 + 利息支出) \div 平均资产总额 \quad (5-17)$$

净资产收益率(X_{53})(定量指标)。反映以乳品企业实收资本为基础的盈利程度。

$$净资产收益率 = 净利润 \div 实收资本 \quad (5-18)$$

(6)可持续发展能力。企业可持续发展能力是企业谋求长期发展的重要基础,主要包括以下指标:

奶源控制力（X_{61}）（定量指标）。对乳品企业而言最重要的基础资源即是奶源，奶源的控制能力是至关重要的。企业控制好奶源，就基本上控制了成本。

奶源控制能力 = 有效的奶源数量 ÷ 全行业的有效奶源数量　　（5-19）

风险控制能力（X_{62}）（定性指标）。乳品企业的风险控制是一项长期而艰巨的工程，涉及技术保障、资金保障、市场定位、业务管理、内控机制、人员素质、经验积累等诸多因素，因此风险控制管理是培育乳品企业核心竞争力的必要前提。该指标可以通过技术可靠性、资金保障性、储备能力等方面来评价。

融资能力（X_{63}）（定量指标）。其指乳品企业融通资金的能力，包括其筹资、投资能力等，它受企业经营状况和财务状况等内因的影响，在很大程度上也受到国家宏观经济政策等外部因素的限制。融资能力为乳品企业生产发展提供了可能性。该指标可以通过资产负债表和现金流量表的相关数据综合企业融资率评价。企业融资率反映企业在资本增量管理上的实力。

企业融资率 = 本期各种渠道融资总额 / 企业平均总资产 × 100%　（5-20）

对环境的适应性（X_{64}）（定性指标）。其指乳品企业对内外环境资源的联合情况。表现为企业对市场（竞争环境）的适应度、运行环境（宏观环境、产业环境）的适应度及企业的环护能力。该指标可以通过市场应变能力、外界环境公关协调能力、环境保护能力等方面来评价。市场应变能力是使企业在复杂的竞争环境中得以取胜的关键。外界环境公关协调能力指与政府、顾客、供货商、经销商的公关协调能力。环境保护能力反映乳品企业为了自身利益的同时，考虑到养殖户的利益和对社会环境的重视程度。

5.2.3.2 基于AHP的模糊综合评价模型

企业核心竞争力的评价应基于企业与标杆企业的比较而得出，两者的比较，可以使我们更明确地找出两者的共性并加以推广，找出两者的差距得以相互借鉴。

由于各种因素的综合影响，所以构成乳品企业核心竞争力的各个方面可能存在一定差异，为综合直观考察核心竞争力各项分能力在企业核心竞争力体系中的强弱及重要性，为企业准确定位核心竞争力提升重点提供依据，以"指标得分"和"指标权重"两个维度构建企业核心竞争力分能力二维矩阵模型，对基于AHP模糊综合评价最终评估结果中的核心竞争力各项分能力得分进行评价和分析。具体矩阵如图5-3所示。

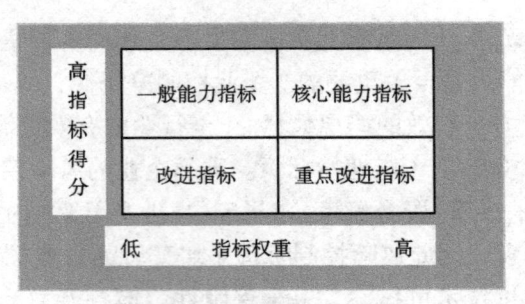

	一般能力指标	核心能力指标
高指标得分	改进指标	重点改进指标
	低　　　指标权重　　　高	

图5-3　指标评价矩阵图

5.2.3.3　基于数据包络分析的效率评价体系的构建

基于数据包络分析的乳品企业核心竞争力评价体系构建主要包括评价指标体系的建立和评价模型的建立两部分。

5.2.3.4　基于数据包络分析的效率评价指标体系建立

投入、产出变量的选择是进行DEA效率分析的关键所在。由于数据包络分析（DEA）方法的核心工作是"评价"，因此很难讲对某个评价目的、指标体系的确定是唯一的，因此，乳品企业需要根据自身的实际情况，设计一套科学的评价指标体系。笔者在参考了其他作者确定的投入、产出变量之后，选取构建乳品企业核心竞争力投入产出指标体系：三项投入指标从人力资源、奶源资源和资本投入系统反映了核心竞争力形成基础，选取较有代表性的投入因素每亿元产值的企业员工数、奶源数和总资产的强度作为三项输入 X；六项产出因素是衡量企业核心竞争力高低的主要维度评价，选取乳品企业核心竞争力的六个一级指标的评价值作为输出 Y，详见图5-4所示。

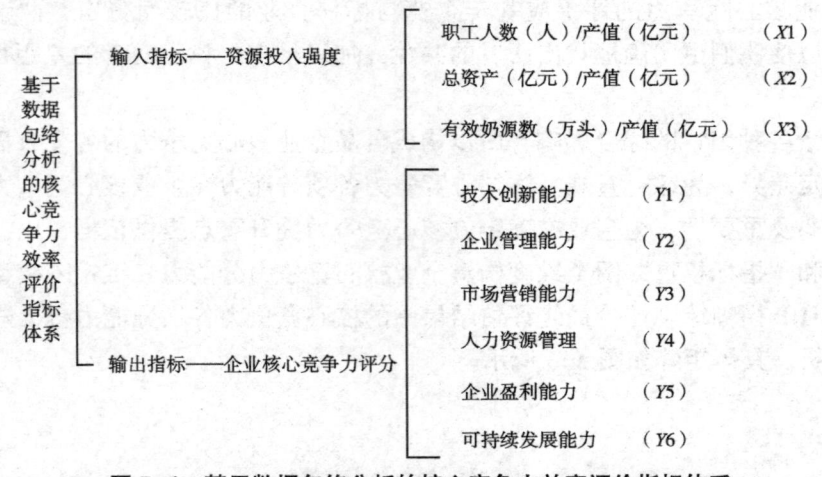

基于数据包络分析的核心竞争力效率评价指标体系
- 输入指标——资源投入强度
  - 职工人数（人）/产值（亿元）　（$X1$）
  - 总资产（亿元）/产值（亿元）　（$X2$）
  - 有效奶源数（万头）/产值（亿元）　（$X3$）
- 输出指标——企业核心竞争力评分
  - 技术创新能力　（$Y1$）
  - 企业管理能力　（$Y2$）
  - 市场营销能力　（$Y3$）
  - 人力资源管理　（$Y4$）
  - 企业盈利能力　（$Y5$）
  - 可持续发展能力　（$Y6$）

图5-4　基于数据包络分析的核心竞争力效率评价指标体系

5.2.3.5 数据包络分析效率评价模型

模型的选择取决于企业测评的实际需求,也决定着测评的结果。笔者对研究企业的核心竞争力的资源投入效率进行评价,主要考虑从规模效率和技术效率两方面进行评价。一方面乳品企业是资源型企业,奶源和生产规模对资产组合深度和成本结构有着决定性的影响,是其生存和发展的基础。对核心竞争力形成效率评价时,直接决定生产成本的企业规模因素在核心竞争力形成中的作用不能忽视。另一方面乳业技术的专有性不强,依靠技术创新和技术进步可以大幅度地降低加工成本和风险,大幅度地提高企业生产效率及产品附加价值。在进行核心竞争力效率评价时,应重点考虑技术因素对核心竞争力的影响。而BCC模式是C^2R模型的改进,具有能够衡量纯粹技术效率与规模效率的特点,因此,笔者用产出导向的BCC模型估计各乳品企业的相对技术效率和规模效率,这是由乳品企业核心竞争力的形成特点决定的。同时,由于企业核心竞争力形成系统一般是在既定的企业预算约束条件下,尽可能提高系统产出水平,因而模型采用产出导向型形式BCC模型。

为了探讨纯粹技术效率、规模效率及规模报酬等问题,Banker(1984)对C2R模式加以修正后,发展出BCC模式。BCC模式为一个能够衡量纯粹技术效率与规模效率模式而衍生出来的DEA模式。BCC之数学模式如下所示:

$$\text{Max} \quad E_k = \sum_{r=1}^{s} u_r y_{rk} - u_k$$

$$\text{s.t.} \begin{cases} \sum_{i=1}^{m} v_i x_{ik} = 1 \\ \sum_{r=1}^{s} u_i y_{rk} - \sum_{i=1}^{m} v_i x_{ik} - u_k \leq 0 \\ u_r \geq \varepsilon > 0 \\ v_i \geq \varepsilon > 0 \end{cases} \quad (5-21)$$

C^2R模式所算出之效率值,在BCC模式中为整体效率值,而BCC模式所算出的效率值为技术效率,由此可知整体效率不大于技术效率,唯有当整体效率=1时,则规模效率=1且技术效率=1。根据上一式求得之u_k,可探讨各公司之规模报酬是处于递增、递减或规模不变的状态。

模型中X代表投入因素,用较有代表性的投入因素每亿元产值的企业员工数、奶源数和总资产的强度表示;Y代表产出因素,用乳品企业核心竞争力六个维度即创新能力、企业管理能力、市场营销能力、人力资源管理、企业盈利能力和可持续发展能力的综合评价值表示。

5.3 新疆乳品企业核心竞争力评价——实证分析

5.3.1 实证研究设计

5.3.1.1 实证研究思路、目的及样本企业的选取

（1）实证研究思路。从本文研究背景来看，目前迫切需要从提高新疆乳品企业核心竞争力的实际需要出发，系统地对新疆乳品企业核心竞争力进行测评。基于此，笔者将构建的乳品企业核心竞争力评价体系，运用于对新疆乳品企业核心竞争力进行具体测量，进而验证本评价体系的合理性，为进一步提升新疆乳品企业核心竞争力提供科学依据。

（2）实证研究目的。①验证笔者在本文中提出的乳品企业核心竞争力评价体系；②运用评价体系测量出新疆乳品企业核心竞争力的实际水平；③采用模糊综合评价，通过定性定量结合分析得到新疆大型乳品企业核心竞争力评价等级，分析总结新疆乳品企业核心竞争力的优劣势；采用DEA评价，通过定量分析找出影响新疆乳品企业核心竞争力的关键因素及改进目标。

（3）样本企业的选取。选取我国乳品行业龙头企业同时又是新疆乳品企业主要竞争对手的伊利集团为参评企业（标杆企业），以新疆本地三家大型乳品企业A、B、C乳业公司为典型，共同作为实证分析的样本。由于企业要求资料保密，故不公开企业名称。

5.3.1.2 评价标准的建立及数据的获取

（1）评价标准的建立。根据国内外综合分析，笔者采用了9分制评分标准，评语为很高、高、一般、低、很低，很高的分数为9分，高的分数为7分，一般的分数为5分，低的分数为3分，很低的分数为1分。专家对于定量指标的评分标准是根据乳品企业现有的财务报表，直接或简单计算获取数据，参照行业平均水平进行评分；对于定性指标的评分标准是根据所设置的一些辅助指标进行评分的。

（2）数据的获取。以所建立的乳品企业集团核心竞争力评价指标体系为依据设计问卷调查。通过面对面、电话以及发送电子邮件的方式来做调查，收集研究所需要的数据。

对于定量指标，将样本企业的统计资料、财务资料交给专家组，专家组根据与同行企业的比较、专业经验等分别评判打分，评分的评语集为｛好、较好、一般、较差、差｝，对应的分数为｛9，7，5，3，1｝。

对于定性指标，专家根据上述问卷方式得出的数据同行业其他企业比较及自身经验等进行评判打分，评分的评语集为｛好、较好、一般、较差、差｝，对应的分数为｛9，7，5，3，1｝。

在对专家组打分收集整理，输出结果后，将运用模糊综合评价法进行往上级指标递推的方法进行逐级具体评价，最终得到乳品企业核心竞争力的得分。

5.3.1.3 问卷设计

为了了解新疆乳品企业核心竞争力状况及其主要影响因素，为建立科学合理的新疆乳品企业核心竞争力评价体系和提升新疆乳品企业核心竞争力提出针对性的对策建议，在新疆维吾尔自治区部分乳品龙头企业中开展"新疆乳品企业核心竞争力"问卷调查。

（1）问卷结构。调查问卷包括三部分：评价专家的基本信息、乳品企业核心竞争力各评价指标重要程度的调查和乳业公司核心竞争力二级指标评价的调查。

（2）问卷内容。①专家的挑选是关系到此次调查评价是否公正合理的重要因素。了解评价专家的背景，对评议专家进行考察。②关于乳品企业核心竞争力各评价指标重要程度的调查。请专家根据您的经验并采用1～9标度法，对乳品企业核心竞争力各评价要素重要性做出评判。③对乳业公司核心竞争力28个二级指标评价的调查，评语按照9分制评分标准由专家在相应的评语位置打"√"选择取得评分。

5.3.1.4 调研的形式与过程

（1）调研的形式。本次调查以问卷形式为主，辅以重点访谈的形式。

（2）调研的过程。笔者对新疆诸多著名乳业专家进行了访谈调查，走访单位包括乌鲁木齐乳业协会、新疆乳业协会、新疆统计局工业处、新疆奶业办公室和新疆A、B、C乳业公司以及伊利乳业新疆分公司，听取了诸多专家的意见。并将题为"关于新疆乳品企业核心竞争力的调查"的调查问卷下发。请乳品企业的经理人及行业专家评分。此次调查共发放48份调查问卷，为保证调查问卷的质量，对调查问卷的发放进行了控制，每周发放 8 份，共计 6 周发放完毕。回收有效问卷 40 份，合格率 83.3%，调查基本保证了数据的客观性和可靠性。

5.3.1.5 数据的处理

（1）运用模糊统计的方法处理。考虑到专家评分的定量化比较困难，通常采用模糊统计的方法。模糊统计量化处理是让参与评价的各位专家，按预先划定的评价标准给各评价因素划分等级，然后统计各评价因素的等级的频数，进而可求得隶属度，最终得到二级指标的模糊关系矩阵。

（2）运用软件处理。运用 AHP 分析软件进行层次分析，确定乳品企业核心竞争力指标体系的权重；运用 Excel 软件计算乳品企业核心竞争力模糊评价综合得分；运用 DEAP2.0 分析软件计算乳品企业核心竞争力形成的效率评价值、松弛变量值和改进值。

5.3.2 被选用做实证分析的乳品公司情况简介

5.3.2.1 伊利集团简介

伊利股份前身为呼和浩特市回民奶食品总厂，1993 年 2 月由 21 家发起人发起，以定向募集方式设立股份有限公司，1996 年，伊利集团在上交所挂牌上市，成为中国第一家乳业上市公司。据伊利股份 2020 年年度报告，总营收实现 968.86 亿元，继续领跑行业。

（1）伊利的业绩。伊利集团是全国乳品行业龙头企业之一，也是国家经贸委评定的全国 520 家重点工业企业和国家八部委确定的全国 151 家农业产业化龙头企业之一。伊利集团在全国食品行业首家通过了 ISO 9002 国际质量体系认证；公司生产的 39 类产品 100 多个品种通过了国家绿色食品发展中心的绿色食品认证。2006 年 11 月，伊利超越摩托罗拉、雀巢等全球品牌巨头进入全球企业信誉测评 20 强，并且与海尔和青啤构成本土品牌全球企业信誉前三名。伊利集团再度获得"最佳企业公民奖"，伊利集团在中国食品安全年会上已连续 5 次荣获"全国食品安全十强企业"，并一举夺得由组委会颁发的唯一"中国食品安全标杆企业"特别大奖。

（2）伊利的发展战略。伊利在资产重组上采取产品经营与资本经营的有效结合与平衡发展战略。伊利集团通过收购、兼并、资产重组、托管等方式先后在内蒙古中西部地区，北京、上海、黑龙江、河北等地建立了自己的生产基地，初步完成"中国伊利"的战略布局。

（3）伊利的奶源建设。为顺应乳业的快速发展，伊利集团不断创新中国奶源基地的建设。截至目前，伊利已经建立了以呼包、京津唐、东北为主的三大奶源基地，同时开辟了内蒙古锡盟、赤峰和山东、山西、西安、沈阳等新的奶源基地，可控奶牛头数逾200万头，形成了"以农户养殖为起点，规模化经营为基础，标准化奶站为联系纽带，企业联农户"的乳业产业化生产模式，带动了数百万农户从事奶牛养殖。累计发放奶款近230亿元，惠及农牧民近500万人。伊利集团还出资2 000万元设"奶牛风险基金"，伊利集团积极推动奶源基地科技服务体系建设，引进先进的奶牛养殖技术和管理经验，促进成果转化，开展高产奶牛标准化养殖服务示范项目的研究和应用工作。伊利集团十分注重环境保护，坚决走可持续性发展之路。

（4）伊利的研发。强大的企业背后是科技的支持。截至目前，公司已拥有当今世界先进的乳品设备和加工工艺，建成中国一流的检验室；建立了符合国际标准的产品质量控制体系和新产品研发中心，完成了从劳动密集型企业向科技效益型企业的转变。

伊利集团所辖的液态奶事业部通过HACCP管理体系认证，成为国内牛奶行业第一家实现食品安全有效监控的企业。公司的39种产品300多个品种通过中国绿色食品发展中心绿色食品标志认证以及中国伊斯兰教协会清真食品标志认证，三大主导产品在国家乳品检测中心市场抽检中，连续多年产品合格率为100%。伊利紧跟行业发展趋势，还将科学技术运用于企业生产的方方面面。其中伊利自主创新的三级研发体系已催生"伊利营养舒化奶"和"伊利金典有机奶"等一批高端产品诞生。与此同时，伊利集团拥有一支非常优秀的科研团队，已经实施、完成多项科研项目，其中国家立项数3项、企业自主立项数125项，与国内科研院所联合立项数9项。今天的伊利，在科技研发创新上的经费投入已经从1999年的4 000多万元增长到2005年的2.4亿元，保证各项科技创新项目顺利开展。

（5）伊利的组织建设。2000年伊利集团实行了事业部制，将过去的相互独立但生产同一类产品的若干个企业划为一个事业部，统一管理，统一营销。共分为冷饮事业部、液态奶事业部、奶粉事业部、原奶事业部，各个事业部在各地区市场设立办事处、分公司、配送中心，形成了直接将产品送达各个零售终端的营销网络，减少了中间环节，建立起了快速反应机制。集团总部的技术研发部和公共关系事务部对各个事业部的产品开发、广告促销和客户网络进行宏观调控和指导。信息中心提供以计算机网络为基础的信息平台，以信息管理系统为载体，联结遍布全国的分公司和办事处。集团各个事业部在部门、人力资源、组织体系的配置上都有举措。

（6）伊利集团的人才管理。伊利人年龄梯次合理，综合素质不俗、后备力量充裕。据悉，在册员工中，大专以上学历的近3 000人，管理人员平均年龄为34岁，整个团队充满活力。伊利已成为培育乳业精英的摇篮地，它给中国乳业界培养了许多管理精英和技术人才。

（7）伊利集团独特的企业文化。今天的伊利集团，面对全球经济一体化的挑战，提出"用全球的资源，做中国的市场"，推行"以人为本、制度为保障、团队为前提，平等信任"的企业文化，以不断创新、追求人类健康生活为己任。

5.3.2.2 新疆C乳业集团

C乳业集团是一家以烘焙食品和奶产品为主的食品企业，在经过13年的经营与发展，现已成为一家总资产达6.1亿元、拥有5家子公司的食品集团公司，C乳业有限公司便是其下属的一家专业乳品公司。其主要产品有乳制品、烘焙食品、冰激凌冷饮、速冻食品四大系列400多个品种，乳制品系列已远销北京、杭州等内地沿海城市。近年来，在国家西部大开发的政策引导下，公司取得巨大的发展，被评为国家农业产业化重点龙头企业。2002年被自治区确定为学生饮用奶试点企业。企业品牌获"中国名牌"荣誉称号，并被中国乳制品协会评为优秀乳制品企业。公司现有员工820人。银行的资产信用等级为AA+级，资产负债率为63%，企业从基地供给的原料占总加工量的100%。

（1）C公司奶源基地模式。为满足乳业生产线鲜奶的需要，保证充足的原奶供应，C集团公司采用"公司+协会+农户"的新型养殖模式。养殖小区的建设是由政府出资保证小区的"三通一平"，由C集团有限责任公司出资建设牛舍和挤奶厅，这种建设模式使公司和农户实现了以资产为纽带，以利益共享为基础的紧密结合，实现了养牛户分户饲养、集约管理的产业化管理和经营。目前已投资建设了现代化奶牛养殖小区20个，引进高产奶牛3 000头，奶牛养殖户达到300余家；投资建设鲜奶收购站100个，带动奶牛养殖户20 000余户，控制奶牛头数67 000余头；扶持建设现代化奶牛养殖场13个，控制奶牛头数3 000头。

（2）C公司研发情况。C公司按照"建设一流企业，争创全国名牌"的总体目标，在发展中不断提高产品的科技含量，不断地研发新产品，把生产高质量产品作为公司的第一目标。C品牌牛奶先后获得"绿色食品""国家质量免检产品"等多项荣誉，塑造了绿色环保的公众形象。C公司一贯实行"生产种类丰富的一流产品，为消费者提供健康生活"的企业宗旨，连续不断地推出众多"品质上乘、深受消费者青睐"的牛奶饮品,全面营造健康的乳品王国,让以 C 品牌为代表的新疆乳品成为新疆人民的好朋友和全国消费者体味边疆绿色风情的最佳载体。

C 公司现有的年产 4.5 万吨 UHT 乳制品加工生产线是自治区重点建设项目之一,总投资 12 000 万元,是新疆第一条全部引进瑞典利乐公司的牛奶生产线,采用超高温瞬时杀菌和无菌灌装工艺,填补了自治区高品质乳制品加工的空白。利用新疆丰富的牛奶资源,斥 1.5 亿元巨资引进世界最先进的瑞典利乐牛奶生产线,牛奶因优秀的产品质量,高科技的加工方式和包装以及新鲜香浓的口味,成为新疆第一家学生饮用奶的专有供应企业。

(3) C 公司品牌建设及推广。新疆 C 集团也深深的意识到,对于品牌的维护和提升不仅要不断研发新产品和提高产品质量,而且还应积极进行企业的信息化建设和销售模式的创新,形成差异化的复合,为其他品牌进入中高端乳品市场构筑了强大的进入壁垒。

在销售模式上,提出连锁店树形象,传统渠道铺货走量的经营模式,为此新疆 C 集团在乌鲁木齐市、昌吉市、克拉玛依市和库尔勒市等地共自建 20 家连锁店。新疆 C 集团依靠其强势品牌、"连锁+传统渠道"的经营模式和完善的产品线结构,在新疆乳制品高端市场运作上显得老到和霸气。到目前为止,C 公司在新疆乳制品中高端市场上位居第一,其品牌是新疆乳品第一品牌。据悉公司目前在稳固新疆市场的同时也在图谋疆外市场,乳制品系列已远销北京、杭州等内地沿海城市。

与此同时,C 公司完成了企业的信息化建设,2003 年被评为第二批自治区制造业信息化 ERP 应用示范企业。

5.3.2.3　A 乳业公司

A 公司成立于 2003 年 6 月 21 日,注册资金 2 100 万元,是由新疆 X 生物股份有限公司组建的高科技现代化乳品加工企业。到 2005 年 5 月,该企业产品在整个新疆市场产品日销量已达 70 吨,市场占有率达 27.7%,跃升为新疆乳品企业三甲之列,尤其在其核心城市乌鲁木齐市场其产品销售量达 50 多吨,市场占有率近 40%,成为乌鲁木齐市场销售量最大的乳品企业之一。A 公司乳业牛场是新疆首家获得奶牛健康证的企业,获得中国食品安全年会颁发的"全国食品安全示范单位"称号,其产品为新疆消协推荐产品。公司早在 2003 年就通过了 ISO 9001 质量认证,并进一步完善 HACCP 食品安全控制体系,用国际标准建设企业文明,用企业文明安全生产乳品。

A公司的研发。目前公司拥有研发新品高级工程师17名，技术人员57名。迄今为止，X生物公司直接投入科研的资金已达2 500多万元，并且，每年将1%的销售收入作为固定的科研经费。A乳业公司依托X生物工程技术优势，先后从芬兰伊莱克斯德和瑞典利乐公司引进了先进的设备和生产线，达产后日处理鲜奶将达到800吨。乳业公司建立了"基因工程研究室"，承担了自治区重大攻关项目——"奶牛基因克隆的技术研究""生物胚胎繁殖"等技术项目，每年请外方专家教授来公司讲课，以此来不断更新科研人员的知识结构，站在科技的前沿。

A公司品牌建设。公司本着"高起点、高科技、高产出、低成本"准则，2004年在沙湾、阿克苏等县投资1.4亿元建立A乳业分公司，2005年在哈密市投资兴建了哈密A乳业分公司，产品主要以高端固态产品为主，逐步实现大品牌、大市场、大科研的发展战略。

目前A公司的产品有UHT液态鲜奶、特级纯牛奶、高钙奶、花生奶、酸奶、屋顶盒玫瑰美酸乳、巴氏奶、早餐奶、杯酸奶、果味奶等系列乳制品。日销量110吨，零库存、零欠款。销售网络以乌鲁木齐为中心辅射南疆、北疆、东疆等地区。产品已远销甘肃市场。面对全球经济一体化的挑战及国内外乳业市场的激烈竞争，公司确定了从产品经营到品牌经营的战略，全力打造新疆乳品业特色资源。在"以人为本、以科技为根、尽己之力、尽人之智"的企业发展理念下，A乳业公司今后的发展可以概括为打牢基础、快速推进、做大做强。2004年A乳业公司实现销售20 000吨，销售收入突破1亿元，2005年A乳业公司将依托新疆本地，重点开发西北市场，成为西北地区乳业第一品牌；2006年随着X集团全面启动国内华东、华北、华南奶源基地，A乳业公司将成为年加工销售收入超过30亿元的全国五大品牌之一。

5.3.2.4　B乳业公司

B乳业公司始建于1985年，原来是呼图壁种牛场办的一个小乳品加工厂，后经呼图壁种牛场改制成。公司进行了大规模的技术改造，扩大了生产规模，使公司从原来日处理几十吨的一个小乳品企业成为一个日处理鲜奶能力达到250吨的现代化的乳品加工企业。企业占地2万平方米，员工300多人，固定资产8 000多万元。年生产加工各类乳制品2.1万多吨，产值近9 000万元。其主要产品有纯牛奶、乳饮料、酸奶等，产品包装形式有利乐枕、屋顶包、塑杯等。

（1）自建现代化养牛场。B公司以原呼图壁种牛场和自治区畜牧厅牛胚胎繁育中心为依托,自建存栏超过 3 000 头的现代化奶牛场,实施科学饲养。先后投资 250 万元,安装了世界上最先进的利拉伐全电脑控制挤奶器,并配备了制冷罐及奶罐车,从而使鲜奶能迅速冷却和及时运输,保证了牛奶的口感和新鲜度。整个奶牛场实行封闭式草场放牧和饲养,凡是进入车辆和人员均实行消毒准入制度,为生产优质健康的乳制品奠定了良好的基础。

(2)采用世界先进技术。为适应市场发展需要,公司先后投入 150 多万元购置了国内外先进的全自动酸奶灌装机,彻底解决了二次污染问题。投资 2 000 多万元购置了意大利瑞达公司的"超高温瞬时灭菌奶"和美国国际纸业的"新鲜屋"等先进生产设备。这使公司各种产品彻底实现了管道化、密闭化、无菌化、标准化。

(3)借鉴国际乳联管理标准。B 乳业公司规模不断扩大,但公司始终坚持质量至上的产品控制目标。先后参照和通过了国际通用的 ISO 9001 质量认证体系、QS 以及 HACCP,对原料奶的收购、冷链运输,产品加工至销售各环节实行全程危害分析,巡回监控、检测和抽查,使产品生产过程始终处于受控状态。企业先后获得"自治区质监所唯一质量认定产品""自治区质量管理先生企业""新疆名牌产品"和国家"无公害产品"等称号。

(4)强化质量创新产品创新。质量创新是企业生存和永续经营的必要条件,产品创新是市场开拓的利器。基于这种认识,B 公司先后引进和培养了 10 余名专长的高级科研人员,并先后同国家乳品研发中心、中瑞奶业培训中心、四川农业大学、新疆农业大学、新疆畜牧科学院、河北农业大学等高校科研机构建立了良好的合作关系。实施"产、学、研"相结合之路,迅速将科研成果转化为生产力,在新产品研发上大胆创新,先后开发出 30 多个品种的产品,不断满足不同消费层次的需求。

5.3.3 基于 AHP 多级模糊分析的新疆乳品企业核心竞争力综合评价

5.3.3.1 指标权重的计算

笔者在本文所构建的指标包括目标层、主准则层、分准则层,在结构中,主准则层用 X_i(i = 1,2,3,…,6)表示,分准则层主因素层用 X_{ij}(i=1,2,…,6; j=1,2,3,…,8)。

(1)建立判断矩阵并进行一致性检验。主准则层面间的判断矩阵及一致性。判断矩阵 1,主准则层间的判断矩阵,结果如表 5-2 所示。

表5-2 主准则层面间的判断矩阵及一致性

X	X_1	X_2	X_3	X_4	X_5	X_6	按行相乘	开n次方	权重W
X_1	1	4	2	3	5	6	720	2.993 8	0.378 8
X_2	1/4	1	1/3	1/2	3	4	0.5	0.890 9	0.112 7
X_3	1/2	3	1	3	4	5	90	2.116 9	0.267 8
X_4	1/3	2	1/3	1	2	3	1.333 3	1.049 1	0.132 7
X_5	1/5	1/3	1/4	1/2	1	3	0.025	0.540 7	0.068 4
X_6	1/6	1/4	1/5	1/3	1/3	1	0.000 9	0.312 2	0.039 5

注：λ_{max}=8.857 1，CI=0.059 7，RI=1.26，CR=0.047 4<0.1。

分准则层面间的判断矩阵及一致性。判断矩阵2，企业技术创新能力层面间判断矩阵及一致性，如表5-3所示。

表5-3 企业技术创新能力层面的判断矩阵及一致性

X_1	X_{11}	X_{12}	X_{13}	X_{14}	X_{15}	X_{16}	X_{17}	X_{18}	按行相乘	开n次方	权重W
X_{11}	1	2	5	3	3	5	4	6	10 800	3.192 8	0.302
X_{12}	1/2	1	4	2	2	4	3	5	480	2.163 5	0.204 7
X_{13}	1/5	1/4	1	1/3	1/3	1	1/2	3	0.008 3	0.549 7	0.052
X_{14}	1/3	1/2	3	1	1	4	3	5	30	1.529 8	0.144 7
X_{15}	1/3	1/2	3	1	1	4	3	5	30	1.529 8	0.144 7
X_{16}	1/5	1/4	1	1/4	1/4	1	1/2	3	0.004 7	0.511 5	0.048 4
X_{17}	1/4	1/3	2	1/3	1/3	2	1	6	0.222 2	0.828 6	0.078 4
X_{18}	1/6	1/5	1/3	1/5	1/5	1/3	1/6	1	2.469 1	0.265 5	0.025 1

注：λ_{max}=10.375，CI=0.054 6，RI=1.41，CR=0.038 7<0.1。

判断矩阵3，企业管理能力层面间判断矩阵及一致性，如表5-4所示。

表5-4 企业管理能力层面的判断矩阵及一致性

X_2	X_{21}	X_{22}	X_{23}	X_{24}	按行相乘	开n次方	权重W
X_{21}	1	3	5	2	30	2.340 3	0.456 3
X_{22}	1/3	1	4	1/3	0.444 4	0.816 5	0.159 2
X_{23}	1/5	1/4	1	1/5	0.01	0.316 2	0.061 6
X_{24}	1/2	3	5	1	7.5	1.654 9	0.322 7

注：λ_{max}=6.833 3，CI=0.052 6，RI=0.89，CR=0.059 1<0.1。

判断矩阵4，市场营销能力层面间判断矩阵及一致性，如表5-5所示。

表5-5　市场营销能力层面的判断矩阵及一致性

X_3	X_{31}	X_{32}	X_{33}	X_{34}	X_{35}	X_{36}	按行相乘	开 n 次方	权重 W
X_{31}	1	1/3	1/4	1/5	3	3	0.15	0.728 9	0.089 3
X_{32}	3	1	2	3	6	6	648	2.941 7	0.360 3
X_{33}	4	1/2	1	3	5	5	150	2.305 1	0.282 3
X_{34}	5	1/3	1/3	1	4	4	8.888 9	1.439 3	0.176 3
X_{35}	1/3	1/6	1/5	1/4	1	1	0.002 8	0.374 9	0.045 9
X_{36}	1/3	1/6	1/5	1/4	1	1	0.002 8	0.374 9	0.045 9

注：λ_{max}=12.4，CI=0.081 6，RI=1.26，CR=0.064 8<0.1。

判断矩阵5，人力资源管理层面间判断矩阵及一致性，如表5-6所示。

表5-6　人力资源管理层面的判断矩阵及一致性

X_4	X_{41}	X_{42}	X_{43}	按行相乘	开 n 次方	权重 W
X_{41}	1	3	1/3	1	1	0.2583
X_{42}	1/3	1	1/5	0.0667	0.4055	0.1047
X_{43}	3	5	1	15	2.4662	0.6370

注：λ_{max}=3，CI=0.019 3，RI=0.52，CR=0.037<0.1。

判断矩阵6，企业盈利能力层面间判断矩阵及一致性，如表5-7所示。

表5-7　企业盈利能力层面的判断矩阵及一致性

X_5	X_{51}	X_{52}	X_{53}	按行相乘	开 n 次方	权重 W
X_{51}	1	1/4	1/5	0.05	0.368 4	0.093 6
X_{52}	4	1	1/3	1.333 3	1.100 6	0.279 7
X_{53}	5	3	1	15	2.466 2	0.627 0

注：λ_{max}=3，CI=0.042 9，RI=0.52，CR=0.082 5<0.1。

判断矩阵7，企业可持续发展能力层面间判断矩阵及一致性，如表5-8所示。

表5-8　企业可持续发展能力层面的判断矩阵及一致性

X_6	X_{61}	X_{62}	X_{63}	X_{64}	按行相乘	开 n 次方	权重 W
X_{61}	1	4	3	5	60	2.783 2	0.538 8
X_{62}	1/4	1	1/3	2	0.1667	0.638 9	0.123 7
X_{63}	1/3	3	1	3	3	1.316 1	0.254 8
X_{64}	1/5	1/2	1/3	1	0.0333	0.427 3	0.082 7

注：λ_{max}=4.555 6，CI=0.035 8，RI=0.52，CR=0.040 3<0.1。

分准则层对主准则层指标的一致性检验，结果如表5-9所示。

表5-9 分准则层对主准则层指标的一致性检验

CI=$\sum_{j=1}^{m}$W$_j$（CI）$_j$	RI=$\sum_{j=1}^{m}$W$_j$（RI）$_j$	CR	一致性检验
0.0347	1.1116	0.0312	CR＜0.1 一致性检验通过

（2）权重的计算结果。权重的计算结果汇总见表5-10。

表5-10 复合指标层指标总排序计算结果

主准则层 分准则层	X_1 0.3788	X_2 0.1127	X_3 0.2678	X_4 0.1327	X_5 0.0684	X_6 0.0395	总排序 权重值
X_{11}	0.3020						0.1144
X_{12}	0.2047						0.0775
X_{13}	0.0520						0.0197
X_{14}	0.1447						0.0548
X_{15}	0.1447						0.0548
X_{16}	0.0484						0.0183
X_{17}	0.0784						0.0297
X_{18}	0.0251						0.0095
X_{21}		0.4564					0.0514
X_{22}		0.1592					0.0180
X_{23}		0.0617					0.0070
X_{24}		0.3227					0.0364
X_{31}			0.0893				0.0239
X_{32}			0.3603				0.0965
X_{33}			0.2823				0.0756
X_{34}			0.1763				0.0472
X_{35}			0.0459				0.0123
X_{36}			0.0459				0.0123
X_{41}				0.2583			0.0343
X_{42}				0.1047			0.0139
X_{43}				0.6370			0.0846
X_{51}					0.0936		0.0064
X_{52}					0.2797		0.0191
X_{53}					0.6270		0.0429
X_{61}						0.5388	0.0213
X_{62}						0.1237	0.0049
X_{63}						0.2548	0.0101
X_{64}						0.0827	0.0033

主准则层指标权重排序见图5-5。

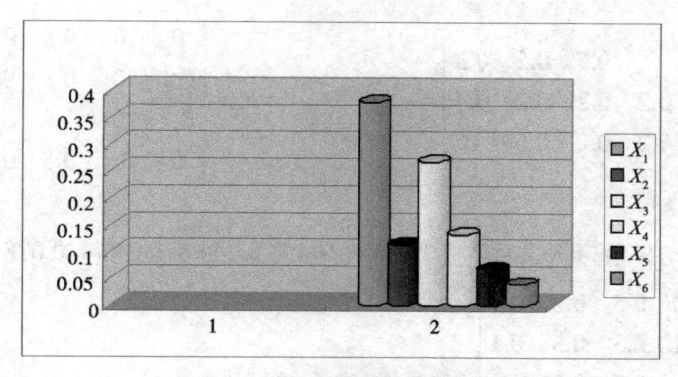

图 5-5 主准则层指标权重排序

5.3.3.2 模糊评语集及判断矩阵

笔者以所选取的企业作为评价对象，邀请和参照了 12 位对乳品企业经营和财务状况有较深了解的人员对企业各级指标进行评价，结果用以模糊统计试验为依据的等级比重法来处理，进而最终得到二级指标的模糊关系矩阵。以 A 乳业公司为例，具体的计算结果如下：

（1）建立评语集：$\{q_1, q_2, q_3, q_4, q_5\}$ = { 很高，高，一般，低，很低 }

（2）模糊评判计算。对单因素指标评判，所得到的模糊评判矩阵为：

$$R_{1j} = \begin{bmatrix} 0 & 0.2 & 0.5 & 0.2 & 0.1 \\ 0.2 & 0.1 & 0.3 & 0.3 & 0.1 \\ 0 & 0.6 & 0.2 & 0.2 & 0 \\ 0 & 0.4 & 0.4 & 0.2 & 0 \\ 0.1 & 0.3 & 0 & 0.2 & 0.4 \\ 0 & 0.4 & 0.4 & 0 & 0 \\ 0 & 0.3 & 0.7 & 0 & 0 \\ 0 & 0.3 & 0.7 & 0 & 0 \end{bmatrix} \quad R_{2j} = \begin{bmatrix} 0.1 & 0.5 & 0.4 & 0.1 & 0 \\ 0.1 & 0.6 & 0.3 & 0 & 0 \\ 0.1 & 0.3 & 0.3 & 0.4 & 0 \\ 0 & 0 & 0.5 & 0.3 & 0.2 \end{bmatrix}$$

$$R_{3j} = \begin{bmatrix} 0 & 0.4 & 0.5 & 0.1 & 0 \\ 0.1 & 0.4 & 0.5 & 0 & 0 \\ 0 & 0.5 & 0.5 & 0 & 0 \\ 0.2 & 0.4 & 0.4 & 0 & 0 \\ 0 & 0.6 & 0.4 & 0 & 0 \\ 0 & 0.6 & 0.4 & 0 & 0 \end{bmatrix} \quad R_{4j} = \begin{bmatrix} 0.2 & 0.3 & 0.3 & 0.2 & 0 \\ 0.1 & 0.4 & 0.4 & 0.1 & 0 \\ 0 & 0.4 & 0.2 & 0.2 & 0.2 \end{bmatrix}$$

$$R_{5j}=\begin{bmatrix} 0 & 0 & 0.5 & 0.2 & 0.3 \\ 0 & 0.2 & 0.2 & 0.2 & 0.4 \\ 0 & 0.2 & 0.2 & 0.6 & 0 \end{bmatrix} \qquad R_{6j}=\begin{bmatrix} 0 & 0 & 0.5 & 0.4 & 0.1 \\ 0.1 & 0 & 0.3 & 0.1 & 0.5 \\ 0.1 & 0 & 0.3 & 0.3 & 0.3 \\ 0 & 0.1 & 0.5 & 0.2 & 0.2 \end{bmatrix}$$

第一级评判。

$R_1 = A_{1j} R_{1j} [0.302\ 0\ \ 0.204\ 7\ \ 0.052\ 0\ \ 0.144\ 7\ \ 0.144\ 8\ \ 0.048\ 4\ \ 0.078\ 4\ \ 0.025\ 1] \times$

$$\begin{bmatrix} 1 & 0.2 & 0.5 & 0.2 & 0.1 \\ 0.3 & 0.1 & 0.3 & 0.3 & 0.1 \\ 0 & 0.6 & 0.2 & 0.2 & 0 \\ 0 & 0.4 & 0.4 & 0.2 & 0 \\ 0.1 & 0.3 & 0 & 0.2 & 0.4 \\ 0 & 0.4 & 0.4 & 0 & 0 \\ 0 & 0.3 & 0.7 & 0 & 0 \\ 0 & 0.3 & 0.7 & 0 & 0 \end{bmatrix} = [0.055\ 4\ \ 0.263\ 8\ \ 0.372\ 5\ \ 0.199\ 8\ \ 0.108\ 6]$$

$R_2 = A_{2j} R_{2j} = [0.456\ 4\ \ 0.159\ 2\ \ 0.061\ 7\ \ 0.322\ 7] \times$

$$\begin{bmatrix} 0.1 & 0.5 & 0.4 & 0.1 & 0 \\ 0.1 & 0.6 & 0.3 & 0 & 0 \\ 0.3 & 0.3 & 0.4 & 0 & 0 \\ 0 & 0 & 0.5 & 0.3 & 0.2 \end{bmatrix} = [0.015\ 9\ \ 0.342\ 2\ \ 0.410\ 2\ \ 0.167\ 1\ 21\ \ 0.064\ 5]$$

同理可得

$R_3 = [0.071\ 3\ \ 0.446\ 6\ \ 0.473\ 9\ \ 0.009\ 0\ \ 0]$

$R_4 = [0.062\ 1\ \ 0.374\ 2\ \ 0.246\ 8\ \ 0.189\ 5\ \ 0.127\ 4]$

$R_5 = [0\ \ 0.181\ 3\ \ 0.228\ 1\ \ 0.450\ 7\ \ 0.140\ 0]$

$R_6 = [0.012\ 4\ \ 0.033\ 8\ \ 0.424\ 3\ \ 0.320\ 9\ \ 0.208\ 7]$

第二级评判。

$B = A_j R_j = [0.378\ 8\ \ 0.112\ 7\ \ 0.267\ 8\ \ 0.132\ 7\ \ 0.068\ 4\ \ 0.039\ 5]$

$$\begin{bmatrix} 0.055\ 403 & 0.263\ 775 & 0.372\ 502 & 0.199\ 766 & 0.108\ 555 \\ 0.015\ 922 & 0.342\ 231 & 0.410\ 182 & 0.167\ 121 & 0.064\ 543 \\ 0.071\ 284 & 0.446\ 6 & 0.473\ 188 & 0.008\ 928 & 0 \\ 0.062\ 13 & 0.374\ 172 & 0.246\ 774 & 0.189\ 527 & 0.127\ 397 \\ 0 & 0.181\ 277 & 0.228\ 085 & 0.450\ 679 & 0.139\ 96 \\ 0.012\ 37 & 0.033\ 75 & 0.424\ 304 & 0.320\ 869 & 0.208\ 707 \end{bmatrix}$$

$= [0.050\ 6\ \ 0.321\ 5\ \ 0.379\ 2\ \ 0.165\ 6\ \ 0.083\ 1]$

第 5 章　新疆乳业核心竞争力研究

（3）核心竞争力主准则层及目标层综合评价得分的计算。主准则层综合得分分别用 P_1, P_2, …, P_6 表示，目标层综合得分用 P 表示。Q 的取值设定为 $Q=[9\ 7\ 5\ 3\ 1]$。

$P_1 = \boldsymbol{R}_1 \times \boldsymbol{Q}^\mathrm{T} = [0.055\ 4\ \ 0.263\ 8\ \ 0.372\ 5\ \ 0.199\ 8\ \ 0.108\ 6] \times [9\ 7\ 5\ 3\ 1]^\mathrm{T} = 4.915\ 4$

同理可得

$P_2 = \boldsymbol{R}_2 \times \boldsymbol{Q}^\mathrm{T} = 5.155\ 7$　　　$P_3 = \boldsymbol{R}_3 \times \boldsymbol{Q}^\mathrm{T} = 6.160\ 5$　　　$P_4 = \boldsymbol{R}_4 \times \boldsymbol{Q}^\mathrm{T} = 5.108\ 2$

$P_5 = \boldsymbol{R}_5 \times \boldsymbol{Q}^\mathrm{T} = 3.901\ 4$　　　$P_6 = \boldsymbol{R}_6 \times \boldsymbol{Q}^\mathrm{T} = 3.640\ 4$　　　$P = \boldsymbol{B} \times \boldsymbol{Q}^\mathrm{T} = 5.181\ 8$

同理可得其他三家乳品企业的所有指标，计算过程略。

四家乳品企业的计算结果见表 5-11，比较雷达图见图 5-6。

表 5-11　综合评价计算结果

项目	B	A	伊利	C
技术创新能力	4.379 8	4.915 4	7.345 8	4.900 8
企业管理能力	4.203 7	5.155 7	6.710 3	5.412 7
市场营销能力	6.247 5	6.160 5	7.419 2	6.253 6
人力资源管理	4.814 7	5.108 2	7.845 0	6.106 5
企业盈利能力	3.832 0	3.901 4	3.701 4	4.343 8
可持续发展能力	3.240 9	3.640 4	5.847 1	4.380 7
综合评价结果	4.835 5	5.181 8	7.051 6	5.422 2
排序	4	3	1	2

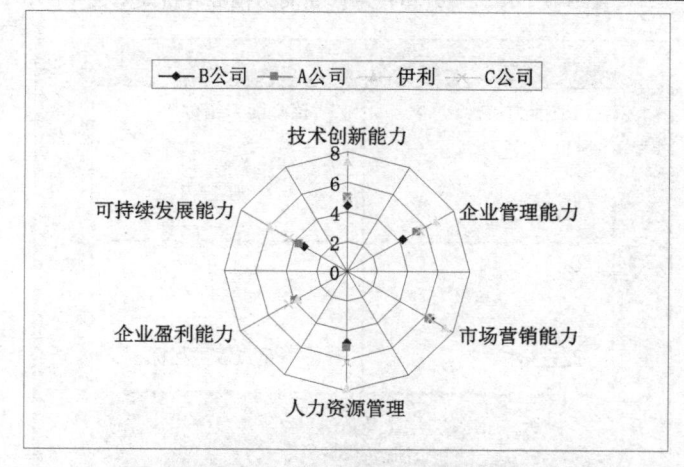

图 5-6　乳品企业核心竞争力比较雷达图

（4）四家乳品企业核心竞争力优劣要素分析。对四家乳品企业评测结果采用"指标得分"和"指标权重"二维矩阵分别建立指标评价矩阵图，可以把评价指标分为四类。其中"双高"指标为企业的核心能力指标，"双低"指标为企业需要改进的指标。其余为企业一般能力指标和重点改进指标。通过图示可以反映各指标在企业核心竞争力体系中的优劣地位和状况，使得企业能够直观地对指标进行改进。

以下以 A 乳业公司为例，建立其指标评价矩阵图。具体见图 5-7～图 5-12。其余三家企业图略。

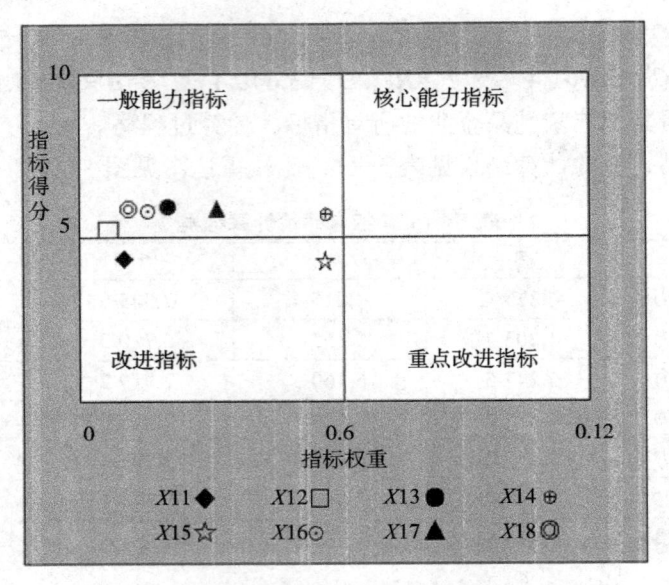

图 5-7 A 乳业公司技术创新能力指标评价矩阵图

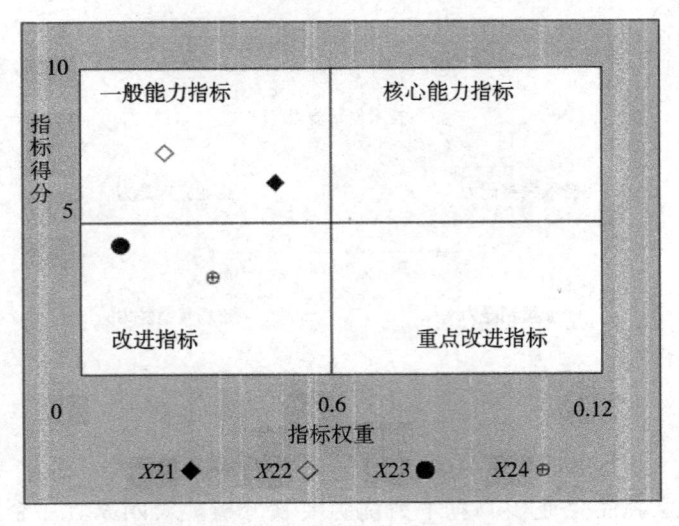

图 5-8 A 乳业公司管理能力指标评价矩阵图

第 5 章　新疆乳业核心竞争力研究

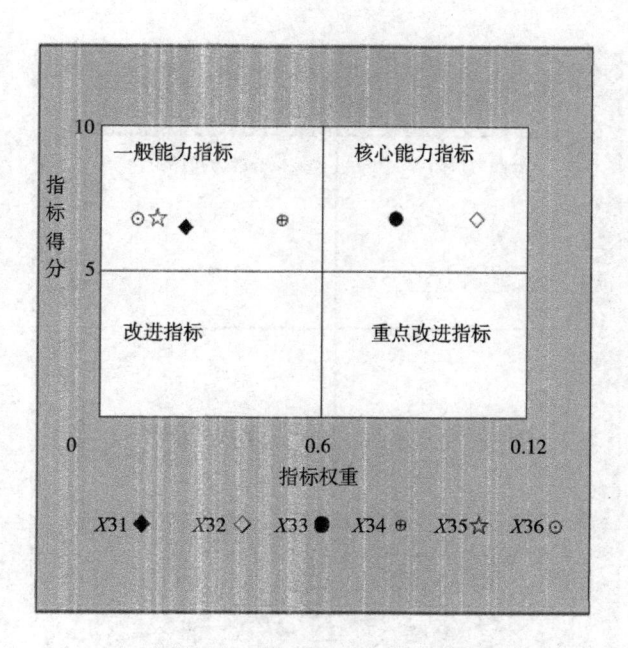

图 5-9　A 乳业公司市场营销能力指标评价矩阵图

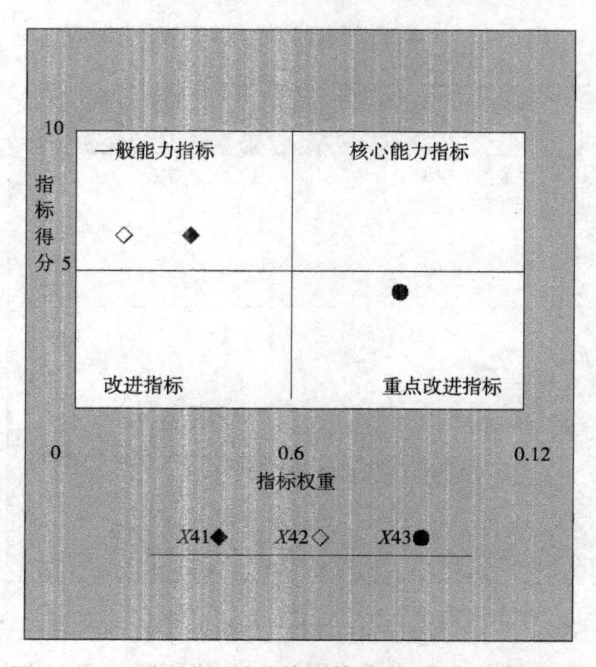

图 5-10　A 乳业公司人力资源管理能力指标评价矩阵图

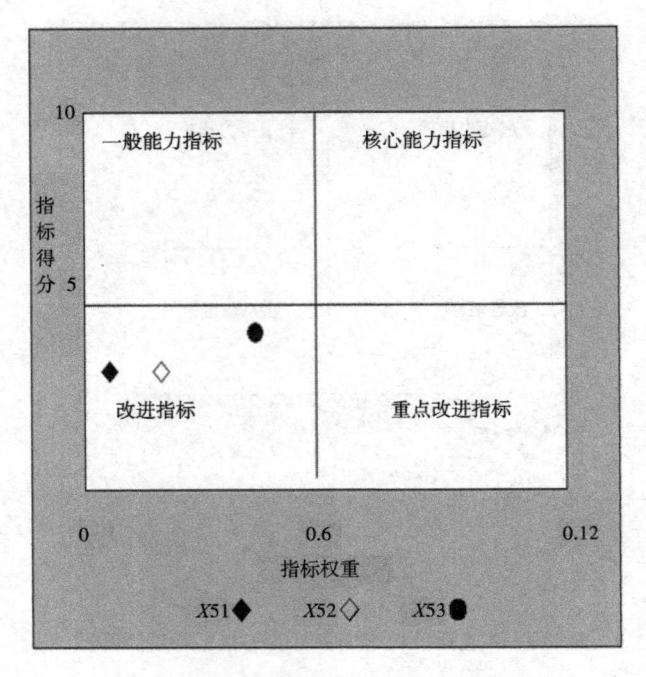

图 5-11 A 乳业公司盈利能力指标评价矩阵图

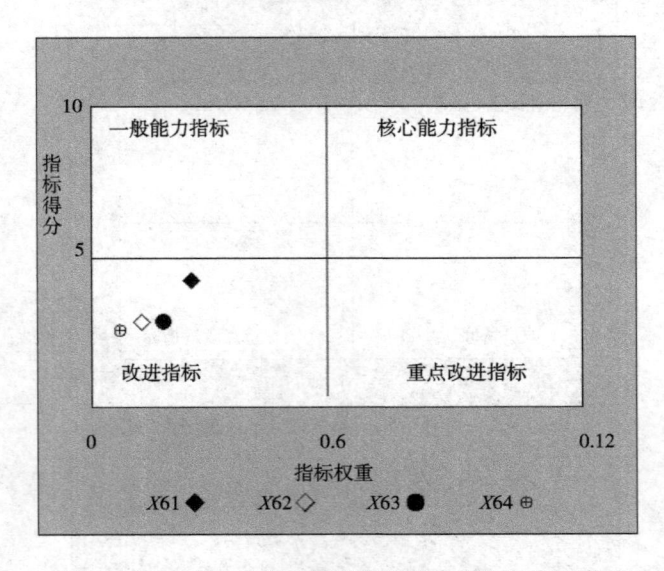

图 5-12 A 乳业公司可持续发展能力指标评价矩阵图

根据四家乳品企业指标评价矩阵图，划分指标的类别，分析其核心竞争力要素的优劣。具体见表 5-12。

表 5-12 四家乳品企业核心竞争力优劣要素分析

企业名称	核心优势要素	劣势要素 重点改进	劣势要素 改进
伊利	核心竞争力综合排名第 1 名，在全国乳品市场排名第 1；其技术创新能力较强，表现为研发经费和研发人员投入比重高；市场营销能力也较强，表现为市场占有率高，产品定位及推动能力强；人力资源管理能力强，表现为高级管理人员素质较高	—	企业盈利能力较弱，表现为主营业务利润率、总资产报酬率和净资产收益率低
C公司	核心竞争力综合排名第 2 名，在新疆乳品市场排名第 1；市场营销能力较强，表现为市场占有率高，产品定位及推动能力强；人力资源管理能力强，表现为高级管理人员素质较高	其技术创新能力较弱，研发人员比重和研发经费比重低，须加大科技投入	其技术创新能力差，主要是专利指数低；企业文化建设与组织学习能力弱；盈利能力和奶源控制能力、融资能力及风险控制能力差
A公司	核心竞争力综合排名第 3 名；在新疆乳品市场排名第 2；市场营销能力较强，表现为市场占有率高，产品定位及推动能力强	其技术创新能力较弱，研发人员比重低，须加强人才培养；人力资源管理能力弱，表现为高级管理人员能力差	同 C 公司
B公司	核心竞争力综合排名第 4 名，在新疆乳品市场排名第 3；同 A 公司	其技术创新能力较弱，研发人员比重和研发经费比重低，须加大科技投入；其余同 A 公司	其技术创新能力差，主要是专利指数、创新频率、科研成果转化能力较弱；其余同 C 公司

5.3.3.3 结果分析

评价结果如下：

（1）由以上内容可知，在组成乳品企业核心竞争力的六种要素中，技术创新能力最重要，权重为 0.378 8，其次是市场营销能力，权重为 0.267 8，再次是人力资源管理能力，权重为 0.132 7。最后是企业管理能力，权重为 0.112 7。排在最后两位的是企业盈利能力和可持续发展能力，权重分别为 0.068 4 和 0.039 5。由此可以得出结论：首先，乳品企业核心竞争力的主要影响因素是技术创新能力和市场营销能力，这两种能力对一个乳品企业整体的核心竞争力的影响达到 65%。其次是人力资源管理能力和企业管理能力，占到 24% 的比重。企业盈利能力和可持续发展能力的影响最小，仅占到 11% 的比重。

（2）由以上内容还可以看出，四家参评乳品企业的核心竞争力总排序结果为伊利乳业核心竞争力最强，评价值为 7.051 6。新疆乳品企业的核心竞争力排名依次是 C 公司、A 公司、B 公司，评价值分别为 5.422 2、5.181 8、4.835 5。新疆乳品企业的核心竞争力整体上与伊利乳业差距很大。这与问卷调查的实际情况完全相符，说明了评价结果的客观性。

（3）由乳品企业评价矩阵图和表 5-11 我们得出分析结果。伊利乳业核心竞争力的显著竞争优势有三项：一是其技术创新能力较强。表现为研发经费和研发人员投入比重高。二是市场营销能力也较强。表现为市场占有率高，产品定位及推动能力强。三是人力资源管理能力强，表现为高级管理人员素质较高。竞争劣势是企业盈利能力较弱，表现为主营业务利润率、总资产报酬率和净资产收益率低，这是乳品企业普遍存在的问题。

新疆三大乳品企业核心竞争力的竞争优势是市场营销能力较强。其表现为本土市场占有率高，产品定位及推动能力强。竞争劣势表现为技术创新能力较弱，主要是研发人员比重和研发经费比重低，专利指数低；人力资源管理能力弱，表现为高级管理人员能力差；企业文化建设与组织学习能力及信息化滞后；盈利能力和奶源控制能力、融资能力及风险控制能力均较差。

5.3.4　基于数据包络分析的新疆乳品企业核心竞争力形成效率评价

在模糊综合评价的基础，结合 DEA 评价模型从企业投入、产出的角度深层次探讨核心竞争力形成的效率机制问题，有助于新疆乳品企业能够及时发现问题，有针对性地采取相应的对策措施，提升自身的核心竞争力，增强自身竞争优势。

5.3.4.1　*数据准备*

我们采用的输入和输出指标的有关数据根据作者的企业调查和上市公司网站，这些原始数据都来自这 4 家企业 2016 年的年终资料，见表 5-13 和表 5-14。

表 5-13　资源投入原始数据

DMU 号	企业名称	职工人数（人）	总资产（亿元）	有效奶源数（万头）	产值（亿元）
1	B 公司	300	1	0.3	0.2
2	A 公司	400	5.8	1.5	0.9
3	伊利	15 000	75.25	200	163.39
4	C 公司	800	6.1	7	4.2

表 5-14　输入指标：资源投入强度

DMU 号	企业名称	$X1$	$X2$	$X3$
1	B 公司	1 500	5	1.5
2	A 公司	444.444 4	6.444 4	1.666 7
3	伊利	91.804 9	0.460 6	1.224 1
4	C 公司	190.476 2	1.452 4	1.666 7

5.3.4.2 计算结果分析

用 DEAP 软件 2.0 版得到以下分析结果,详见表 5-15～表 5-18。表 5-15 的结果显示,从 DEA 有效值来看,四家企业中伊利的技术效率和规模效率均为 1,其松弛变量 S^-、S^+ 也都为 0,为 DEA 有效决策单元,该企业的资源投入对于其核心竞争力的形成相对有效率。C 公司的技术效率 1,但规模效率为 0.862。其他两家企业的 DEA 有效值都小于 1,即其技术、规模不为 DEA 弱有效。不变规模的技术效率排序为 3、4、1、2,可变规模的技术效率排序为 3、4、2、1,规模效率排序为 3、1、4、2。结果表明,相对于伊利集团而言,新疆乳产品企业的核心竞争力形成都存在规模无效率问题。同时,新疆企业中,C 公司的技术效率为 1,A、B 公司的技术效率改进可以参考 C 公司为标准。因此,伊利集团和 C 公司共同成为新疆乳产品企业核心竞争力培育的标杆。

表 5-15 输出指标:企业核心竞争力评分

DMU 号	企业名称	Y1	Y2	Y3	Y4	Y5	Y6
1	B 公司	4.3798	4.2037	6.2475	4.8147	3.832	3.2409
2	A 公司	4.9154	5.1557	6.1605	5.1082	3.9014	3.6404
3	伊利	7.3458	6.7103	7.4192	7.845	3.7014	5.8471
4	C 公司	4.9008	5.4127	6.2536	6.1065	4.3438	4.3807

表 5-16 的结果显示,非 DEA 有效企业可以通过规模调整、技术改造、加强管理等各种措施,使产出得到增加。运用松弛变量定理,人们便能计算出决策单元产出的目标改进值(理论上产出可达到的水平),继而可以根据指标差距相应地采取降低成本、技术改造和加强管理等措施使产出增加。表 5-17 的结果显示,对于技术非 DEA 有效的企业而言,其输入、输出指标的松弛变量值,其劳动力、资本、奶源资源投入可节约的程度,以及核心竞争力 6 个维度的产出具有提高的潜力(表 5-18)。例如,对于 A 公司,在技术效率和产值不变的前提下,人力资源、资本和奶源的投入均存在"拥挤"效应,可分别减少 253.236 人、4.741 2 亿元和 0.110 7 万头,会使核心竞争力的技术创新能力、企业管理能力、人力资源管理、可持续发展能力各产出维度得分分别提高 0.332、0.269、1.136、0.901。进一步计算,可得到其投入、产出理论上可达到的值,即为非 DEA 有效的企业的改进目标值,见表 5-19。

表 5-16 DEA 效率评价表

DMU 号	企业名称	不变规模技术效率(crste)	可变规模技术效率(vrste)	规模效率(scale)
1	B 公司	0.845	0.934	0.904
2	A 公司	0.774	0.937	0.827

续表

DMU 号	企业名称	不变规模技术效率（crste）	可变规模技术效率（vrste）	规模效率（scale）
3	伊利	1.000 0	1.000	1.00
4	C 公司	0.862	1.000	0.862

表 5-17　DEA 分析的松弛变量值

DMU 号	企业名称	S_1^-	S_2^-	S_3^-	S_1^+	S_2^+	S_3^+	S_4^+	S_5^+	S_6^+
1	B 公司	−1346.68	−3.921	0	1.133	1.402	0.005	1.607	0	1.464
2	A 公司	−281.373	−5.268	−0.123	0.332	0.269	0	1.136	0	0.901
3	伊利	0.000	0.000	0.000	0.000	0.000	0.000	0.000	0.000	0.000
4	C 公司	0.000	0.000	0.000	0.000	0.000	0.000	0.000	0.000	0.000

表 5-18　DEA 分析的松弛变量对应的输入输出变量改进值

DMU 号	企业名称	△X1	△X2	△X3	△Y1	△Y2	△Y3	△Y4	△Y5	△Y6
1	B 公司	−269.336	−0.784 2	0	1.133	1.402	0.005	1.607	0	1.464
2	A 公司	−253.236	−4.741 2	−0.110 7	0.332	0.269	0	1.136	0	0.901
3	伊利	0.000	0.000	0.000	0.000	0.000	0.000	0.000	0.000	0.000
4	C 公司	0.000	0.000	0.000	0.000	0.000	0.000	0.000	0.000	0.000

表 5-19　非 DEA 有效企业的改进目标

DMU 号	企业名称	X1	X2	X3	Y1	Y2	Y3	Y4	Y5	Y6
1	B 公司	30.664	0.215 8	0.3	5.821	5.901	6.693	6.761	4.102	4.933
2	A 公司	146.764	1.059 3	1.389 6	5.58	5.773	6.577	6.589	4.165	4.788
3	伊利	15 000	75.25	200	7.346	6.71	7.419	7.845	3.701	5.847
4	C 公司	800	6.1	7	4.901	5.413	6.254	6.106	4.344	4.381

5.3.5　小结

综合以上实证分析评价结果，可以得到以下结论：

（1）乳品企业核心竞争力的主要影响因素是技术创新能力和市场营销能力，其次是人力资源管理能力和企业管理能力，企业盈利能力和可持续发展能力的影响最小。

（2）DEA 分析研究结果这和模糊综合评价得到的企业排名结果一致：新疆乳品企业的核心竞争力排名依次是 C 公司、A 公司、B 公司，新疆乳品企的核心竞争力整体上与伊利乳业差距很大。

（3）新疆三大乳品企业核心竞争力的竞争优势是市场营销能力相对较强。表现为在本地市场占有率高，产品定位及推动能力强。竞争劣势很突出，表现为技术创新能力差、人力资源管理能力较弱，企业规模小、奶源和资本运作能力方面存在"拥挤效应"。

（4）影响新疆乳品企业核心竞争力的关键因素是技术创新、人力资源管理能力、规模因素、奶源和资本运作能力。

5.4 新疆乳品企业核心竞争力提升策略研究

新疆乳品企业的核心竞争力整体上与伊利乳业差距很大。从全国的角度来看，竞争劣势很突出，综合表现为技术创新能力差，人力资源管理能力较弱，企业规模小，奶源和资本运作能力方面存在"拥挤"效应。从新疆乳品企业核心竞争力的现状出发，迫切需要找到提升对策。为此，笔者对实证研究结果进行分析，提出了新疆乳品企业核心竞争力培育的方向和重点：以核心技术创新为关键、人力资源管理创新为前提、企业规模调整为重点、以奶源建设和资本运作能力的培养为保障，有的放矢地采取措施提升企业核心竞争力。笔者着重从政府和企业的角度分别提出了对策建议。

5.4.1 从政府角度提出的对策

政府通过政策上的倾斜和支持，营造出良好的产业发展环境和制度环境，对培育新疆乳品企业的核心竞争力有着极大的推动和促进作用。具体措施有以下几方面：

5.4.1.1 完善政府政策支持体系

推动乳业产业化的发展，提升乳品企业的核心竞争力，政府的作用主要就是通过制订合理政策。要尽快制订地方奶业管理条例及乳品质量安全管理办法、企业重组等政策规范奶业竞争秩序，引导行业有序发展。

5.4.1.2 优化奶产业布局，培植奶业优势品牌

一方面要采取政策引导，推动牛奶产业各种要素的重组整合。鼓励有实力

的乳品加工企业采取兼并、租赁、股份制、股份合作等形式联合。另一方面要大力培植一批奶业优势品牌，引导龙头企业与国内外知名企业广泛合作，利用大企业的技术、资本和营销渠道等优势，提升新疆乳制品在全国的品牌影响力和市场占有率。

5.4.1.3 培育技术创新集群，发挥企业集群优势

重点培育技术创新集群，加快将科研成果转化为产品，利用"群体效应"增强企业核心竞争力。在实施集群式创新时，首先应综合考虑企业的技术积累状况、市场需求现状及竞争者的技术状况等因素，正确选择企业的集群模式，注意将创新集群的规模进行适度控制。

5.4.1.4 营造良好的投资和融资环境

需要从两方面展开工作：

第一，改善投资环境，扩大招商引资，积极引进国内外资金、设备和先进技术，充分发挥新疆奶业的资源优势，加强合作，共图发展。

第二，政府要重视产业化发展过程中的金融风险防范。重点关注龙头企业信贷业务风险，为企业技术创新提供资金保障；同时适当加大农业信贷投入，建立奶牛保险机制和奶牛基金，化解奶农风险。

5.4.2 从企业角度提出的对策

站在乳品企业自身的角度，提出的具体对策如下：

5.4.2.1 以核心技术创新为突破口，提升企业核心竞争力

前文的分析研究结果表明，新疆B公司、新疆A公司、新疆C公司技术效率得分分别是0.934、0.937、1，这说明在新疆乳品企业中，只有C公司存在相对的技术效率，新疆A、新疆B公司的技术效率改进可以参考新疆C公司为标准；从整体来看，新疆乳品企业技术创新能力较弱，主要表现为研发人员比重和研发经费比重低，专利指数低。所以，新疆乳品企业技术创新的重点有以下几方面：

首先，要强化核心技术创新，加大科研经费投入，加快专利的发明与创新频率，逐步建立适合企业发展的技术支撑体系。立足于国外国内两个市场，在奶源开发、乳品加工和工艺方面加快创新。其次，要充分利用企业集群及联盟企业的技术优势，借"外脑"提升自己的技术实力，进行广泛的技术交流与合作，建立技术联盟。最后，企业要利用相关研究院所和奶业科技资源，投入必要经费，

注重培养技术骨干,建立企业技术创新的人才储备库。

5.4.2.2 重视高级管理人才在企业中的核心地位,加强人力资源管理创新

由评价结果可知,新疆B公司、新疆A公司、伊利、新疆C公司人力资源管理能力企业核心竞争力评分分别是4.8147、5.1082、7.845、6.1065,相比较而言,新疆乳品企业的人力资源管理能力弱。主要表现为高级管理人员能力差,伊利、新疆B公司、新疆A公司、新疆C公司的高级管理人员专家综合评分分别是8、4.4、4.6、6.2。新疆乳品企业要把对高级管理人才的吸引、录用、培训开发看作是提升企业核心竞争力的一种重要举措,应该开展以下几个方面的工作:

(1)建立合理的人力资源结构比例。目前新疆乳品企业的人力资源结构中尤其缺乏具有开拓创新精神的职业经理人及大量高级管理人员,企业要善于创造吸引高级人才的各种条件,运用薪资福利、职位及其他方式吸引和留住高级人才,逐步构建合理的人才梯队。

(2)提高高级人才待遇,给予特殊政策。实行岗位津贴制度,拉开骨干人员与一般人员收入差距,对关键岗位的关键人员给予高津贴的特殊政策,充分调动高级管理人员的积极性。

(3)加大人力资源培训力度和范围。对重要岗位、高级管理人员、重要专业技术人员,要加大培训力度,使企业培训做到点面结合。

5.4.2.3 加快资源整合,再造龙头企业规模"效应"

由DEA评价结果可知,新疆B公司、新疆A公、新疆C公司规模效率分别是0.904、0.827、0.862,相对于伊利集团而言,新疆乳产品企业的核心竞争力形成都存在规模无效率问题,可见规模原因是影响乳品企业核心竞争力重要因素。生产规模和效率是乳品企业在行业中获得竞争优势的重要因素。新疆乳品企业应处理好规模和效益的关系。

新疆乳业要走出去,可以采取以下措施:①必需对现有资源进行整合,尽快形成大的龙头企业。集中企业的有限资源,形成关键环节的规模优势,再造企业规模"效应"。可以促进区内乳品加工企业的联合;或吸引内地企业来疆投资建厂;或以收购、资本入股、控股等方式整合现有乳品加工企业,利用企业集群的竞争优势参与乳业市场竞争;②龙头企业必须进一步提升产品档次,要加快发展奶产品深加工技术,延长奶业生产链条,提高牛奶附加值,开发优

质名牌奶制品。此外要提高产品创新能力，可开发功能型产品和新疆特色的产品，提高企业的盈利能力，依托名牌产品不断开拓市场。

5.4.2.4 重视奶源建设，培养企业资本营运能力

由 DEA 评价结果可以看出，新疆乳品企业在技术效率和产值不变的前提下，普遍存在资本和奶源的投入的"拥挤"效应。但可以通过企业奶源建设模式的改进及资本运作能力的培养得到改善，并由此提升企业的核心竞争力。

奶制品企业的生存基础是奶源，随着乳业竞争加剧，新疆乳品企业必须把握好、建设好奶源基地，从源头上狠抓奶源的质量和管理，与奶源基地的原料奶生产者结成紧密的利益共同体，保障鲜奶稳定的质量和数量，逐步提高牛奶商品率。

新疆多数乳品企业正处在初创阶段，生产能力还没有形成规模，国家实行紧缩银行投资贷款的政策，造成企业缺乏流动资金，严重制约了企业发展。资本营运能力是企业技术优势转化为市场优势的重要手段，新疆乳品企业可以从以下几条途径注重资本营运能力的培养：①广泛建立筹资渠道；②利用国家信贷政策扶持；③寻求风险投资；④拓展资本市场争取上市；⑤引入国际资本等。

参考文献

[1] 舒尔茨. 改造传统农业 [M]. 梁小民，译. 北京：商务印书馆，2002.

[2] 林毅夫. 发展战略与经济发展 [M]. 北京：北京大学出版社，2004.

[3] TAKAHIRO Fukunishi, MAYUMI Murayama. Industrialization and Poverty Alleviation: Pro-poor Industrialization Strategies Revisited [M]. Vienna: United Nations Industrial Development Organization, 2006.

[4] TOWNSENG P, CORDON D. World Poverty: New Politic、to Defeat an Old Enemy [M]. Bristol: The Policy Press, 2002.

[5] PORTER M. The Competitive Advantage of Nations [M]. The Free Press, 1990.

[6] AAKER D A, Joachimsthaler E. Brand Leadership [M]. New York: the Free Press, 2000.

[7] GARTH Holloway. Charles Nicholson. Agro-industrialization Through Institutional Innovation: Transaction Costs Cooperative and Milks: narket development in the Ethiopian highlands [J]. Agricultural Economics. Vol. 23. No.3. September, 2000.

[8] AKHTER Ahmed, Mubina Khondkar & Agnes Quisumbing. Understanding the Context of Institutions and Policy Processes for Selected Anti-poverty Interventions in Bangladesh [J]. Journal of Development Effectiveness, 2011(2).

[9] SEPPO K RAINISTO：Success Factors of Place Marketing: A Study of Place Marketing Practices in Northern Europe and the United States [D]. Finland: Helsinki University of Technology，2003.

[10] 姜永常. 旅游产业融合发展的动力、机制与策略研究：以文化旅游业为例 [J]. 哈尔滨商业大学学报(社会科学版)，2013（4）：107-112.

[11] 崔宁. "乡村旅游"+"农村电商"的联动融合发展模式研究 [J]. 农业经济，2017（10）：105-106.

[12] 易艳玲.毕节实验区：扶贫开发成效研究[M].成都：四川大学出版社，2011.

[13] 李兴江，陈怀叶.参与式整村推进扶贫模式扶贫绩效的实证分析——以甘肃省徽县麻安村为例[J].甘肃社会科学，2008（6）：94-99.

[14] 邓维杰.精准扶贫的难点、对策与路径选择[J].农村经济，2014（6）：78-81.

[15] 王刚，张健.基于供给侧改革视角下旅游行业电商应用探析[J].科技创业月刊，2017（10）：27-29.

[16] 燕玉霞.构建乡村旅游电子商务战略体系的探讨[J].农业经济，2016（12）：93-95.

[17] 郭慧.基于O2O模式的乡村旅游电子商务发展探析[J].农业经济，2017（3）：137-138.

[18] 张芸.互联网时代我国乡村旅游产品电子商务营销策略研究[J].农业经济，2017（9）：137-138.

[19] 马勇，张学习.基于产业融合的乡村旅游全价值链体系构建研究[J].武汉轻工大学学报，2014，33（2）：108-112.

[20] 梁伟军.我国现代农业发展路径分析：一个产业融合理论解释框架[J].求实，2010（3）：69-73.

[21] 厉无畏.产业融合与产业创新[J].上海管理科学，2002（4）：4-6.

[22] 周振华.产业融合：产业发展及经济增长的新动力[J].中国工业经济，2003（4）：46-52.

[23] 姜长云.推进农村一二三产业融合发展新题应有新解法[J].中国发展观察，2015（2）：18-22.

[24] 梁文玲.基于产业集群可持续发展的区域品牌效应探究[J].经济经纬，2007（3）：114-117.

[25] 孙丽辉.区域品牌形成与效应机理研究：基于温州品牌的实证分析[M].北京：人民出版社，2010.

[26] 尤振来，倪颖.区域品牌与企业品牌互动模式研究：以轮轴型产业集群为背景[J].科技管理研究，2013（10）：79-8.

[27] 李建军.农产品品牌建设：基于农业产业链的研究[M].北京：经济管理出版社，2014.

[28] 姚春玲．农业产业集群与农产品区域品牌竞争力提升策略[J]．农业现代化研究，2013，34（3）：318-321．

[29] 薛桂芝．论我国农产品区域品牌的创建[J]．农业现代化研究，2010，31（6）：688-691．

[30] 尹成杰．新阶段农业产业集群发展及其思考[J]．农业经济问题，2006（3）：4-7．

[31] 斯密．国民财富的性质和原因的研究[M]．郭大力，王亚南，译．北京：商务印书馆，1974．

[32] 杨瑾，尤建新，蔡依平．产业集群与供应链系统一体化效应分析：一个理论的框架[J]．管理评论，2006，18（9）：41-46．

[33] 杨建梅，黄喜忠，张胜涛．区域品牌的生成机理与路径研究[J]．科技进步与对策，2005（12）：22-24．

[34] 俞燕，李艳军．我国传统特色农业集群区域品牌形成机理研究：理论构建与实证分析——以新疆吐鲁番葡萄集群为例[J]．财经论丛，2015（4）：11-18．

[35] 杨柳．论地理品牌与产业集群的价值实现：基于中国白酒产业的分析[J]．软科学，2008（12）：114-118．

[36] 俞燕，李艳军．传统特色农业集群区域品牌对中小企业品牌竞争力的影响研究——基于吐鲁番葡萄集群的实证分析农业现代化研究[J]．农业现代化研究，2015，36（5）：842-849．

[37] 杨雪莲，胡正明．区域品牌形成和成长二阶段理论模型与实证[J]．统计与决策，2012（7）：48-51

[38] 姚春玲．农业产业集群与农产品区域品牌竞争力提升策略[J]．农业现代化研究，2013，34（3）：318-321，327

[39] 姚伟坤，周梅华，张燚．产业集群环境下的企业品牌纵向合作关系研究[J]．中国管理科学，2009，17（4）：84-90．

[40] 姚向军．集群的力量[M]．吉林：中华工商联合出版社，2006．

[41] 俞燕，李艳军．区域品牌创新驱动的传统农业集群价值链功能升级策略统计与决策[J]．2014（18）：65-67．

[42] 易金．基于生态位理论的中小品牌成长模式研究[D]．济南：山东大学，博士研究生学位论文，2010．

[43] 易正兰,陈彤.基于农业产业集群的农业品牌发展策略[J].农村经济,2007(6):37-40.

[44] 李冰鑫.基于扎根理论的农产品区域公用品牌培育模式研究——以浙江"丽水山耕"区域公用品牌为例[J].重庆文理学院学报(社会科学版),2021,40(3):1-11.

[45] 易正兰.新疆特色林果产品供应链整合构建研究[D].乌鲁木齐:新疆农业大学:博士研究生学位论文,2008.

[46] 孙丽辉.区域品牌形成与效应机理研究——基于温州品牌的实证分析[M].北京:人民出版社,2010.

[47] 朱向梅,张彬.我国地理标志水果产业竞争格局时空演化研究[J].林业经济,2022,44(3):78-96.

[48] 李新建,杨红,曾玲,等.参与农产品区域公用品牌提升的三方演化博弈[J].中国管理科学,2022(2):13.

[49] 史作廷,李冠霖.以行政区品牌建设为重要突破口,引领推进脱贫地区乡村产业振兴[J].宏观经济管理,2021(9):70-80.

[50] 刘文超,孙丽辉,高倩倩.基于消费者视阈的区域品牌形象量表开发与检验[J].软科学,2021,35(4):125-130.